中国名镇志文化工程
Culture Project of Local Records of China's Famous Towns
中 国 名 镇 志 丛 书

U0861442

茶阳镇志

LOCAL RECORDS OF CHAYANG

广东省大埔县茶阳镇志编纂委员会 编

方志出版社
Publishing House of Local Records

图书在版编目（CIP）数据

茶阳镇志 / 广东省大埔县茶阳镇志编纂委员会编 .—北京：方志出版社，2022.9

（中国名镇志丛书）

ISBN 978-7-5144-5191-7

Ⅰ.①茶… Ⅱ.①广… Ⅲ.①乡镇—地方志—大埔县 Ⅳ.① K296.55

中国版本图书馆 CIP 数据核字（2022）第 056754 号

责任编辑：丛珺
责任校对：刘玉霞
责任印制：赵楚
出 版 者：方志出版社
地　　址：北京市朝阳区潘家园东里 9 号（国家方志馆 4 层）
邮　　编：100021
网　　址：http://www.zgfzcb.cn
发　　行：方志出版社图书营销中心（010-67110500）
印　　刷：北京中科印刷有限公司
开　　本：787 毫米 ×1092 毫米　1/16
印　　张：20.75
字　　数：385 千字
版　　次：2022 年 9 月第 1 版
印　　次：2022 年 9 月第 1 次印刷
定　　价：165.00 元

序一

习近平总书记指出："不忘历史才能开辟未来，善于继承才能善于创新……只有坚持从历史走向未来，从延续民族文化血脉中开拓前进，我们才能做好今天的事业。"中国优秀传统文化是在漫长的历史长河中历经无数次涤荡和沉淀而形成的思想精髓，蕴藏着无穷的宝藏和无尽的力量。发掘和继承优秀传统文化，是延续中华文明"根"与"魂"的必由之路。与时俱进，推动传统文化不断开拓创新，是中华文明常葆勃勃生机的重要保证。

"国有史，邑有志。"编修地方志是中国特有的文化现象，是中华民族的优秀文化传统。数千年来，连绵不断的志书编修为保护中华民族根脉，传承中华文明发挥了不可替代的作用。中国现存古志有8000余种，占现存古籍的十分之一。中华人民共和国成立以来，编修完成数万种省、市、县三级综合性行政区域志、部门志、行业志、专志等，编纂数万种地方综合年鉴、行业年鉴和专门年鉴等，整理出版数千种历代方志及相关研究成果，发表相当数量的方志理论与年鉴理论研究成果。这既是对我国国情、地情持续开展的大规模普遍调查，也是对各地自然与社会发展状况进行的综合研究，其成果构成了一座丰富的文化资源宝藏，为各级领导科学决策提供了重要参考，为推动经济社会发展和文化建设发挥了重要作用。

当前，中国特色社会主义进入新时代，全国地方志事业也进入新时代。如今的地方志事业围绕党和国家利益、经济社会发展，以人民为中心开拓创新，志、鉴、馆、史"四驾马车"并驾齐驱，志、鉴、馆、网、库、用、会、刊、研、史"十业并举"，加快实现在全国范围内全面推进地方志从一项工作向一项事业转型升级。在党中央、国务院的亲切关怀和各级地方志工作者的共同努力下，一批紧密结合社会发展需求、具有独特创造性的工作逐步开展，涵盖中国名镇志、中国名村志、中国名山志、中国名水志、中国名街志等"名志"系列文化工程是其中代表。作为首个"名志"系列文化工程的中国名镇志文化工程，启动于2015年，至今已是第三个年头。中国名镇志丛书在记述主体上，选择中国历史文化名镇、经济强镇、特色镇等在全国具有影响力和代表性的乡镇，旨在全面展示中国名镇的文化精髓；在内容题材选择上，重在突出不同名镇的“名”和“特”，力求集中体现不同名镇最精彩的部分，增强可读性；在志书编纂程序设置方面，志书申报、篇目设计、专家审读、专家组验收等流程环环相扣，紧密结合，力争把每一部志书都打造成精品佳志。

习近平总书记指出：“历史和现实都表明，一个抛弃了或者背叛了自己历史文化的民族，不仅不可能发展起来，而且很可能上演一场历史悲剧。”2018 年是改革开放 40 周年，40 年来中华大地发生了翻天覆地的变化，乡镇发生了极为深刻的改变，从粗茶淡饭到有机食品，从粗布衣裙到精美时装，从土屋平房到高楼大厦，人民生活水平大大提高，城乡差距不断缩小。然而，在感受辉煌成就的同时，我们也应该看到，许多精巧的古建、精湛的工艺、亲切的乡音、独特的乡俗也在快节奏的发展中与我们渐行渐远，曾经的家乡正逐渐变为记忆中的故园。

党的十九大报告提出乡村振兴战略，此后党中央、国务院又推出一系列重大举措。实施乡村振兴战略，必须全面加强乡村文化建设，培养乡村文化自信，培植文化之“根”，铸牢文化之“魂”。没有乡村文化的高度自信，没有乡村文化的繁荣发展，就难以实现乡村振兴的伟大使命。振兴乡村文化，既要塑形，更要铸魂，必须遵循乡村发展的客观规律，在发展中把文化的精髓保留下来，把乡土味道、乡村风貌的“魂”传承下去。在保留优秀乡村文化内核的基础上，用现代表现方式，把反映时代精神、先进理念的内容通过群众喜闻乐见的文化产品表达出来，才能够让乡土文化具有更强大的生命力。用创新性的模式书写乡镇志，传承和抢救乡土历史文化，激发爱国爱乡情怀，为探索中国特色新型城镇化发展经验、发展模式、发展道路提供历史智慧和现实借鉴，正是实施中国名镇志文化工程的目的和意义所在。

“月是故乡明”。中国人素有“家国情怀”，家乡的山水是最为美丽的，家乡的风俗是充满温暖的，一声亲切的乡音，一口熟悉的家乡菜，都能拨动游子的心弦，让其魂牵梦萦。中国名镇志丛书是一套全面梳理中国名镇历史人文，挖掘文化特色，突出“名”和“特”的镇志。它能让人民群众深刻感受到本土本乡自然的优美、历史的醇厚、人物的杰出、艺文的风雅等，有助于培养人民群众对家乡文化的自信，激发起人民群众浓烈的爱乡爱国情怀，助力国家新型城镇化建设和乡村振兴战略的实施。

是为序。

中国社会科学院原院长
中国地方志指导小组原组长　谢伏瞻

序二

连绵不断地编修地方志是我国特有的文化传统，为传承中华文明作出了巨大的贡献。在党中央、国务院的高度重视和支持下，这一古老的文化传统焕发勃勃生机，展现新的活力，成为保存、继承、发扬光大中华优秀传统文化的重要依托，培育和践行社会主义核心价值观的重要媒介，社会主义先进文化建设的重要组成部分，发展中国特色社会主义，增强道路自信、制度自信、理论自信的重要载体，在实现“两个一百年”奋斗目标和中华民族伟大复兴中国梦进程中具有不可替代的地位和作用。

事物总是在不断发展中前进。经过改革开放以来30余年的发展，中国特色地方志事业与传统的编修地方志已不可同日而语，形成了志（志书）、鉴（年鉴）、库（地情数据库）、馆（方志馆）、网（地情网站）、刊（期刊）、会（学会）、研（理论研究）、用（开发利用）等多业并举的新格局。截至2015年10月底，全国编纂完成首轮、二轮省、市、县志书8000多种，编修部门志、行业志、专业志、乡镇村志27000多种，编纂地方综合年鉴2300多种，累计整理旧志2500多种，还编纂出版了大量的地情书，字数以百亿计，形成以反映国情、地情为主要内容，全面系统、持续不断、卷帙浩繁的社会科学成果群。另外，还开通了27个省级网站、230个市级网站、816个县级网站；建成国家方志馆1个、省级方志馆16个、市级方志馆86个、县级方志馆近300个。这些成果，成为国家极为重要的文化资源，是国家文化软实力和公共文化服务体系的重要组成部分。

最近几年，地方志工作的触角在不断延伸，部门志、行业志、专业志、特色志、乡镇村志编纂方兴未艾，成为当前地方志事业发展新的增长点和亮点。特别是乡镇志，兴起了编纂热潮，从自发的民间行为逐渐过渡为政府组织的文化行为，有的省份以政府令形式将其纳入地方志编修范畴，像河南省还以省政府办公厅名义要求全省普修乡镇志。乡镇志并不是一个新生事物，据现有资料可考，宋代常棠所撰《澉水志》是现存最早的一部乡镇志。与省、市、县三级志书相比，乡镇志虽属小志，但意义却不小，特别是在当前国家全力推进新型城镇化建设的背景下，乡镇志的作用更显重要。

启动中国名镇志文化工程，是适应当前新型城镇化建设形势发展需要、地方志事业发展形势需要的重要举措，也是充分发挥地方志存史、资政、育人功能的重要手段。作为最基层行政组织的志书，镇志是最接近中国社会发展变迁的国情、地情记录文本，具有重要的历史文献价值。而作为充分反映本区域自然、政治、经济、文化和社会的历史与现状的资料性文献，镇志又能全面展示发展脉络，摸索发展经验，为探索中国乡镇未来发展方向提供借鉴和参考。当然，对于祖祖辈辈生于斯长于斯的中国人来说，故乡就是一个魂牵梦萦的地方，故乡的情怀终生难忘。留得住乡愁，记得住乡思，充分展示名镇文化魅力，激发爱乡、爱国情怀，正是中国名镇志文化工程题中应有之义。

是为序。

中国社会科学院原院长
中国地方志指导小组原组长

序三

“国有史，邑有志”，中国自古就有注重编史修志的传统。按照我国目前地方志行政法规，国家各级地方志机构的法定职责是编纂省、市、县三级志书，并不包括县以下的乡镇志和村志。这种规定，一方面可能因为全国有数百万自然村落和数万乡镇，全部实行官修很难实现；另一方面可能因为我国历史上就有“皇权止于县”的说法，县以下的民间社会历来是一个以自治为主的领域。然而，改革开放几十年来，我国社会正在发生巨变，这种巨变在基层社会的乡镇、村落、家庭领域更为深刻。作为“乡之首，城之尾”的镇，逐渐被日益崛起的大都市淹没了光彩，村落在快速的城镇化过程中每天都在大量消失，农村家庭的小型化、空巢化趋势非常突出。在这种情况下，我一直在思考，如何留得住历史文化记忆和乡愁，如何把修志的工作向基层社会延伸？

中国人的“家国情怀”，是从“诚意、正心、修身”开始，到实现“齐家、治国、平天下”。所以从国家一统志，省、市、县三级志，到乡镇志、村志、家谱，也是一个完整的系统。

正是在这种背景下，我们决定启动中国名镇志文化工程。乡镇是无数中国人生命的底色和成长的摇篮。如何在城镇化进程中，留得住乡愁，记得住乡音，忘不了乡思，事关城镇化进程的人文关怀和文化保护，事关文化血脉的传承。同时，科学记录城镇化进程，反映城镇化成就，也为今后探索城镇化发展规律、积累经验提供了基本素材。作为全面系统记述一定行政区域的自然、政治、经济、文化和社会的资料性文献，志书是以上功能最好的载体。

我国目前有 4 万多个乡镇，全部修乡镇志还不具备条件。中国名镇志丛书选择的是传统文化名镇、历史军事重镇、革命历史名镇、民族特色名镇、特色经济名镇、旅游景观名镇等类型的乡镇，应该是最具代表性的，在中国乡镇文化传承和社会发展中具有标杆意义。

编纂中国名镇志丛书是对乡土历史文化的保护。随着城镇化进程加快，有不少乡镇被撤并，有些还是在历史上有重要意义的历史文化名镇、特色镇等。如不及时对其历史进行整理、记录，这些重要的历史资料将散佚殆尽。因此，中国名镇志丛书的编纂是对宝贵历史资料的抢救。

编纂中国名镇志丛书是对乡土意识的传承。什么东西有魅力？故乡的山水，乡音乡情的记忆，乡土的气息和家乡菜的味道，不管走到哪里，总是触动心弦。中国名镇志丛书记录的是家乡的山山水水，家乡的历史文化，家乡的风土人情，留住的是乡愁。这些最能激发远方游子和本地民众的爱乡情怀、爱国情怀。

编纂中国名镇志丛书是一种学术探索。镇志的编纂，实质也是一次深入的社会调查研究。“麻雀虽小五脏俱全”，相比省、市、县，乡镇第一手资料的获得需要付出更大的努力。我们也希望在志书编纂上有所创新，使中国名镇志丛书成为一套图文并茂、雅俗共赏的新型志书。

中国社会科学院原副院长
中国地方志指导小组原常务副组长

广东省大埔县茶阳镇志编纂委员会

（2015.10—2016.12）

主　　任　郭文彬

副 主 任　丘武秋　江建东　郭庆亮

成　　员　罗建学　肖徽强　沈镜章　赖裕林　廖　丹
刘盛免　钟春柱　黄志刚　朱海秋　幸美娟
曾雪梅　杨　俊

（2016.12—2020.4）

主　　任　郭文彬

副 主 任　曾令根　钟春柱　罗长江　刘盛免　沈镜章

成　　员　罗建学　赖裕林　黄小玲　肖徽强　钟晓科
吴建华　赖付基　黄志刚　钟　东　幸美娟
曾雪梅　邹志群　杨　俊

（2016.12—2020.4）

主　　任　吴萍萍

副 主 任　郭华昌　刘盛免　刘国先　杨国松　钟晓科
钟春柱　汪育庆

成　　员　罗建学　肖徽强　赖裕林　黎琦峰　黄志刚
钟　东　唐上湖　古引生　李　朋　肖海啸
曾　喜

广东省大埔县茶阳镇志编辑部

主　　编　黄建辉

副 主 编　杨煌标　王绍沪

编　　务　杨煌标　王绍沪　刘伟志　钟秀丽　邝云灿　戴翠华

图片提供　除署名摄影作品外，均由中共茶阳镇委员会、茶阳镇人民政府提供

2006 年 12 月 27 日，茶阳花环龙参加世界客都梅州客家山歌旅游节　　（张伍群　摄）

中国名镇志丛书凡例

一、以马克思列宁主义、毛泽东思想、邓小平理论、“三个代表”重要思想、科学发展观、习近平新时代中国特色社会主义思想为指导，坚持辩证唯物主义和历史唯物主义的立场、观点和方法，存真求实，全面、客观、系统记述中国名镇城镇化进程和改革开放成果，反映小康社会建设过程，传承和抢救乡土历史文化，激发爱国爱乡情怀，留住乡愁，为探索中国特色新型城镇化建设、服务乡村振兴战略提供历史智慧和现实借鉴。

二、为全面反映入志事物发展脉络，各志上限尽量追溯至事物发端，下限一般断至各志启动编修年份，个别重大事项可延至搁笔。详今明古，着重反映时代特色和地方特点，重点体现各镇的“名”与“特”。

三、记述地域范围以下限年份的行政辖区为主。为体现名镇在更大区域内的意义，可以从更开阔的区域视野记述与该镇相关的内容。

四、统一采用纲目体，设类目、分目、条目三个层次。横排门类，纵述史实，述而不论。

五、综合运用述、记、志、传、图、表、录等体裁，以志体为主。体裁运用适当创新，篇目设置不求面面俱到。

六、除引用文字和附录文献资料外，统一使用规范的现代语体文记述，行文力求朴实、严谨、简洁、流畅、优美，可读性强。

七、人物部类遵循“生不立传”原则，人物传主按生年排序，只选录对本镇发展有重大影响的人物，不面面俱到。

八、各项数据一般采用国家统计部门数据。数据缺乏的，采用主管部门或主办单位正式提供的数据。

九、数字用法、标点符号用法分别采用国家标准《出版物上数字用法》（GB/T 15835—2011）、《标点符号用法》（GB/T 15834—2011），计量单位采用国家技术监督局 1993 年 12 月发布的《量和单位》系列国家标准。历史上使用的计量单位，如斗、石、里、尺、磅、华氏度等，在引文时可照录。考虑到社会使用习惯，全书中亩不统一换算。

十、中华民国成立前的纪年，使用朝代年号纪年，括注公元年份；中华民国成立后的纪年，均使用公元纪年。志中所称“解放前（后）”，以该镇解放日为界；“新中国成立前（后）”，以中华人民共和国成立日 1949 年 10 月 1 日为界；“改革开放前（后）”，以 1978 年 12 月中共十一届三中全会召开为界。本志“×× 年代”，凡未加世纪者，均指 20 世纪。

十一、为节省篇幅，避免重复，本志采用条目互见法。参见条目的表示形式为：参见本志“×× 类目 · ×× 分目 · ×× 条目”。

十二、对旧志、古籍中的繁体字、冷僻字一般用简化字或通用字替换，易引起误解的则保留。

十三、记述各个历史时期的党派、机构、职务、地名等，均以当时的名称为准。对频繁使用的名称，首次用全称并括注简称，其后用简称。

十四、各镇志需要单独说明的事项，均在各自编后记中记述。

茶阳镇在中国的位置

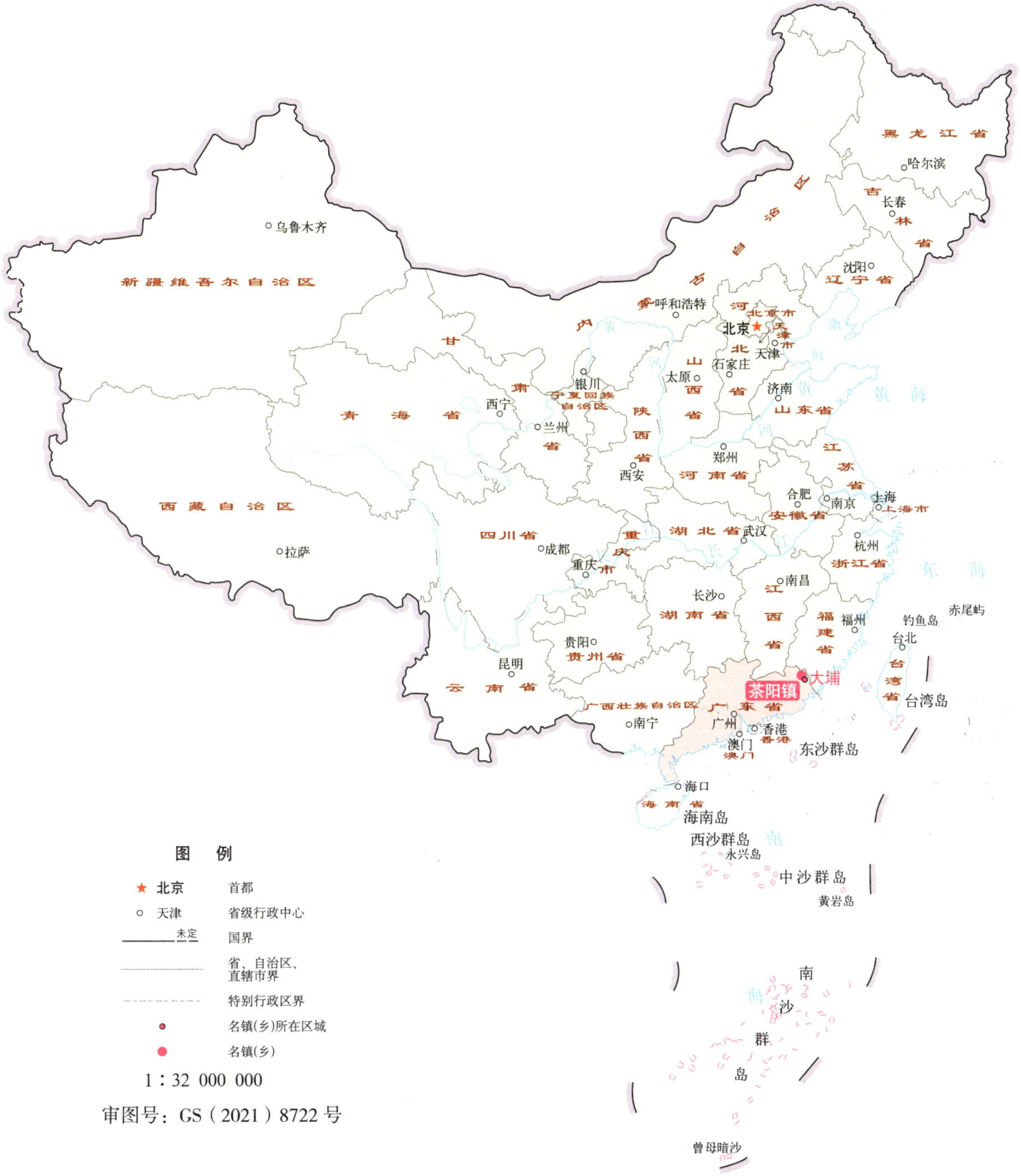

审图号：GS（2021）8722 号

茶阳镇在广东省的位置

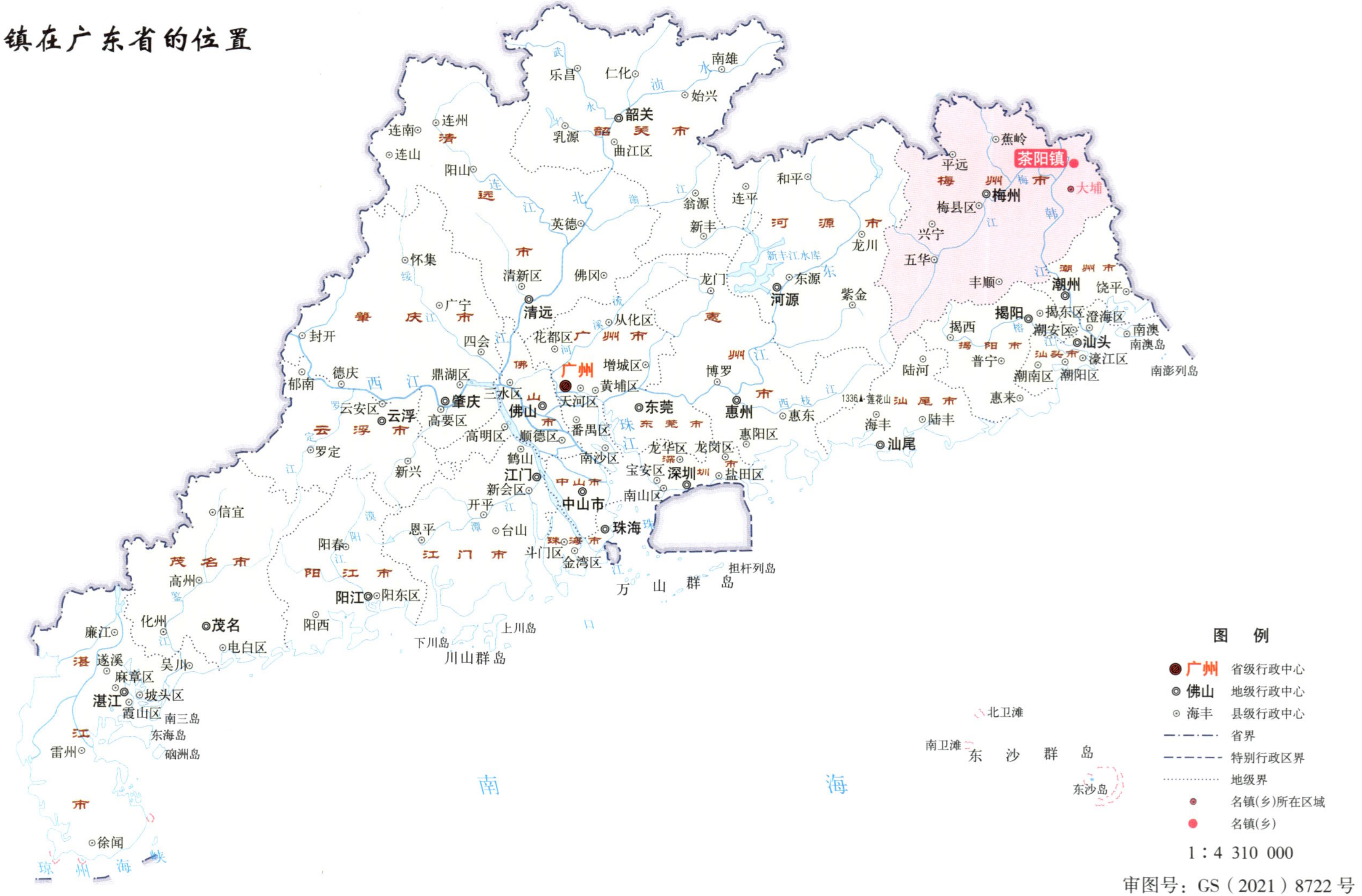

审图号：GS（2021）8722号

茶阳镇地图

比例尺　1：133000

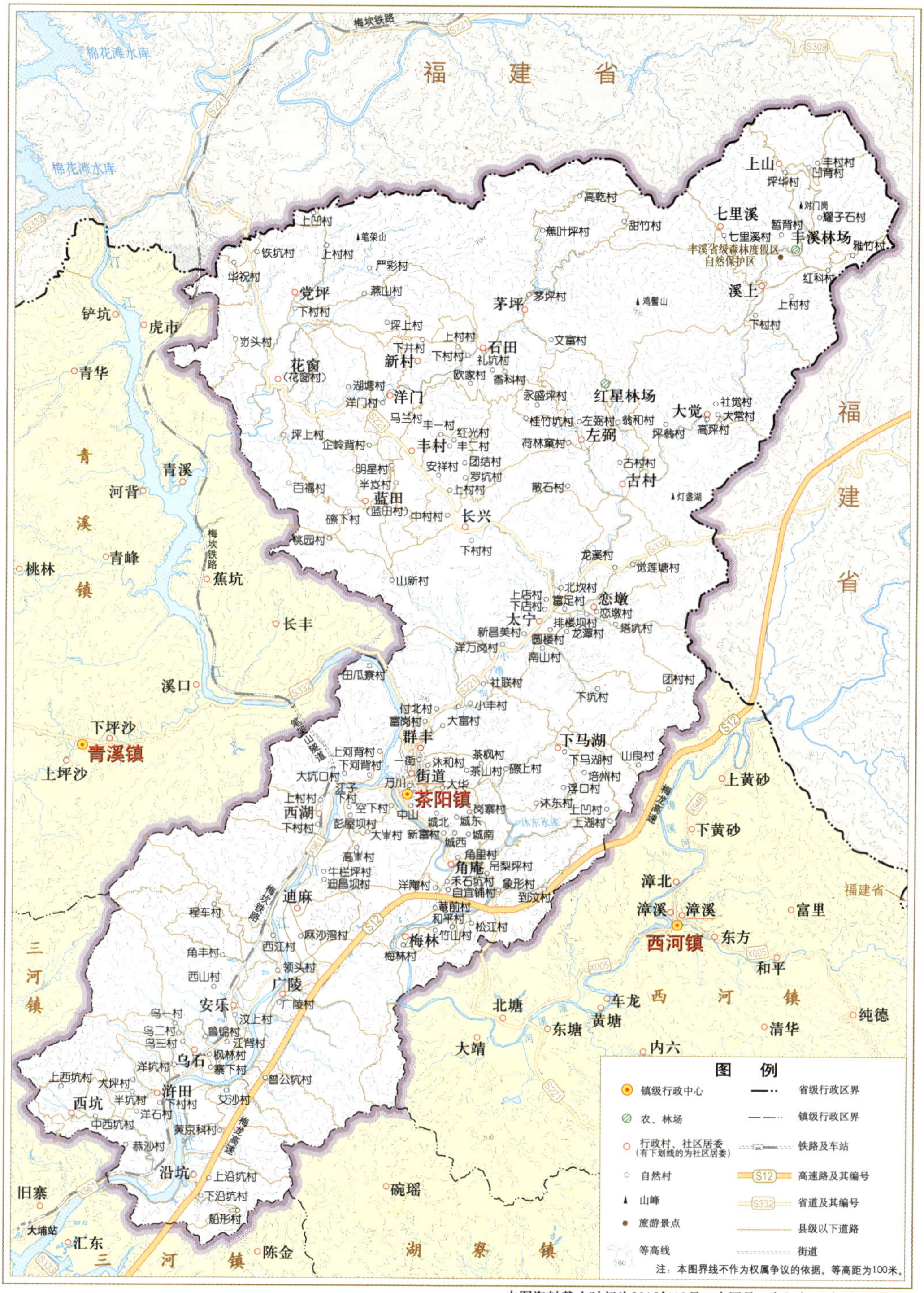

本图资料截止时间为2015年12月　审图号：粤S（2018）08-004号

茶阳老街骑楼群（2014 年）

茶阳城区全景图（2016 年）

茶阳文化广场（2016 年）

中国红色政权首个公安局旧址（2021 年）

高讯　摄

父子进士牌坊正面（2016 年）

父子进士牌坊背面（2016 年）

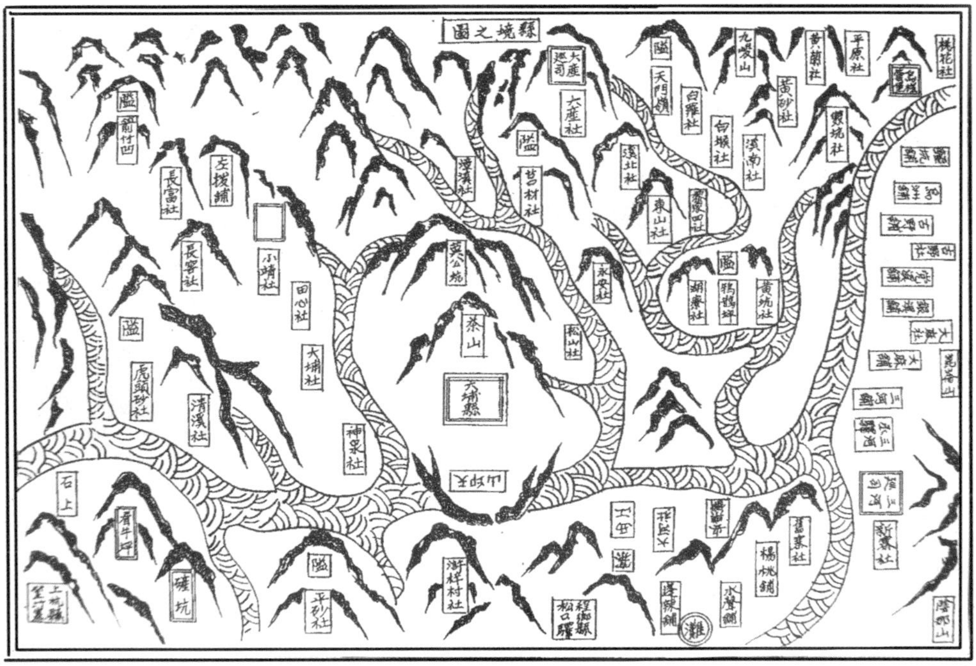

明嘉靖《大埔县志》中的大埔县境图

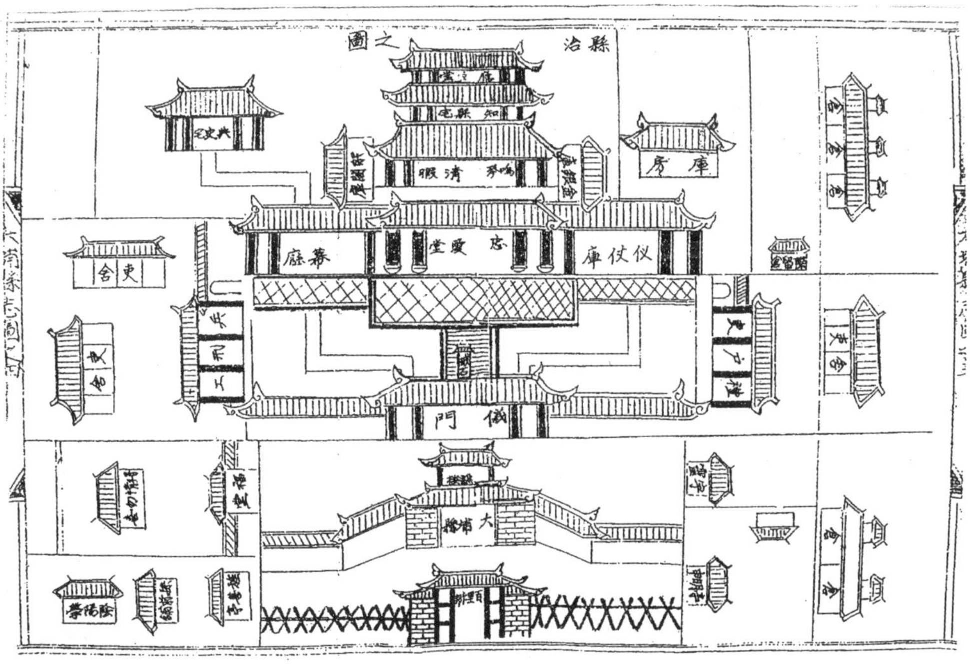

明嘉靖《大埔县志》中的大埔县治图

茅坪甜竹瀑布

目录

岭南古镇　汉乐故里

茶阳是大埔老县城，历史悠久，人文积淀丰厚，有不少民间艺术在传承中得到创新发展，广东汉乐便颇具特色。旧时，老县城乐坛高手云集，他们常在一起切磋技艺，弦歌不辍；乡间村落，人们在农闲之时，在节庆之日，都以“和弦索”（演奏汉乐）娱乐。一曲“怀古”如泣如诉，每每令人勾起对南迁艰辛历程的回忆；而一曲欢快愉悦的“百家春”却又令人心旷神怡，如沐春风。客家人老幼妇孺爱汉乐如醉如痴……

茶阳位于广东省梅州市大埔县北部，境内群山叠翠，江河澄碧，岭南风光，美不胜收。

茶阳之谓，始于明代，过去这里叫神泉。据传唐朝高僧潘了拳，幼年失怙，由叔婶抚育而不得其欢，14 岁便流浪至大埔西河上黄砂村，认寡妇游氏为母。游氏逝后，潘出家为僧，云游至今茶阳境内，见山清水秀，遂卓锡于此，凿井得泉，名之神泉。此地遂得名神泉村、神泉市。明嘉靖五年（1526），大埔于此立县，因县治处茶山之麓，名茶阳。

茶阳地当汀江、小靖河、漳溪河三水汇流之处，天然形胜。蕉岭人邱瑞甲任大埔县县长时，曾亲撰一联“大江合汀水南来气吞海若，埔势倚茶山北向形胜天然”。茶阳城南的茶山，松木参天，山风拂过，如波涛汹涌，谓之“茶岭松涛”；茶阳城北，小靖河畔，一峰孤耸，形似官印，名曰天印山；城东乃鹤顶峰，上有清泉古寺，晨钟暮鼓，香火极盛；而城西狮子山，山阳有南华古寺，山阴则下临三水汇流的狮子口，每逢春天，巉岩峭壁上杜鹃盛开，“狮崖春花”美妙绝伦。

茶阳是岭南古镇，也是商贸重镇。2 平方千米的老城区至今保留着明清时期的茶楼酒肆，而上下堂、围寨式、殿堂式围龙屋、杠式围屋等众多的岭南民居结构各异、精彩纷呈。古城墙、古街巷、古桥、古树，一切都珍藏着茶阳过往的瑰丽和传奇。茶阳自明嘉靖五年（1526）立县至 1961 年县城迁离，作为县治的时间长达四百余年，藉此之利，加上汀江航运发达，商贸业迅速发展，日渐成为岭南重埠。明嘉靖《大埔县志》载：“神泉市在神泉社河滨，集舟楫，列铺肆，鱼盐物货咸聚贸易。”时至今日，茶阳依然是福建龙汀、广东潮汕的交通枢纽，商业发达，贸易兴旺，经济活跃。

山清水秀，灵气所钟，物华天宝，英才辈出，茶阳还是岭南文化的渊薮。明清以降，茶阳儒学兴盛，科第蝉联，有进士 9 人、举人 27 人，饶相和饶与龄、饶芝和饶褒甲更是闻名遐迩的“父子进士”。创立于1904年的大埔中学，坐落于汀江河畔，这座百年老校“开大埔教育之先河，蔚起万川之人文”，一百多年来薪火相传，人才辈出。28位将军、6位院士和一大批社会名流都曾就读于大埔中学。

茶阳是广东汉乐的故里，这种根植于茶阳乡间的岭南奇音，既有中原之风，亦有南国之韵，源远流长、历久弥新。民国初年，茶阳“同益国乐社”异常活跃，县境之内的汉乐演奏高手，纷纷慕名而至，茶阳一时名家荟萃，高手云集，汉乐演奏、汉乐研究步入兴盛时期。1998年应新加坡茶阳会馆之邀，广东汉乐跨出国门，在异域一展风采。2006年广东汉乐被国务院列入第一批国家级非物质文化遗产名录，2008年大埔县被文化部命名为“广东汉乐之乡”。在茶阳古镇，可随时欣赏到“半入江风半入云”的美妙乐章。

茶阳是花环龙之乡。清康熙年间茶阳秀才饶君滚首创的花环龙，在继承中原龙舞的基础上革故鼎新，吸取中国民间舞蹈、古典戏剧舞蹈“刚中带柔、柔中寓刚、刚柔相济”之优点，以“文舞”“软舞”为基调，使花环龙舞得娇柔婉转，潇洒自如，日渐走上大舞台。茶阳花环龙舞表演队，曾多次参加国家和省、市大型文艺演出并屡屡夺冠。1999年、2000年，茶阳镇先后被广东省文化厅、中华人民共和国文化部命名为“中国民间艺术——花环龙之乡”。2007年，茶阳花环龙被广东省政府公布为省级非物质文化遗产。

茶阳是客家的香格里拉。这里天地澄明，山美得柔和，水绿得澄碧，竹海林涛，满眼苍翠，置身其中，不酒而醉。行走在茶阳乡村，一片静谧与祥和，一道道山路，一片片农舍，竹林间、榕树下，门扉半掩、鸡犬相闻。若逢节庆，这里自有轻歌曼舞、乡间美食，一如客家人的热情与豪爽，茶香酒醉，你便感到这就是陶渊明笔下的世外桃源。

茶阳从古老和梦幻中走来，和着时代的节拍，一步步走向文明，走向科学，走向现代社会。当今的茶阳，沐浴着社会变革的春风，正以其独特的风姿展现在世人面前。茶阳的明天，必将更加美好，更加灿烂辉煌。

基本镇情

茶阳镇位于大埔县北部，总面积 294.3 平方千米，辖 26 个村和 1 个街道社区，总人口 5.61 万人。2020 年全镇农村经济总收入 14.3 亿元。境内水陆交通两便，自明清以来，为福建龙汀、广东潮汕交通枢纽，商业发达，贸易兴旺。茶阳是中国历史文化名镇，也是革命老区。

建置区划

镇名由来 古镇茶阳名称有三：一曰神泉、二曰茶山、三曰茶阳。自明嘉靖起称茶阳，至今逾 480 载。

神泉之名，大埔未立县之前就有，是大埔最古老的地方名。唐代高僧潘了拳，法号惭愧祖师，福建沙县人，幼失父母，由叔婶抚育，不得叔婶欢心，14 岁流离到大埔西河上黄砂，认寡妇游氏为母。游氏逝后，云游到今茶阳境内，见此地山清水秀，遂卓锡于此地，凿井得泉，自命名神泉。后在今之唐屋生活过一段时间。亦凿泉成一井，名太极池，亦曰神泉，后人在此地建一寺，名曰神泉寺，以后改为修（集）福寺。此地遂名为神泉村，因近河滨，后渐成集市，名曰神泉市。今为神泉街，亦曰神前街及唐屋一带。

茶阳以茶山为名说法有二：一是茶山得名于宋末。唐元和至宋末 400 余年，茶阳属海阳县光德乡。据传说，宋末有福建盐徒涂某到光德乡茶山扎营、筑城，常扰程乡、金峰、上杭等地，到元至元二十一年（1284）被剿灭。于是茶山之名，称扬于众。茶山下有公王庙一座，原称茶山公王老神。二是茶山之名因当时山上种有茶树而得名。明嘉靖二十六年（1557）《大埔县志・署衙》载："县治茶山之麓位南面北……"又卷八《文章志》中《神泉四景》（作者陈献章，明代广东大儒）诗中写道："江门白藕花，我榻庐山顶。君若去茶山，茶香复谁领。"又据 1991 年第 2 期《农业考古》杂志署名阿朋的《潮州名茶——凤凰单丛》一文中说道："明代饶相（大埔茶阳人，明嘉靖十四年进士，后任江西按察副使）的《茶山增城记》才有关于大埔产茶盛况的记载。"清乾隆《潮州府》卷六也载："大埔县城，据茶山之麓。"几百年后，茶山虽已不见茶，然而地名犹存。

茶阳的名称由来，是明朝嘉靖五年（1526）大埔立县后才有的。当年立县时县衙设在茶山之麓，称茶阳。后人因县城在茶阳，有以代县称谓，至今如东南亚各地仍有"茶阳会馆”“茶阳同乡会”等称谓。今县治已迁湖寮镇，原县署为今镇政府。

建置沿革　自晋至隋，茶阳隶义招县。隋大业三年（607），改义招为万川县，茶阳属之。唐代，茶阳仍属万川，武德四年（621），万川被并入海阳县，茶阳属海阳。宋代茶阳隶潮州海阳县光德乡弦歌都。明成化十三年（1477），分海阳置饶平县，茶阳属饶平。明嘉靖五年（1526），析饶平滤洲、清远两都置大埔县，县治设茶阳，茶阳隶大埔滤洲都。清代，茶阳仍隶大埔滤洲都。民国时，茶阳隶大埔在城区。新中国成立初期，茶阳属大埔第一区，1952 年属附城区，1957 年为埔城镇，1958 年改为埔城公社。1961 年，由埔城析出古村公社、长治公社（后为长治镇）。1963 年，埔城公社改为茶阳公社，古村公社又被撤销，复归茶阳。1974 年，又由茶阳析出安乐公社。1980 年 9 月，以茶阳圩镇置茶阳镇（公社、镇并存）。1983 年 12 月撤公社改设区，茶阳公社遂成茶阳区公所。1985 年上半年，镇区合并称茶阳镇。2004 年，长治镇被撤销，复归茶阳。

茶阳自明嘉靖五年（1526）设县治，至 1961 年县治迁至湖寮，作县治的时间长达 400 余载。

行政区划　明代，茶阳为滤洲都神泉社，辖旧寨（即城内）、神泉、河背、洋陶、硿下、小湖口 6 个村。清代，茶阳为滤洲都在城甲，辖城内、神泉、河背、洋陶、硿下、穆公、小湖口、松山、梅林、自宜埔、磜上、大埔上村、大埔下村、车田上、田心、蓬头 16 个村。民国时期，茶阳为在城区，辖在城、维新、保安、岩上、永兴、长富、太宁 7 个乡。新中国成立之初，茶阳为第一区（附城），辖附城、富宁、永兴乡、附城镇 3 个乡、1 个镇。1952—1956 年，茶阳为附城区，辖古村、社角、文富、左弼、恋墩、龙潭、下马湖、茶山、梅林、碗陶、魏沙、广陵、乌石、安乐乡、附城镇 14 个乡、1 个镇。1957—1958 年，茶阳为埔城镇，辖恋墩、龙潭、下马湖、茶山、梅林乡、埔城镇 5 个乡、1 个镇。1958 年 10 月，茶阳为埔城公社，辖恋墩、龙潭、下马湖、茶山、梅林、社角、文富、左弼、古村、魏沙、碗陶、安乐、广陵、乌石、洋门、石田、蓝田、长教、花窗生产大队、埔城镇 19 个大队、1 个镇。1961 年，埔城公社辖恋墩、龙潭、下马湖、茶山、魏沙、碗陶、安乐、广陵、梅林、乌石生产大队、埔城镇 10 个大队、1 个镇。1963 年，埔城公社更名为茶阳公社，辖恋墩、太宁、下马湖、茶山、社角、文富、左弼、魏沙、碗陶、安乐、广陵、乌石、古村、梅林、街道 15 个大队。1974 年，茶阳公社辖恋墩、太宁、下马湖、梅林、社觉、文富、左弼、古村、街道 9 个大队。1980 年，恢复茶阳镇建置，镇与公社同级并存，茶阳镇辖街道管理区（一街、大华、万川、中山、城东、城西、城南、城北）和群丰大队；茶阳公社则辖恋墩、太宁、下马湖、西湖、角庵、梅林、大觉、古村、左弼、茅坪10个大队。1983年，茶阳公社改设为区公所，辖太宁、恋墩、西湖、浒田、下马湖、茅坪、广陵、乌石、沿坑、安乐、左弼、丰溪、古村、大觉14个乡。1985年上半年，茶阳镇、区合并称茶阳镇，辖太宁、恋墩、西湖、浒田、下马湖、茅坪、丰溪、广陵、乌石、沿坑、安乐、左弼、古村、大觉、群丰、梅林、角庵17个村和街道办事处。1993年，茶阳镇辖茅坪、左弼、古村、大觉、恋墩、太宁、下马湖、西湖、梅林、角庵、广陵、迪麻、沿坑、浒田、西坑、乌石、安乐、程车、群丰19个村和街道办事处。2004年，长治镇被并入茶阳镇，程车村被并入安乐村，茶阳镇辖茅坪、左弼、古村、大觉、恋墩、太宁、下马湖、西湖、梅林、角庵、广陵、迪麻、沿坑、浒田、西坑、乌石、安乐、群丰、长兴、丰村、洋门、石田、新村、花窗、党坪、蓝田26个村和街道社区。

自2004年至2015年，茶阳镇的行政区划未有变化。

行政村和社区

茶阳镇辖26个行政村和1个街道社区，其中大多数的村名自明嘉靖以来，至今未变，只有“蓝树窖”易名“花窗”，“长教”易名“长兴”，“角里”和“庵前”合并称“角庵”，“迪昌坝”和“麻沙湾”合并称“迪麻”，“大常”和“社角”合并称“大觉”，“程车”被并入“安乐”。

茅坪村 村委会驻地茅坪。明代隶长窖社，清代隶长治甲，民国时隶长治甲。1952年属附城区文富乡，1958年属埔城公社，1961年属古村公社，1963年后属茶阳公社、茶阳镇。2000年新建村委会办公楼。有茅坪、高乾、蕉叶坪、甜竹、畲寮下、高凹背、

茅坪村文化广场（2016年）

茅坪高乾竹海（2016年）

汉子坳、文富、坑头、塘面等居民点。茅坪距镇政府驻地 13.8 千米，东与福建永定为邻，境内群山环抱，多茅草。全村 527 户，2327 人。有山地 3000 亩，耕地 750 亩。茅坪毛竹资源丰富，副业以制竹器做腐枝为主。近年被誉为“大埔九寨沟”的甜竹自然村开辟为旅游景点，高乾自然村为红色旅游景点。

左弼村 村委会驻地铺下。明代属长富社，清代属长富甲称左拔村，民国起称左弼。1961 年属古村公社，1963 年后复隶茶阳公社。2001 年新建村委会办公楼。有左弼、桂竹坑、青坑、永盛坪、芋子头、铺子岗、湖堂等居民点。左弼距镇政府驻地 10.9 千米。全村四面环山，有 329 户，1640 人。有山地 7950 亩，耕地 403 亩。

大觉村 村委会驻地大常。明代属长富社，清代属长富甲。1952 年称社角乡，

左弼林海（2016 年）

左弼“慈母桥”（2016 年）

1961 年为古村公社社角管理区，1974 年为茶阳公社社觉大队，1980 年后称大角大队，1984 年称大觉乡（村）。2015 年新建村委会太和综合楼。有大常（大洋坑）、高坪、社觉、毛角、案上、坪上、湖里、田背、大坪岗等居民点。大觉距镇政府驻地 13 千米，东与福建永定为邻。全村 342 户，1509 人。有山地 1592 亩，耕地 677 亩。2000 年前办有多家土纸厂。

古村村　村委会驻地古村街。明代隶长富社称长富乡，清隶长富甲称长富村，民国

大觉村委会办公楼（2016 年）

大觉大常村休闲园（2016 年）

古村街景（2016 年）

古村休闲健身场所（2016 年）

隶在城区长富乡。1961—1963 年曾设古村公社，1963 年并入茶阳公社。村内有崖壁石刻“政和元年新开石圳”，证明古村先民于北宋政和元年（1111）开凿石圳引水。2004 年新建村委会办公楼。有古村、沙罗窠、坪翁畲、翁和、唐坑、散石、东福、大窠里等居民点。古村距镇政府驻地 10.3 千米。四面环山，小靖河和龙溪公路平行纵穿全村。全村 488 户，2118 人。有山地 17780 亩，耕地 877 亩。1966 年村里办有小水电站，1984 年成立“乐龄俱乐部”。

恋墩村 村委会驻地排楼坝。古传此地原有七个土墩和一片月形池塘，形如七星伴月，以形取义称为“恋墩”，村名沿用数百年。明代属小靖社称恋墩方，清代属太宁甲，民国时属太宁乡。1952 年为附城区恋墩乡。有内塔、外塔、罗屋、新楼下、山下、溪前、溪背、水口、对门、上觉莲塘、黄竹坑、演下等居民点。恋墩村距镇政府驻地 7.2 千米，东与福建永定为邻。全村 580 户，2706 人。有山地 14870 亩，耕地 1203 亩。

太宁村 村委会驻地中边角。明代称小靖社，清代称太宁甲（含恋墩、南山、寺前、寨上、人村、龙骨坪、店上），民国时称太宁乡。1952 年称龙潭乡，1958 年称龙潭村，1963 年后为茶阳公社太宁管理区、太宁大队。1999 年新建村委会办公楼。有洋万岗、中边角、南山、下坑、团村、圆楼、龙潭、富足、新昌美、上店、下店、其子客、北坎、八角宫、船寨下等居民点。太宁距镇政府驻地 5.5 千米，东与福建永定下洋为邻。全村呈小盆地状，小靖河、粤闽公路贯通全村。全村 718 户，3430 人。有山地 16650 亩，耕地 1796 亩。

太宁村牌坊（2016 年）

群丰村　村委会驻地土头岗。明代属大埔社，清代属在城甲，民国时属在城乡。1952 年称茶山乡，1958 年隶埔城公社，后隶茶阳公社、茶阳镇。2002 年新建村委会办公楼。有社联、付北、大富、富岗、茶枫、沐和、磜上、峰（空）下、小丰等居民点，大多分布于茶阳城区的东、西、南三面。群丰距镇政府驻地 1.9 千米。村民多靠山建房。全村 516 户，2388 人。有山地 7545 亩，耕地 930 亩。鹤顶山麓的磜上村有优质矿泉水，建有大埔县矿泉公司开发利用。

下马湖村　村委会驻地下马湖。明代隶神泉社，清代隶在城甲称穆公村，民国时隶

茶阳沐东水库（2016 年）

在城区。1952年隶附城区。2002年新建村委会办公楼。有沐东、下马湖、培州（培珠畲）、浮口、上凹、上湖、山良等居民点。下马湖距镇政府驻地6.2千米，四面环山，旧时人烟稀少，交通不便，兵马至此必下马步行，地形如湖状，故名。全村203户，891人。有山地14166亩，耕地743亩。

梅林村 村委会驻地梅林坝。明代隶松山社，清代隶在城甲，民国时隶在城乡，村名一直未变。1999年新建村委会办公楼。有梅林坝、竹山、到汶、和平、松江、吊梨坪、象形等居民点。梅林距镇政府驻地3.8千米。东北及南面环山，西邻漳溪河。全村222户，1073人。有山地9683亩，耕地651亩。1960年沿漳溪河修筑起1000余米的堤坝，内设涵洞3处，抽水排涝。1998年，华侨陈以芳夫妇捐建“梅林芳兰大桥”“芳兰小学”。2014年12月31日，梅龙高速公路在到汶村设高速路出入口。1989—1990年，有青溪水库移民迁入梅林。

角庵村 村委会驻地原在庵前，后迁河东。明代属神泉社，清代隶在城甲洋陶村，民国时属在城乡。1952年属梅林乡。村名以角里、庵前各取首字为村名。1997年在河东建成茶阳敬老院大楼。2012年新建村委会办公楼。有禾石坑、自宜埔、庵前、角里、洋陶、网山下、庵子垅等居民点。角庵距镇政府驻地2.5千米。全村455户，2042人，有山地10300亩，耕地877亩。1987年华侨饶师泉捐资51万元建造“金婚桥”，1996年8月8日洪水冲塌后，又于1997年再捐80万元重建，并捐建“洋陶小学”。

迪麻村 村委会驻地迪（七）昌坝。明代属大河社，清代属永兴甲，分称“迪

梅林村委会办公楼（2016年）

梅林排灌站（2016年）

角庵村委会办公楼（2016 年）

洋陶竹林（2016 年）

（七）昌坝”“麻沙湾”，民国时属永兴乡称迪昌村。1952 年属广陵乡，1974 年属安乐公社广陵大队，1980 年属安乐公社，1984 年属茶阳区，1986 年隶茶阳镇。2007 年新建村委会办公楼。有迪（七）昌坝、四斗坑、赤子岗、龙湖公、禾仓窠、麻沙湾、寨背窝等居民点。迪麻距镇政府驻地 4.7 千米。1961 年，从迪昌坝与麻沙湾两地名中各取首字成迪麻村名。全村 300 户，1400 人。有山地 11570 亩，耕地 830 亩，民居呈点状分布。村中水运便利。1974 年建成 2200 米长、13 米高、6 米宽的防洪堤及配套电动排灌站一座，2009 年重修。

广陵村 村委会驻地广陵。明代隶大河社称广林村，清代隶永兴甲称广陵村，民国

迪麻村口牌楼（2016 年）

广陵村牌坊（2016 年）

隶永兴乡。1952 年隶附城区（魏沙自然村除外），1957 年设广陵乡（乡址在汶上，辖 5 个村），1958 年隶埔城镇，1974 年隶安乐公社，1984 年属茶阳区，1986 年隶茶阳镇，村名一直未变。2006 年新建村委会办公楼。有广陵、青坑、曾南、魏沙（又称艾沙）等居民点。广陵距镇政府驻地 6.5 千米。全村 434 户，2284 人。有山地 17300 亩，耕地 1200 亩。北、东、南三面环山，西临汀江，水运便利。

沿坑村 村委会驻地下沿坑。明代属大河社，清代属永兴甲，民国时属永兴乡称

广陵村口（2016 年）

广陵村主村（2016 年）

广陵乡下沿坑村。1952年后属魏沙乡（村），1974年后属安乐公社，1984年属茶阳区，1985年属茶阳镇，村名一直未变。有黄京科、上沿坑、下沿坑、船形村等居民点。沿坑距镇政府驻地12.3千米。全村224户，876人。有山地12087亩，耕地362亩。东、北、南三面环山，西临汀江，水运便利。民居多沿山坑分散建筑。1992年筑成茶阳至沿坑公路（经迪麻、广陵），2001年延伸至三河镇。2004年新建村委会办公楼。

浒田村 村委会驻地下村。明代隶大河社，清代隶永兴甲，民国时隶永兴乡。1952年属附城区乌石乡，1957年属广陵乡乌石辖，1958年属埔城镇乌石辖，1974年隶安乐公社，1984年属茶阳区，1986年后隶茶阳镇，村名一直未变。2002年新建村委会办公楼。有大坪、洋坑、下村、半坑、洋石、浒田等居民点。浒田村距镇政府驻地10.7千米。北、西、南三面环山，东临汀江，水运便利。民居呈点状分布。全村268户，1016人。有山地13580亩，耕地608亩。1962年建一座水力粮食加工厂。2000年开通茶阳至三河县道途经浒田。

西坑村 村委会驻地中西坑。因村心坑水为汀江西边一支流，而得村名。明代为大河社弓（恭）沙村，清代为永兴甲弓（恭）沙村，民国时为永兴乡西坑村。1952年属附城区乌石乡，1957年属广陵乡乌石辖，1958年属埔城镇乌石辖，1974年属安乐公社，1986年为茶阳镇中西坑村。有邦田礤、上西坑、中西坑、下西坑、黄屋、李屋、恭沙、猛虎过河等居民点。西坑距镇政府驻地12.2千米。民居点状分布于村心坑畔。全村180户，644人。有山地1538亩，耕地635亩。明代曾开采铜、锡矿。1978年，县矿务站曾在此开采铅锌矿。1983年，村中出现严重崩陷滑坡，130余间房屋倒塌，7亩水田下陷崩溃，政府拨粮款赈济灾民。

乌石村 村委会驻地乌石。因村中有一块乌黑大石而得名，村名一直未变。明代隶大河社，清代隶永兴甲，民国隶永兴乡。1952年隶附城区，1957年属广陵乡，1958年属埔城镇，1974年属安乐公社，1984年隶茶阳区，1986年隶茶阳镇。2007年新建村委会办公楼。有乌石、鲁锦、寨下、岗背、枫林等居民点。乌石距镇政府驻地9.2千米。民居呈扇形分布在水坑西边。全村397户，1539人。有山地1538亩，耕地635亩。乌石村华侨多，华侨捐建一所小学及友谊桥、均敏亭。

安乐村 村委会驻地汶上。明代隶大河社，清代隶永兴甲，民国时属在城区永兴乡。1952年属附城区，1957年属广陵乡，1958年属埔城镇，1974年属安乐公社，1984年属茶阳区，后属茶阳镇，2004年程车村并入安乐。2001年新建村委会办公楼。有安乐、西江寨、岭头坪、汶上、楼下、程车、田背、竹园、郑石寮、棉畲等居民点。安乐距镇政府驻地7.6千米。民居呈带状分布。全村623户，2435人。有山地5643亩，耕地1603亩。安乐村是广东省毛竹基地。

西湖村 村委会驻地小湖口。明代隶神泉社，清代隶在城甲，民国时隶在城乡。1952年属附城区，1957年属广陵乡，1958年属埔城区安乐乡，1974年属安乐公社，1985年属茶阳镇。2001年新建村委会办公楼。有田瓜寮、上河背、下河背、大坑口、上村、下村、牛栏坪、彭屋坝、岗子下、高畲、大畲等居民点。西湖距镇政府驻地2.4千米。全村254户，1058人。有山地19404亩，耕地714亩。1998年建成的汀江大桥横跨村两边。

党坪村 村委会驻地党坪。明代属长窖社，清代属长治甲，民国时属长治甲。1952

西湖汀江大桥（2016年）

党坪村新貌（2016年）

年属埔北区花窗乡，1961年属长治公社，2004年后属茶阳镇，村名一直未变。有燕山、上村、下村、华祝、铁坑、伯公凹等居民点。党坪距镇政府驻地17.1千米，北临福建永定县。村境属低山平阔地带。全村487户，2055人。有山地19596亩，耕地1464亩。华祝水库库容10万立方米。有太峰公路穿境而过。

花窗村 村委会驻地花窗下。民国初期，江姓建的宗祠堂宇横屋均砌花窗图案，又

党坪华祝别墅群（2016年）

建于高处，该村秀才江史裕提议改村名为“花窗下”。明代称蓝树窖村隶长窖社，清代称兰树乡隶长治甲，民国时称花窗下村隶石上区长治乡。1952 年属埔北区花窗乡，1958 年后为埔城公社（后为附城镇公社、埔北公社、长治公社）花窗大队，花窗曾作区、乡、公社、镇政府驻地 50 年。2004 年长治镇并入茶阳镇后为花窗村。2001 年新建村委会办公楼。有湖塘、花窗、仁厚（岌头）、坪上、半塅等居民点。花窗距镇政府驻地

花窗村鸟瞰（2016 年）

15.4 千米。民居呈带状分布。全村 442 户，1449 人。有山地 4600 亩，耕地 789 亩。有北中水电站一座，年发电 70.4 万千瓦时。境内有太峰公路经过。中山大学首任校长邹鲁祖居敬爱堂在仁厚自然村。

洋门村 村委会驻地洋门。明代属长窖社，清代属长治甲，民国时属石上区长治

乡。1952 年属埔北区，1958 年后隶埔北乡（后埔城公社、附城镇公社、埔北公社），1961 年隶长治公社，2004 年后隶茶阳镇，村名一直未变。2001 年新建村委会办公楼。有马兰、上寨、塘坑、寨下、岐岭、桥头、大埔上、邹窠、璋田、岭下、槐树等居民点。洋门距镇政府驻地 13.5 千米，民居呈点带状分布。全村 347 户，1617 人。有山地 8000 亩，耕地 779 亩。太峰公路从村中经过。

新村村 村委会驻地田里。明代属长窖社，清代属长治甲，民国时属长治乡。1952 年属埔北区，1957 年属花窗乡洋门，1958 年属埔北乡洋门（后属埔城公社、附城镇公社、埔北公社），1961 年属长治公社，2004 年属茶阳镇。2002 年新建村委会办公楼。有严彩、凹上、坪上、田里、笃美、立新、围屋、楼下、凹背等居民点。新村距镇政府驻地 18.5 千米。民居呈点带状分布。全村 207 户，1054 人。有山地 13077 亩，耕地 884 亩。

石田村 村委会驻地石田。明代属长窖社，清代属长治甲，民国时属石上区长治乡，均称石痕村，后改石田村。1952 年属埔北区，1957 年属花窗乡，1958 年后分别属埔北区、埔城公社（附城镇公社、埔北公社）、长治公社，2004 年后属茶阳镇。2001 年新建村委会办公楼。有上村、下村、香窠、礼坑、欧家、石田等居民点。石田距镇政府驻地 15.5 千米。民居较星散。全村 425 户，2015 人。有山地 10650 亩，耕地 650 亩。长达 17.5 千米的马山水圳发源于此。

丰村村 村委会驻地丰村。明代属长窖社，清代及民国时属长治甲长教村。1952 年

石田交通广场（2016 年）

属埔北区长教乡，1957 年属花窗乡长窖村，1958 年属埔北乡长窖村（后埔城公社、附城镇公社），1961 年为长治公社丰村大队，2004 年后隶属茶阳镇。2002 年新建村委会办公楼。有半岌、早禾田背、杉树凹、安祥、丰村等居民点。丰村距镇政府驻地 12.5 千米。民居呈扇形分布在山坡坑旁。全村 327 户，1439 人。有山地 4866 亩，耕地 619 亩。境内有太峰公路经过。

长兴村 村委会驻地长兴。明代属长窖社称长窖村，清代属长治甲称长教村，民国时又称长窖隶石上区长治乡。1952 年属埔北区，1957 年属花窗乡，1958 年属埔北乡（后埔城公社、附城镇公社、埔北公社），1961 年属长治公社。1981 年地名普查时，因与湖寮长教同名，改为长兴。2004 年后隶属茶阳镇。2001 年新建村委会办公楼。有长兴、石子下、郑屋寮、罗坑、湖里等居民点。长兴距镇政府驻地 11.5 千米。民居较集中，多在山坡坑旁及公路两边。全村 365 户，1530 人。有山地 14000 亩，耕地 1455 亩。村中有太峰公路经过。

蓝田村 村委会驻地蓝田。明代属长窖社，清代属长治甲，民国时属石上区长治乡。1952 年属埔北区，1957 年属花窗乡，1958 年属埔北乡（后埔城公社、附城镇公社、埔北公社），1961 年后隶属长治公社，2004 年后隶属茶阳镇。2003 年新建村委会办公楼。有蓝田、山新、百福坪、桃园、磜下等居民点。蓝田村距镇政府驻地 10.2 千米。民居较集中。全村 258 户，982 人。有山地 18000 亩，耕地 710 亩。全村四面环山，山高水冷，水源充足。逢旱年，别处歉收，村里因地温上升而获增产，故人们戏称该村的田地为“歪心田”。

街道社区 社区居委会驻地文化广场。1956 年起，办公地点先后设在城北饶氏世魁祠、北门口、中山路、大华路、张家祠、城北（3 次）。街道社区即茶阳城区。从明嘉靖五年（1526）置大埔县至 1961 年，茶阳都是大埔县城。县城迁入湖寮后，街道社区改称为埔城公社街道大队。1980 年 9 月恢复茶阳镇建制后，为街道管理区，2002 年为街道社区。辖城东、城西、城南、城北、中山、万川、大华、一街 8 个居民小组；1989 年安置青溪水库移民后，在移民点增设新富、岗寨 2 个居民小组，共有 10 个居民小组。有 3896 户，19860 人。有山地 2511 亩，耕地 110 亩。1981 年，全面整修街道并硬化路面。1988 年冬接通自来水，1994 年开通程控电话，1995 年开通有线电视，2000 年开通网络。城区水陆交通便利。茶阳城区一向商贸发达，农历逢二、七日为圩期。

区位 交通

区位 茶阳镇地处广东省梅州市大埔县北部，汀江下游，位于北纬24° 33′，东经116° 42′。东、北邻福建省永定县仙师镇和下洋镇，西北接青溪镇，东南紧依西河镇，西南与湖寮镇、三河镇相连。镇政府驻地金山路1号，距县城直线距离18千米，公路里程28千米。汀江自西北青溪镇入境，漳溪河、小靖河分别注入境内。北部层峦叠嶂，自东向西集诸山涧坑流成小溪，经青溪镇的青溪村注入汀江。

汀江自古航运发达，古镇茶阳是潮汕、龙汀、漳州的交通枢纽，又是上杭、长汀、永定、平和、潮汕、梅县及大埔县周边乡镇农村的商贸集散地。逢农历二、七日为圩期，自古一直沿袭至今。明嘉靖三十六年（1557）《大埔县志》载：“神泉市，在神泉社河滨，集舟楫，列铺肆，鱼盐物货咸聚贸易。”茶阳是大埔老县城，自明清以来，茶阳因其独具的地缘优势，商业旺盛，贸易发达，经济活跃。

交通

陆运 明嘉靖三十六年（1557）和清同治十二年（1873）的《大埔县志》记载，大埔官路以县城茶阳为中心向周边乡村辐射，共有6条：小靖官路、大河官路、清溪官路、清远官路、漳溪路、羊子岗路。

1930年1月，埔峰（大埔至永定县峰市）公路动工，至1932年11月仅筑成县城茶阳至小靖（太宁）公路7千米。1938—1939年短期通车。1945年曾筑埔梅公路（茶阳至梅县下塔）8千米，旋又毁坏。第一个五年计划期间，1956年1月修筑大埔县太峰公路（太宁至永定县峰市）长19.2千米，同年7月1日通车。1957年12月茶上（茶阳至饶平县上善）公路65.3千米修成通车。第二个五年计划期间，开通太宁龙骨坪至溪上、茶阳至梅县三塔、古村至蕉叶坪、土头岗至猫公石、龙骨坪至黄古岭的公路。1970年11月，茶阳沿汀江经坪沙至松口、梅县的公路通车，汽车亦不再从狮子口轮渡过河。1992年开通的公路有：

茶阳镇牌坊（2016年）

茶阳至沿坑17.8千米，铁坑至花窗4.3千米，丰村至蓝田3.5千米。1993年开通的公路有：花窗至党坪4.3千米，茶阳至下马湖6.2千米，洋门至新村5.2千米，太宁至恋墩1.4千米，洋门至石田5.8千米。1994年开通洋陶至自宜公路5.6千米，至此，全面完成镇通行政村的公路建设。2000年开通茶阳至三河公路27.7千米。1992年至2014年，镇通村、通自然村90%的村道，均已修成硬底化道路，总里程达200千米。茶阳公共汽车可达县城湖寮、长治（花窗、党坪）、丰溪林场、青溪（坪沙、石上）、三河诸镇场，梅龙高速公路（出入口在梅林到汶村）可直达广州、深圳、梅州、汕头、龙岩等地。高速公路在广陵村设有服务区。

乡村公路（2016年）

梅龙高速公路梅林高架桥（2016年）

梅坎铁路茶阳货运站（2016年）

梅（州）龙（岩）高速公路茶阳出入口（2016年）

位于广陵村的梅（州）龙（岩）高速公路茶阳服务区（2016年）

茶阳的老车站设在西竺庵，20 世纪 70—80 年代则在土头岗，后车站设在仙基桥头。

茶阳境内有各个时期建造的长 30 米以上的桥梁 15 座，有百米以上的大桥 3 座，30 米以下的小桥则遍布各村落，“小桥流水人家”景致随处可见。

2006 年 6 月 26 日，梅坎铁路全线通车，沿线经过茶阳的西湖、西江、安乐、乌石、浒田 5 个自然村。在西湖村设有货运站和铁路维护班组。

航运　茶阳历来是闽粤水运交通枢纽。发源于福建省武夷山南麓的汀江流经茶阳的航道约 25 千米。明嘉靖三十六年（1557）《大埔县志》载：“神泉河，凡惠潮宦商，赴京、入闽及江浙者，恒必由之。”明清时期的码头有 5 个：汀江的神泉、狮子口码头，西门河（漳溪河）的上、下码头和新矶码头。古时木船航行至潮汕、松口、西河、石上。1918 年“安捷”小火轮航行于茶阳潮州。由于狮子口河面狭窄，宽仅 80 米左右，1954 年起，政府成立疏河队治理航道，筑设河道石坝，整治暗礁浅滩，以利船舶航行。

1951 年 3 月成立船舶管理站。1955 年兴建码头。20 世纪 60 年代成立港务组，隶属高陂港务所。港务组设猫公石、狮子口两个码头作业区。码头岸线共长 211.5 米，堆场面积 7529 平方米，仓库 2 座 193 平方米。80 年代以后，因福建运往潮汕的煤炭多由此地中转，港口货物吞吐量逐年增加，1978 年 8.7 万吨，1988 年增至 31.8 万吨。

1968 年，西门河（漳溪河）航道因上游多处建拦水坝断航。

1992 年 9 月 17 日青溪水电厂下闸蓄水，汀江基本断航。

未断航前，除客轮正常航行至三河、高陂、潮州和松口外，1990 年至 1995 年还运行过摩托豪华快艇载客，时速 50 千米，从茶阳至潮州仅需 2 小时左右。

全镇共有大小渡口 12 个，至 2016 年，迪麻、安乐、汶上、广陵、乌石、田瓜寮 6 个渡口仍在，渡船改小木船（竹筏）为小电机船。

自然环境

面积 全镇总面积 294.3 平方千米，耕地仅有 30075 亩，其余的多为山地，海拔 500 米以上的高山约占总面积的 10%，海拔 100 ~ 500 米的高、中丘约占总面积的 80%，海拔 100 米以下的低丘、小盆地约占总面积的 10%。

地质

茶阳地质多为沉积岩，境内有 3 处属褶皱构造。

大常坑向斜 位于大常坑一带。向斜核部为下侏罗纪下统，翼部出露上三叠纪上统。轴线呈 300° ~ 320° 方向展布延伸 14 千米，宽 10 千米，南西翼被长岗亭断裂所切而缺失。其南北端被花岗岩侵入吞噬呈残缺不全状；中段受北东向断裂横切错开而支离破碎。

长治红色盆地 展布在大常坑向斜核部，由白垩纪上统红层组成。呈北西向展布，长轴 5 千米，短轴为 2 千米，岩层倾角 10° ~ 20° ，局部边缘达 30° ，为闭合向斜盆地。

乌石坑红色盆地 呈北西向展布，长 5 千米，宽约 2 千米，由白垩纪上统红层组成。红层不整合于燕山三期花岗岩和侏罗纪下统之上。岩层倾角于盆地又受北西向断裂和北东向断裂所切，故残缺不全。

地貌 全镇地势狭长，北高南低。北部长治新村一带层峦叠嶂，境内除太宁属小盆地外，其余多属低山丘陵区。

气候

茶阳属亚热带季风气候，四季分明，春温多雨，夏季雨量集中，秋、冬季少雨干燥。夏日长，冬日短，气候温和，光照充足，热量丰富，雨量充沛，偶有奇旱和严寒，四季宜耕宜牧，具有发展农、林、牧、渔等各业生产的有利条件。灾害性天气主要表现在春季的低温阴雨、倒春寒，5 月、6 月间的“龙舟水”和夏秋间的台风雨，秋季“寒露风”和冬季的霜冻等。

日照 据1979—2000年统计，境内年均日照1640.3小时，最多为1996年1951.5小时，最少为1983年1364.1小时。年日照率38%，最高为10月，日照率50%，最低为3月和4月。

降水 据1979—2000年统计，全镇年均降水天数约153天，降水量1558.3毫米，1983年降水量2286.9毫米为最多，1991年降水量1043.5毫米为最少。降水一般集中在4—9月，强度大、时间长，易形成洪涝灾害。由于茶阳地处低纬度地区，雨量丰沛，加上降雨时间的不均匀性和受地形的影响，暴雨经常发生。

风 茶阳地处东南沿海季风地带，因受山峦抑制，年平均风速1米/秒。旧志载：“春初晴明多北风，渐由北（风）而东（风），阴雨则为东风；夏季晴雨皆南风，日晴风静，入夜则南风极佳；秋季仍多南风，阴雨则成西风，寒气早侵时，则渐多西北风；冬季皆北风，阴雨时或有东风；夏秋之季或有暴风（台风）。”

气温 全年平均气温20.8～21.9℃，极端最高气温40.0℃，极端最低气温4.6℃。最热是7月，平均气温28.3℃；最冷是1月，平均气温11.9℃。全年无霜期312天左右，平均霜日12天。

主要山峰

茶阳地处大埔北部，其山祖脉皆来自福建，属水珠系。境内有海拔700米以上的山峰6座，其中，鸡髻山（又称凤髻山）为最高，海拔1008米。

鸡髻山 又称凤髻山。距镇政府8千米。位于茶阳镇大觉、茅坪村与丰溪林场交界处，方圆5千米。海拔1008米，相对高度从茅坪村计起约600米。清乾隆九年（1744）《大埔县志》称：“凤髻山，在县（茶阳）东十五里，形如凤冠。”

公罗嶂 （旧称风波嶂）属鸡髻山之次峰，在茶阳镇大觉、古村两村和丰溪林场交界处，海拔882米，方圆约6千米。清乾隆九年（1744）《大埔县志》载：“风波嶂在县（茶阳）东二十里长富社，发源于闽汀之漭荡洋，迤逦起玉釜崃到此。嶂，突起数峰，巉岩陡绝，阴霾则烟笼叠嶂，晴霁则碧入重霄，县右之奇观也。”公罗嶂乃风波嶂之谐音。距镇政府10千米。

天子寨 属鸡髻山之第三峰，位于茶阳镇茅坪村境内，海拔786米，方圆约5千米。距镇政府22.6千米。

五百嶂 海拔869米，方圆15千米。民国《大埔县志》载：“五百嶂在长治甲新村严背畲间，层峦叠岭，气势雄壮”，是长治第一山。山上有珍禽异兽，已发现属于国家保护动物的有虎、豹、穿山甲、水鹿（当地俗称山羊）、雉等。距镇政府 22 千米。

笔架山 位于茶阳镇西坑村、青溪镇上坪沙村与三河镇良江村交界处。海拔 718 米，方圆约 5 千米。距镇政府 18 千米。

阳石峰 又称羊石脑。位于茶阳镇乌石、浒田村与三河镇良江村交界处。海拔 736 米，方圆 5 千米。清乾隆九年（1744）《大埔县志》载：“阳石峰源于闽杭之羊首山，顺流逶迤至坪砂角髻嶂后突起此山，近观则层峦峭壁，远望则数峰插天，每烟雾涌起必致雨泽，民以为耕种之候。山多野兽，穿落为浒田、旧寨、大河等处，尽于河背为天马榜山。”距镇政府 24 千米。

主要河流

茶阳境内溪河涧流颇多，所有水流尽归韩江。汀江、漳溪河、小靖河是境内的主要河流。

汀江 古称“神泉河”。发源于福建省武夷山南麓宁化县境内的木马山，流经长汀县、上杭县、永定区峰市镇进入大埔县青溪镇的石下坝，韩江北上舟楫止于此。稍下，永定河水汇入，其地为虎头沙；其流为刀背滩，因水势剽利故名。循河而下，有青溪水东入，坪沙水西注，至茶阳合小靖溪、漳溪河水，然后经安乐集诸坑流南达三河与梅潭河和梅江汇为韩江。汀江属韩江主源，总集雨面积 1.18 万平方千米，大埔境内为 1416 平方千米；干流总长 323 千米，大埔境内 55 千米，河床比降 1.27‰。上游山重嶂叠，

汀江大桥（狮子口）（2016 年）

汀江河西湖河段（2016 年）

植被良好，山清水秀；入韩江前与梅江水清浊可辨，汀清梅浊泾渭分明，遇暴雨时尤甚。茶阳上至石下坝可通小电轮，曾是闽、粤主要交通线。1992 年 3 月青溪水电厂落闸蓄水后，省青溪水电厂以上至石下坝水上交通中断。汀江水年最大流量 8140 米^3／秒，出现在 1973 年 6 月 2 日；年最小流量 16.80 米^3／秒，在 1958 年 5 月 23 日。1994 年 5 月装机 14.4 万千瓦的省青溪水电厂全面竣工投产。河系沿线还建有龙潭、沐东坑等 12 座水电站。青溪镇溪口下侧，有 1970 年建成的汀江大桥接平三（原白三）公路；1998 年建成茶阳汀江大桥，接茶（阳）三（河）线；1999 年建成三河坝朱德纪念大桥。

漳溪河 古称“永安溪”，又称大靖溪、西门河。发源于福建省永定县东华山，经过西河镇的上黄砂、下黄砂、漳北、漳溪、黄塘、北塘，茶阳镇的梅林、角庵等村流入汀江。总集雨面积 825 平方千米，大埔境内 165 平方千米；河流长度 87 千米，大埔境内约 30 千米；河床比降 4.19‰；河面宽 50 ~ 100 米。西河圩以下原可通小木船，由于河床日高，水量渐小，且多级建坝，阻碍通航，加上公路已经畅通，因而不再通船。1996 年 8 月 8 日发生特大洪水，西河圩镇受浸达 8 米深，倒塌房屋 4022 间，沿河桥梁、陂圳几乎全毁，据当地年过七旬的老人回忆，未曾见过如此大的洪水。漳溪河干流（大埔境内）已建成西河、吉流、下黄砂、漳北、溪头、北塘等水电站。境内河系沿线建有仙基桥、新仙基桥、北塘桥（已冲毁）、铁吊桥（已冲毁）、变新桥（已冲毁）、漳北桥、

漳溪河角庵河段（2016 年）

黄砂桥、竞新桥、龙埔桥、芳兰桥、金婚桥、北塘家炳大桥。被冲毁桥梁，灾后已重建。沿河两岸交通便利。

小靖河 源于大埔丰溪林场上坪畲，由茶阳镇出口注汀江。集雨面积 124 平方千米，干流长 29 千米，河床坡降为 0.66‰。1992 年 10 月，对该河恋墩段 600 米进行整治。1996 年 8 月 8 日发生特大洪水，沿河陂圳、桥梁尽毁，民房倒塌。灾后，桥梁等已重建。上游植被良好，水力资源多可利用。干流上已开发有大窝、小窝、龙颈背、大觉等电站。

自然资源

境内的自然资源主要有野生植物、野生动物、矿物资源和水资源。

野生植物 茶阳地处县境北部，植被覆盖率比东部、中部、南部较好。植被种类据初步调查约有 155 科 748 种。其中，蕨类植物有 18 科 62 种，裸子植物有 4 科 4 种，被子植物有 133 科（占世界被子植物科数的 40%）682 种。

野生动物 哺乳类动物有 19 种，属国家二级保护的有金钱豹、云豹、穿山甲；属国家三级保护的有大灵猫、小灵猫、苏门羚。鸟类有 14 目 105 种，属国家二级保护的有小天鹅、松雀鹰、草原鹰、鸢、白鹇、褐翅鸦鹃、小鸦鹃、领鸺、褐林鸮。江河鱼类品种多，主要有鳗、鳒、鲣、鲩（草鱼）、鳙、鲢、鲮（泥王）、鲤、鲫等 60 多种。蛇类主要有滑鼠蛇（南蛇）、蟒蛇、暹罗蝰（百步金钱）、青竹蛇、金环蛇、眼镜蛇、红糟蛇、布荆根、草花蛇、田泥蛇、乌梢蛇（过山乌）、墨蛇、水鳖蛇等，属国家三级保护的有蟒蛇。蛙类主要有虎纹蛙、田蛙（田鸡、小青蛙）、青蛙、蟾蜍、竹蛙、石蛙、林蛙（夹竹拐）等，属国家二级保护的有虎纹蛙。

其他还有龟、鳖、蜥蜴、壁虎、石燕、蚯蚓、白鼻喷、水蛭、蟛蜞、蟑螂、蜘蛛、蝴蝶、蜻蜓、蟋蟀、竹象鼻虫、椿象、蜈蚣、蝉、蜗牛、钻心虫、谷牛、蜂等。

茶阳野生动物品种不少，但虎、豹已为罕见；田中的螃蟹、田螺、小虾等，因施农药，已濒绝迹。

矿物资源 茶阳境内的矿物资源主要有石灰石、煤、河沙、瓷土、紫砂陶土和4种花岗岩，且大部分都分布于长治一带。

水资源 茶阳靠近南海，属亚热带季风气候，四季温和多雨，并常有台风雨调节，年降水量一般为1558.3毫米，水资源丰富。其境内的水资源主要是汀江、漳溪河、小靖河。汀江的集雨面积为1.18万平方千米，漳溪河的集雨面积为825平方千米，小靖河的集雨面积为124平方千米。另外，还有优质的鹤顶矿泉，1984年已被开发利用。

自然灾害

发生在茶阳境内的自然灾害有地震、虫害、干旱、雹灾、风灾、涝害。据统计，自明嘉靖八年（1529）至2014年，有史料记载的自然灾害共发生76次，其中，地震10次、虫害4次、雹灾7次、干旱8次，其余的多数为洪涝之灾。

茶阳境内江河多，集雨范围大于镇域面积数十倍，而河道的出口处狮子口又非常狭窄，泄洪不畅，遇暴雨或降雨过分集中，则生洪患；久晴不雨，则又成干旱。

洪涝 境内最为严重而又频繁的自然灾害之一。一般出现在4—9月，其中，4—6月为前汛期，7—9月为后汛期。

前汛期暴雨从4月开始，全镇范围内雨量和降水次数逐渐增多，持续时间长，降水量大，常伴有雷暴甚至冰雹。5—6月雨日最多，最长者为19天，特别是5月下旬至6月中旬，即端午节前后，常出现大雨、暴雨，且降水时间长，造成山洪暴发，江河猛涨，群众俗称“龙舟水”。据1964年至2014年统计，5月下旬至6月下旬共出现大雨、暴雨9次。此时正是早稻抽穗扬花季节，由于降水量大，持续时间长，形成阴雨寡照和洪涝患等现象。全镇境内低洼农田每年常受浸3～4次以上，受淹早稻明显减产或失收；其他地区早稻空秕粒明显增加。据统计，累年平均，每年对全镇影响较大的台风约2次，一般出现在后汛期的7—9月，又以8月为多。1905年，大埔（茶阳）发生水灾，城区

1905 年大埔（茶阳）水灾图（载于 1905 年 7 月广东《时事画报》第十七期）

平地水深两三丈，水势湍急，民众生命财产损失惨重。1996 年 8 月 8 日的第 9610 号强台风，降水量 399 毫米，境内山洪暴发，漳、靖两河河水暴涨，茶阳上街水位 8.42 米，洪水浸至镇政府中门阶下，城区街道商铺悉数受浸，上、下桥关两桥及金婚桥均被冲毁，小靖河上游的大觉、古村、太宁等村灾情尤甚，百姓及城内商家损失惨重。

2007 年 8 月 12 日，受热带辐合带影响，小靖河流域普降暴雨，局部大暴雨，山洪暴发，河水猛涨，小靖河段多处堤围坍塌，桥梁损毁。上下桥关两岸 11 间商铺崩圮，下桥关至东升桥段两岸出现 20 多处险情。茶阳损失 600 多万元。

干旱　干旱成因有降水稀少、地形、土壤、植被等因素。依时序，分为春旱与秋旱。昔时，严重春旱带来饥荒，山无遗蕨，民采竹实度日，盗乱蜂起，旧志多有记载。

1943 年春，大旱、饥荒。潮汕沦陷区难民上涌茶阳，饥民遍地，饿死、病死者无数。

1959 年 9 月至 1960 年 3 月，秋冬春连旱，180 天未雨，旱情严重。

1963 年 1 月至 6 月，旱情严重。从 1962 年 11 月至 1963 年 6 月上旬止，7 个多月没下过透雨。不少地方山塘水库干涸，泉源枯竭，河溪水位大降，从春播开始，随着旱情的发展，人们全力投入抗旱，改种水稻为种其他作物。

风灾 关于风灾旧志亦有所记载。造成风灾有两类情况：一是强台风进入境内仍有8级阵风遂成灾害；二是局部性雷雨大风，风力达7～8级亦成灾害。据大埔县气象站资料，平均每年出现1.8次大风，大风出现时间多为3—9月，其中4月、5月分别为0.4次和0.5次。秋季9月的“寒露风”常发生在晚稻扬花时，水稻多受其害。1993年4月16日下午5时，全县17个乡镇突然发生历史罕见的飑灾，风力9～10级，风速24米/秒，受灾最严重的是长治、青溪、茶阳、西河、三河、枫朗等地。这次飑灾来势猛，时间短，风力大，雹雨齐下，破坏力强。灾区的烤烟、春种作物、房屋、电力、通信设施受损，受灾1.15万户4.03万人，受伤16人，直接经济损失达2560万元，其中茶阳、长治两地损失均在300万元以上。

冰雹 冰雹一般发生在春夏之交，属局部性灾害。自明嘉靖八年（1529）至2014年，茶阳境内共发生雹灾7次。民国《大埔县志》所记其中一起云：“明隆庆五年春三月，雨雹、大水。雹下甚巨，闽南界村落尤大，坏房屋，击禽兽，俗谓‘人头雹’。水，平地涨盈尺，民皆荡析离居。布政、按察分司行署皆倒圮。”新中国成立后，以1993年4月16日的雹灾危害最大。

霜冻 霜冻主要发生在冬季，几乎年年都有霜冻。由于北方冷空气南侵，气温急剧降低，导致不同程度的低温和霜冻，冻伤冬作物和不耐寒的果木、家畜（水牛）。低温霜冻的日数，历年平均为12天，最多为36天（1962年、1963年），最长连续11天（1970年、1971年）。

病虫害 森林病虫害。1983年5—6月，茶阳的部分松林发生松毛虫危害。1985年4—10月，茶阳程车村发现刚竹毒蛾危害毛竹林，受害面积20公顷。1989—1992年，茶阳境内发生马尾松危毛虫危害，山林受害面积数千公顷。1995—1997年，茶阳有些毛竹林发生竹蝗虫虫害，受害面积达数百公顷。据县林业局普查，成片或严重危害林木的主要害虫有马尾松毛虫、双条杉天牛、杉梢小卷蛾、黄脊竹蝗、竹象鼻虫等，单株或小块严重危害的害虫有油桐袋蛾；病害则有梢枯病、板栗锈病、杉黄化病、油茶炭疽病、黄檀黑痣病等。上述病虫害，以松毛虫、竹蝗及刚竹毒蛾危害性最大。

农作物病虫害。水稻主要有螟虫（如三化螟、大螟、台湾稻螟，以三化螟为主）、稻飞虱（白背飞虱和褐飞虱）、稻纵卷叶螟等10多种。

地震 茶阳处于海丰—大埔—正和深大断裂和东西向深大断裂的复合位。自明嘉靖初至民国初的400年中，有记载的地震10次，较严重的有2次："清乾隆五十六年辛亥三月初六地震。自朝至暮，凡三次，屋瓦窗棂俱动。""民国七年正月初三下午二时地震。初闻有声如雷自远至，地忽震，俄复大震，山岳摇动，房屋忽斜忽正忽开忽合，崩塌声呼救声喧嚣遝迩，居民争避空旷地，露宿终宵。县属民房崩圮破裂者不可胜数，实空前之巨灾。"自1919年至2015年，境内仅有微震，无严重震灾。

人口　姓氏

人口　2003年，全镇总户数10784户，总人口43050人。其中，非农人口12530人，农业人口30520人。2004年，长治镇并入茶阳镇，全镇总户数13731户，总人口55957人。其中，非农人口13225人，农业人口42732人。2014年，全镇总户数16411户，总人口59188人。其中，非农人口12792人，农业人口46396人，出生率15.75‰，死亡率6.34‰。城区历史上人口有两次激增，三次锐减。两次激增：一是抗战期间，潮汕沦陷前后，数百潮汕民众为躲战乱而携家带口到山城定居谋生；二是1989—1995年，数百青溪水库移民迁入城区。三次锐减：一是1961年春，县治从茶阳迁至湖寮，县直党政机关、企业单位的干部职工及家属1000多人从茶阳迁往湖寮；二是20世纪50和60年代的"移民垦荒"和"战备疏散"，有数百人迁出；三是1964—1977年知识青年上山下乡，有近800人从城区迁出。

镇内各村落均为汉族客家人聚居地，因工作、经商、婚姻等关系，也有极少量少数民族人口迁入。

姓氏

古镇茶阳，是大埔的老县城。自古以来，茶阳航运发达，是龙汀漳和潮汕的交通枢纽，素为周边广大地区商品的集散和中转之要地，商贾云集，贸易兴旺，人口集中，故居民姓氏众多。新中国成立后，特别是1978年改革开放以来，因工作、经商、婚姻等原因，入籍茶阳的姓氏渐次增多。本志只对全镇有族群的63个姓氏作简述，文中所记传至几世及人口数，均是2001年的农村人口数。

据统计，全镇63个有族群的姓氏中人口数居前五位的分别是张（5551人）、谢（4268人）、郑（2961人）、赖（2823人）、邹（2463人）。

马姓 太宁下坑马氏，是念一郎公由永定西洋坪迁入红岭下落居，后又由永定红岭下迁入茶阳，茶阳马姓仅太宁下坑一处，现传至17世，20余人。

王姓 茶阳王姓由福建永定仙师迁入。茶阳王姓分布于群丰、丰村等地。群丰茶山王，由茶阳城东迁入，现传至25世，17人。长治丰村王，由仙师迁入青溪上坪沙，现传至25世，419人。

孔姓 茶阳孔姓，仅西湖大畲一处，现传至13世，47人。

邓姓 茶阳邓姓分布于广陵、沿坑、安乐、乌石、群丰、洋门、新村等处。广陵曾南坑口邓，由三河陈金迁入，现传至25世，51人。沿坑邓，由三河陈金迁入，现传至26世，177人。安乐郑石寮邓，由梅县松东下井迁入，现传至22世，150人。乌石邓，由新村迁入，现传至24世，19人。群丰富北邓，由新村迁入，现传至26世，5人。洋门塘卜邓，由新村迁入，现传至26世，25人。新村邓，由三河迁入，现传至26世，615人。

邝姓 茶阳邝姓分布于迪麻、西湖两个村。迪麻迪昌坝邝，由河源龙川迁入，现传至28世，198人。西湖高畲邝，由迪昌坝迁入，现传至27世，112人。西湖岗子下邝，由高畲迁入，现传至27世，68人。

卢姓 茶阳卢姓分布于安乐、迪麻、乌石3个村。安乐西江寨卢，由福建永定抚市迁入，现传至26世，405人。迪麻麻沙湾卢，由西江寨迁入，现传至25世，65人。乌石卢，由安乐迁入，现传至23世，190人。

丘姓 茶阳丘姓由青溪迁入，分布于迪麻、西湖、群丰、党坪等村。迪麻麻沙湾丘，由青溪虎市迁入，现传至24世，502人。西湖牛栏坪丘，由迪麻迁入，现传至12世，27人。群丰茶山丘，由湖寮山子下瓦子铺迁入，现传至23世，12人。党坪华祝丘，由青溪虎市迁入，现传至30世，480人。

江姓 茶阳江姓分布于党坪、花窗、太宁3个村。党坪上村江，由福建上杭三坪迁入，现传至28世，480余人。党坪燕山下坑江，由党坪迁入，现传至28世，85人。花窗江，由福建永定武艺坪迁入，现传至28世，551人。太宁南山下江，由福建永定湖坑迁入，现传至25世，60余人。

刘姓 茶阳刘姓分布于下马湖、茅坪、角庵、浒田、乌石、左弼、群丰7个村。下马湖刘，由青溪大塘背迁入，现传至22世，220人。茅坪甜竹刘，由左弼迁入，现传至28世，365人。角庵阁里刘，由百侯旧寨松柏坑迁入，现传至16世，49人。浒田下村刘，由大麻恭洲迁入，现传至18世，22人。乌石坑刘，由大麻恭洲迁入，现传至20世，63人。左弼刘，何处迁入不详，现传至25世，52人。群丰富北刘，由大麻恭洲迁入，现传至21世，7人。

许姓 许姓分布于梅林松江、到汶两处。梅林松江许，由饶平山前迁入，现传至21世，350人。梅林到汶许，由梅林松江迁入，现传至19世，121人。

庄姓 茶阳庄姓仅茶阳街道一处，现已传20余世，300余人。

孙姓 茶阳孙姓仅太宁村下店一处，由西河迁入，现传至11世，24人。

成姓 抗日战争期间，茶阳至太宁7千米公路，由联发公司经营客、货运输，成已秀司机受老板聘请，由香港九龙深水湾来到大埔开车，成为大埔第一位汽车驾驶员，因而落居茶阳群丰。茶阳成氏仅群丰富岗一处，至今已历4代，10余人。

朱姓 茶阳朱姓分布于茅坪、恋墩、石田和迪麻。茅坪朱，由福建永定古竹迁入，现传至20世，198人。恋墩演下朱，由福建永定金丰迁入，现传至27世，49人。长治石田上村朱，由永定新寨迁入，现传至24世，27人。迪麻麻沙湾朱，由三河汇城迁入，已传2世，2人。

沈姓 茶阳沈姓分布于茅坪、广陵、太宁等地。茅坪蕉叶坪沈，由福建平和李家畲迁入，现传至23世，40人。广陵虾子坑沈，由三河汇东迁入，现传至18世，79人。太宁上店沈，由揭阳迁入，现传至15世，72人。

汪姓 茶阳汪姓仅恋墩一处，从岩上迁入，传至27世，85人。

杜姓 茶阳杜姓分布于浒田、乌石两村。浒田下村杜，由松口迁入，现传至19世，40人。乌石乌石坑杜，由浒田迁入，现传至21世，10人。

杨姓 茶阳杨姓分布于角庵、浒田、沿坑、西坑、古村、群丰等村。角庵河东杨，由茶阳街迁入，现传至25世，19人。浒田下村杨，由三河良江迁入，现传至19世，5人。沿坑杨，由三河五丰益德沙迁入，13人。西坑中西坑杨，由三河五丰迁入，现传至24世，10人。古村翁和坑杨，由茶阳城外福缘墩迁入，现传至27世，168人。群丰茶山杨，由百侯迁入，现传至24世，14人。

李姓 茶阳镇李姓分布于茅坪、沿坑、恋墩、西坑、群丰、太宁、迪麻等地。茅坪李，由永定湖坑迁入，现传至20世，248人。沿坑上沿坑李，迁入处不详，现传至24世，12人。沿坑下沿坑李，由西河北塘白叶迁入，现传至26世，40人。恋墩街里李，由五华水寨迁入，现传至24世，19人。西坑李，由永定湖坑迁入，现传至26世，18人。西坑弓沙李，由西河迁入，现传至20世，20人。群丰富北李，由上杭迁入，现传至25世，50人。太宁下店李，由永定湖坑迁入，现传至18世，110人。太宁南山下李，由梅县迁入，现传至22世，30人。太宁下坑李，由五华迁入，已传4代，14人。迪麻麻沙湾李，从何地迁入不详，现已传3代，10人。

严姓 茶阳严姓仅茅坪一处，由福建永定迁入，现传至27世，205人。

巫姓 茶阳巫姓分布于沿坑、乌石、迪麻等村。沿坑上沿坑巫，由永定郭坑乾上迁入，现传至19世，123人。乌石寨下巫，由迪麻迁入，现传至19世，33人。迪麻巫，由青溪下坪沙迁入，现传至17世，17人。

苏姓 茶阳苏姓仅乌石鲁锦坑一处，由福建永定迁入，现传至15世，22人。

连姓 茶阳连姓仅群丰富北一处，由枫朗王兰迁入，现传至25世，18人。

陈姓 茶阳陈姓分布于茅坪、角庵、广陵、安乐、乌石、梅林、群丰、太宁、党坪、蓝田。茅坪陈，由五华安流迁入，已传3代25人。角庵阁里陈，由西河上黄沙迁入，现传至23世，55人。角庵河东陈，由福建永定下洋古洋迁入，现传至15世，73人。角庵洋陶陈，由湖寮岭下迁入，现传至22世，50人。广陵陈，由西河上黄沙迁入，现传至21世，162人。安乐岭头坪陈，由兴宁迁入，1人。安乐角丰陈，由三河五丰坪水迁入，现传至22世，30人。乌石陈，由梅县罗坑迁入，现传至22世，83人。梅林陈，由百侯侯北迁入，现传至23世，335人。群丰富岗陈，由揭阳迁入，现传至25世，10人。太宁团村陈，由西河迁入，现传至22世，45人。党坪燕山上坑陈，由福建永定大坪迁入，现传至28世，108人。蓝田陈，由福建宁化石壁村迁入，现传至25世，645人。

张姓 茶阳张姓分布于茅坪、角庵、浒田、广陵、西湖、安乐、乌石、左弼、恋墩、古村、群丰、太宁、洋门、石田、长兴、丰村等村。茅坪蕉叶坪张，由洋门迁入，现传至24世，90人。角庵禾石坑张，由角庵自宜埔迁入，现传至18世，141人。角庵自宜埔张，由茶阳圩神泉街迁入，现传至24世，276人。浒田下村张，由广陵迁入，现传至17世，6人。广陵张，由英雅那口迁入，现传至22世，1208人。西湖大坑里张，由茶阳街迁入，现传至23世，50人。西湖下村张，由茶阳街迁入，现传至23世，91人。安乐角丰张，由西河和平麻园迁入，现传至22世，140人。乌石岗背张，由洋门、三河迁入，现传至18世，312人。左弼张，由福建永定金砂迁入，现传至29世，612人。恋墩龙溪张，由茶阳土头岗迁入小靖鹅公坑，现传至28世，365人。恋墩山下张，由长治长兴罗坑迁入，现传至28世，128人。恋墩塘背张，由福建永定迁入，现传至27世，28人。古村张，由茶阳街迁入，现传至27世，141人。古村坪翁畲张，由古村迁入，现传至24世，187人。群丰社联张，由太宁下店迁入，现传至23世，6人。太宁下店、南山下张，由茶阳街唐屋迁入，现传至26世，460人。太宁北坎头张，由长兴罗坑迁入，现传至10世，13人。太宁棋子格张，由恋墩龙骨坪迁入，现传至28世，25人。洋门张，福建永定胜运里迁入，现传至29世，783人。石田张，由洋门迁入，现传至24世，75人。长兴罗坑张，由石田迁入，现传至22世，307人。丰村大坪山张，由长兴湖里迁入，现传至24世，107人。

吴姓 茶阳吴姓分布于新村、洋门、丰村3个村。新村吴，由永定迁入，现传至28世，342人。洋门岐岭吴，由新村迁入，现传至27世，56人。丰村吴，由永定迁入，现传至28世，177人。

何姓 茶阳何姓分布于西湖、太宁两处。西湖大畲何，由梅县松源迁入，已传至2代，8人。太宁洋万岗何，由梅县松源迁入，已传至4代，9人。

余姓 茶阳余姓分布于迪麻、梅林、群丰、党坪等村。迪麻四斗坑余，由福建永定金丰迁入，现传至几世不详，101人。梅林象形余，由青溪迁入，青电移民，现有人口35人。群丰富北余，由越南迁入，现传至16世，7人。党坪华祝余，由兴宁叶塘迁入，现传至21世，11人。

邹姓 茶阳邹姓分布于党坪、花窗、洋门、蓝田等村。党坪上、下村邹，由青溪蕉坑迁入，现传至25世，570人。党坪铁坑邹，由花窗仁厚村迁入，现传至30世，180人。花窗仁厚邹，由花窗坪上下村迁入，现传至29世，457人。花窗湖塘邹，由花窗仁厚磜下迁入，现传至27世，613人。花窗坪上下村邹，由青溪蕉坑迁入，现传至27世，151人。花窗坪上溪背邹，由党坪荷树坑迁入，现传至26世，30人。洋门邹寨邹，由花窗坪上下村迁入，现传至27世，375人。洋门大埔上邹，由洋门甜竹凹迁入，现传至28世，21人。洋门岐岭邹，由洋门甜竹凹迁入，现传至25世，26人。蓝田邹寨邹，由花窗湖塘迁入，现传至28世，40人。

郑姓　茶阳郑姓分布于迪麻、茅坪、沿坑、西湖、左弼、梅林、大觉、群丰、太宁、长兴等地。迪麻麻沙湾郑，由大觉迁入，现传至31世，13人。茅坪文富郑，由太宁迁入，现传至31世，869人。沿坑郑，由湖寮河腰板坑迁入，现传至17世，297人。西湖上村郑，由太宁迁入，现传至28世，18人。左弼青坑郑，由古村迁入，现传至28世，310人。梅林郑下坝郑，由大觉迁入，现传至23世，20人。大觉社角、大常坑郑，由古村迁入，现传至31世，1205人。群丰富岗、磜上郑，由茶阳城西、潮州浮阳迁入，现传至26世，47人。太宁团村郑，由永定城关迁入，现传至18世，15人。长兴下村郑，由永定迁入，现传至28世，167人。

林姓　茶阳林姓分布于安乐、乌石、西坑、群丰等地。安乐汶上林，由永定下洋洪坑迁入，现传至23世，29人。乌石岗背林，由三河迁入，现传至6世，20人。西坑弓沙林，由三河旧寨迁入，现传至20世，10人。群丰茶枫林，由安乐迁入，现传至23世，12人。

范姓　茶阳范姓分布于下马湖、西湖、恋墩、安乐、党坪等村。下马湖沐东范，由青溪迁入，现传至24世，251人。西湖范，由青溪迁入，现传至24世，99人。恋墩街里范，由五华水寨迁入，现传至24世，19人。安乐角丰坑尾范，由三河良江黄洲坝迁入，现传至23世，10人。党坪上村范，由青溪蕉坑迁入，现传至25世，13人。

卓姓　卓姓有全公从福建莆田迁至大埔西河下黄砂，为大埔卓姓始祖。茶阳卓姓仅沿坑一处，现传至26世，56人。

罗姓　茶阳罗姓分布于浒田、广陵、西湖、恋墩、西坑、太宁、街道、花窗、洋门、石田等地。浒田洋石罗，由三河汇城迁入，现传至24世，116人。广陵青坑罗，由西坑弓沙迁入，现传至16世，15人。西湖下河背罗，由茶阳城内迁入，现传至13世，85人。恋墩中心村罗，由福建诏安迁入，现传至26世，153人。恋墩街里罗，由茶阳城里迁入，现传至25世，158人。西坑弓沙罗，由宁化石壁迁入，现传至23世，110人。太宁洋万岗罗，由石田旱窠子、花窗坪上迁入，现传至14世，15人。花窗坪上罗，由枫朗坎下迁入，现传至26世，81人。洋门上寨罗，由花窗坪上迁入，现传至26世，10人。石田香科罗，由太宁洋万岗迁入，现传至23世，40人。

周姓　茶阳周姓仅群丰峰下一处，由西河大靖岭下迁入，现传至26世，41人。

胡姓　茶阳胡姓分布于下马湖、浒田、恋墩、古村、群丰、太宁等村。下马湖胡，由永定下洋中川迁入，现传至24世，210人。浒田下村胡，由永定下洋中川迁入，现传至20世，73人。恋墩街里胡，由永定下洋中川迁入，现传至19世，10人。古村胡，由永定下洋中川迁入，现传至18世，47人。群丰富北胡，由永定下洋乌石下迁入，现传至25世，4人。太宁船寨下胡，由五华迁入，现传至4世，11人。太宁八角宫胡，由五华水寨赛洞迁入，现传至24世，25人。太宁中边角胡，由五华水寨赛洞迁入，现传至22世，11人。

贺姓 茶阳贺姓仅乌石一处，由三河汇城迁入，现传至24世，共有295人。

饶姓 茶阳饶姓分布于迪麻、下马湖、角庵、广陵、西湖、太宁、群丰、蓝田等村。迪麻迪昌坝饶，由茶阳街迁入，现传至12世，67人。下马湖饶，由茶阳街迁入，现传至27世，398人。角庵庵前饶，由洋陶迁入，现传至11世，19人。角庵洋陶饶，由茶阳城南迁入，现传至24世，252人。角庵陶西饶，由茶阳城东迁入，现传至27世，254人。广陵坑尾饶，由茶阳饶屋迁入，现传至25世，35人。西湖上村饶，由茶阳城南绍德堂迁入，现传至24世，110人。西湖牛栏坪饶，由茶阳城北迁入，现传至12世，71人。西湖田瓜寮饶，由茶阳城迁入，现传至8世，17人。太宁上店、团村饶，由茶阳城迁入，现传至26世，250人。群丰饶，由茶阳城迁入，现传至26世，405人。蓝田山新饶，由茶阳城诒谷堂迁入，现传至26世，115人。蓝田峰下饶，由城北迁入，现传至几世不详。

段姓 茶阳段姓仅广陵一处，由湖寮碗陶迁入，现传至18世，共40人。

钟姓 茶阳钟姓分布于茅坪、角庵、左弼、恋墩、大觉、太宁、古村、新村等地。茅坪文富钟，由古村迁入，现传至25世，2人。角庵阁里钟，由太宁北坎头迁入，现传至18世，12人。左弼永盛坪钟，由太宁迁入，现传至29世，602人。恋墩街里钟，由古村迁入，现传至24世，23人。大觉高坪钟，由古村迁入，现传至27世，325人。太宁北坎头钟，由洋门马兰畲迁入，现传至29世，320人。古村钟，由太宁迁入，现传至27世，798人。新村钟，由福建平和山前迁入，现传至21世，38人。

郭姓 茶阳郭姓分布于群丰村。群丰峰下郭，由乌石迁入，现传至22世，38人。群丰茶山郭，由饶平西埔迁入，现传至23世，8人。

唐姓 茶阳唐姓分布于西湖、群丰村。西湖下村、大垸里唐，由茶阳猫公石背迁入，现传至22世，117人。群丰富岗唐，由青溪青峰迁入，现已传至25世，185人。

涂姓 茶阳涂姓分布于岗卜窠及梅林吊梨坪，为青溪蕉坑迁入之青电移民，共有109人。

徐姓 茶阳徐姓分布于迪麻、茅坪、广陵、群丰等村。迪麻迪昌坝徐，由湖寮长新石岗岗迁入，现传至25世，49人。茅坪高乾、甜竹徐，由福建永定迁入，现传至27世，145人。广陵下杉窝徐，何处迁入现传至几世不详，有15人。群丰富北徐，由湖寮长新石岗岗迁入，现传至27世，68人。

萧姓 茶阳萧姓分布于群丰、太宁两村。群丰茶枫萧，由茶阳高福路迁入，现传至25世，5人。太宁北坎头萧，由百侯东山迁入，现传至9世，7人。

黄姓 茶阳黄姓分布于迪麻、下马湖、茅坪、西湖、安乐、乌石、恋墩、西坑、群丰、太宁等村。迪麻大塘尾黄，一部分由茶阳城西迁入，现传至20世，40人；另一部分由饶平道韵迁入，现传至22世，98人。下马湖黄，由太宁迁入，现传至26世，105人。茅坪文富黄，由西河漳溪迁入，现传至21世，192人。茅坪蕉叶坪黄，由永定角坑迁入，现传至26世，288人。西湖上河背黄，由永定迁入，现传至13世，86人。安乐岭头坪黄，由江西迁入，现传至22世，30人。安乐角丰黄，由程车棉畲迁入，现传至21世，17人。安乐程车棉畲黄，由梅县松源迁入，现传至21世，51人。乌石枫林黄，由湖寮碗陶迁入，现传至22世，141人。乌石乌石坑黄，由梅县松口官坪迁入，现传至17世，48人。恋墩街里黄，由永定下洋迁入，现传至8世，43人。西坑黄，由永定下洋角坑迁入，现传至24世，411人。群丰富岗黄，一部分由三河良江官田迁入，现传至27世，35人；一部分由福建平和大坪迁入，现传至22世，39人；一部分由龙川迁紫金迁入，现传至26世，9人；还有一部分由饶平营前迁入，已传4代8人。太宁富足黄，由西河漳溪迁入，现传至22世，350人。

曹姓 茶阳曹姓分布于迪麻、下马湖、乌石、恋墩、太宁、蓝田等村。迪麻迪昌坝曹，由茶阳埔中左侧迁入，现传至26世，46人。迪麻四斗坑曹，由恋墩迁入，现传几世不详，12人。下马湖上湖曹，由恋墩鹿鸣湖迁入，现传至20世，265人。乌石曹，由太宁迁入，现传至23世，158人。恋墩曹，由福建上杭横桥前坑迁入，现传至31世，842人。太宁曹，由恋墩迁入，现传至26世，262人。蓝田曹，由太宁迁入，现传至30世，152人。

温姓 茶阳温姓仅群丰茶山一处，由揭阳五经富迁入，现传至27世，34人。

游姓 茶阳游姓仅太宁洋万岗一处，由永定大溪迁入，现传至23世，91人。

谢姓 茶阳谢姓分布于迪麻、角庵、浒田、梅林、群丰、太宁、洋门、石田、长兴、丰村等村。迪麻麻沙湾谢，由饶平迁入，现传至17世，98人。角庵谢，由梅林和平寨迁入，现传至21世，565人。浒田洋坑谢，由永定下洋磜头迁入，现传至26世，

176人。梅林谢，由永定金丰洋背迁入，现传至23世，226人。群丰大富谢，由洋门上寨迁入，现传至24世，443人。太宁龙潭、圆楼谢，由永定金丰洋背迁入，现传至22世，886人。洋门谢，由永定胜运里迁入，现传至27世，277人。石田礼坑谢，由长兴迁入，现传至25世，158人。长兴谢，由永定金丰洋背迁入，现传至24世，746人。丰村谢，由洋门迁入，现传至29世，693人。

曾姓 茶阳曾姓分布于浒田、广陵、沿坑、乌石、恋墩、古村、群丰、党坪等村。浒田大坪、下村曾，由广陵魏沙迁入，现传至18世，48人。广陵魏沙、曾公坑曾，由梅林和平寨迁入，现传至18世，382人。沿坑上沿坑曾，由广陵魏沙迁入，现传至24世，25人。沿坑下沿坑曾，由西坑弓沙迁入，现传至22世，56人。乌石曾，由广陵魏沙迁入，现传至21世，157人。恋墩演下曾，由古村迁入，现传至26世，52人。恋墩黄竹坑曾，由古村迁入，现传至30世，78人。古村曾，由永定下洋太平寨迁入，现传至30世，465人。群丰曾，由揭阳迁入，现传至26世，54人。党坪上凹曾，由福建永定迁入，现传至26世，63人。

彭姓 茶阳彭姓分布于广陵、西湖、安乐、乌石等村。广陵青坑彭，由安乐迁入，现传至19世，105人。西湖彭屋坝彭，由茶阳城新街头迁入，现传至15世，64人。安乐彭，由梅县松口迁入，现传至22世，946人。乌石彭，由安乐迁入，现传至19世，50人。

韩姓 茶阳韩姓仅群丰富北一处，由湖寮黎家坪迁入，现传至18世，17人。

傅姓 茶阳傅姓分布于群丰、党坪2个村。群丰社联傅，由永定洋背徙太宁迁入，现传至26世，350人。党坪上村、燕山下坑傅，由福建迁入，现传至23世，67人。

赖姓 茶阳赖姓分布于茅坪、角庵、恋墩、古村、太宁、石田、长兴等村。茅坪赖，由石田迁入，现传至24世，52人。角庵自宜埔赖，由西河北塘白叶迁入，现传至24世，246人。恋墩上村赖，由石田迁入，现传至26世，121人。古村散石里赖，由石田欧家仙村迁入，现已传至26世，230人。太宁北坎头赖，由古村散石里迁入，现已传至4代，9人。石田赖，由福建永定汤湖迁入，现传至26世，1781人。长兴上村赖，由石田欧家仙村迁入，现传至24世，384人。

鲍姓 茶阳鲍姓有群丰社联、沐和楼两处，由下马湖沐东迁入，现传至19世，62人。

詹姓 茶阳詹姓仅群丰富岗、富北两处，由西河漳溪大埔上迁入，现传至31世，96人。

廖姓　茶阳廖姓分布于沿坑、西坑、群丰、蓝田等村。沿坑下沿坑廖，由福建永定迁入，现传至27世，29人。西坑邦田磜廖，由梅县松源迁入，现传至27世，39人。西坑弓沙廖，一部分由大麻岐峰迁入，现传至22世，4人；另一部分由西坑邦田磜迁入，现传至21世，8人。群丰富北廖，由银江坪上迁入，现传至19世，11人。蓝田桃李窠廖，由福建永定迁入，现传至21世，14人。

蔡姓　茶阳蔡姓分布于浒田、群丰两村。浒田半坑蔡，由梅县白渡迁入，现传至23世，78人。群丰茶山蔡，由茶阳城北蔡屋迁入，现传至24世，11人。

黎姓　茶阳黎姓分布于浒田、安乐、西坑等村。浒田洋石、大坪黎，由梅县松南蓬辣迁入，现传至27世，403人。安乐岭头坪黎，由梅县松南蓬辣迁入，现传至22世，38人。安乐汶上黎，由安乐岭头坪迁入，现传至24世，37人。西坑黎，由梅县松南蓬辣迁入，现传至24世，2人。

濮姓　茶阳濮姓由松南迁入，仅有街道社区几户人家，10余人。

魏姓　茶阳魏姓仅西湖上村一处，由枫朗大埔角迁入，现传至22世，28人。

戴姓　茶阳戴姓分布于角庵、广陵、沿坑、安乐等村。角庵河东戴，由茶阳城北迁入，现传至16世，11人。广陵曾南戴，由安乐迁入，现传至20世，41人。沿坑上沿坑戴，由广陵曾南迁入，现传至19世，22人。安乐汶上戴，由浒田迁入，现传至22世，362人。

2001年茶阳镇农村居民姓氏统计表

表1

姓氏	人数	姓氏	人数	姓氏	人数	姓氏	人数	姓氏	人数	姓氏	人数
马	20	孙	24	连	18	罗	783	萧	12	鲍	62
王	419	成	10	陈	1622	周	41	黄	1991	詹	96
孔	47	朱	276	张	5551	胡	391	曹	1737	廖	105
邓	1042	沈	191	吴	575	贺	295	温	34	蔡	89
邝	378	汪	85	何	17	饶	1993	游	91	黎	480
卢	660	杜	50	余	154	段	40	谢	4268	濮	10
丘	1021	杨	229	邹	2463	钟	2120	曾	1380	魏	28
江	1176	李	571	郑	2961	郭	46	彭	1165	戴	436
刘	778	严	205	林	71	唐	302	韩	17		
许	471	巫	173	范	392	涂	109	傅	417		
庄	300	苏	22	卓	56	徐	277	赖	2823		

港澳台同胞与侨胞

港澳同胞 茶阳镇旅居香港的同胞有230多人，旅居澳门的同胞有110多人。他们在旅居地一般都建有自己的社团，如“大埔县旅港同乡会”“香港崇正总会”“钟声慈善社”“澳门归侨总会”“田家炳基金会”等，社团都有一定的组织章程、制度和经济实力。会员大会是社团最高会务机构，会员大会定期召开，设董事会、名誉会长、会长或理事长、监事长，总务、财政、慈善、文教、产业等委员。

港澳同胞历来都有爱国爱乡的光荣传统。抗日战争期间，他们纷纷投入抗日救亡运动，有的组织筹赈会积极筹资支援抗日前线和拯救难民，有的回到内地参加抗日服务队或抗日救亡团体，或秘密掩护抗日志士。解放战争时期，他们在香港办报纸、杂志、学校，积极宣传中国共产党的纲领、路线，宣传推翻旧制度、建立新中国的主张；同时，克服种种困难，帮助知名爱国人士前往北京参加政治协商会议。香港达德学院是为解放战争培养干部的学校，不少大埔籍学生、进步人士到院学习。

港澳同胞情系桑梓，爱国爱乡。旅港乡贤田家炳被誉为“百校之父”，仅在茶阳就捐资近千万元。另有何铭思捐资300万元，饶竞新捐资230万元，钟安柱捐资100万元等。他们为家乡的交通、教育、医疗卫生和其他各项公益事业建设做出巨大贡献，为改变家乡落后面貌发挥积极作用。镇相关部门于2015年接待回内地观光的港澳同胞10余人次，历年来共接待港澳同胞近600人次。

台湾同胞 茶阳在台同胞，大多是清代迁去的。抗日战争时期，原国民党军队中的大埔人在前线抗击日本侵略者。1949年，有部分人随国民党军队到台湾。至2002年，茶阳在台同胞不到百人。1978年年底，改革开放后，不少人回乡探亲。他们关心家乡，热心公益，曾捐资为家乡购买渡船。1995年，大埔中学举办九十周年校庆活动，在台校友捐助人民币3万元，供母校购置教学设备。

中山大学首任校长邹鲁在花窗的祖居“敬爱堂”，于 2010 年 5 月被广东省人民政府公布为文物保护单位，并投入 100 余万元进行修缮；邹鲁在城区的故居“椿森第”2020 年 3 月被梅州市人民政府公布为文物保护单位，并在当年投入 300 万元进行修缮。

侨胞 大埔县是广东的重点侨乡之一。早在 700 年前，因境内山多田少，农耕自然条件差，民众生活极其艰苦，社会朝代更迭，战乱频仍，为躲避战乱，开始有人远涉重洋，外出谋生。至 20 世纪末，祖籍大埔的华侨有 50 多万人，分布在马来西亚、印度尼西亚、泰国、新加坡、越南、柬埔寨、老挝、缅甸、印度、文莱、美国、加拿大、古巴、英国、法国、澳大利亚、新西兰等四大洲的 20 个国家和地区。茶阳的侨胞主要分布于马来西亚、印度尼西亚、新加坡、泰国、美国、文莱等国家。

祖籍大埔的海外华侨，在旅居地一般都建有自己的社团，社团都有一定的组织章程、制度和经济实力。会员大会是社团最高会务机构，会员大会定期召开，还设董事会、名誉会长、会长或理事长、监事长，总务、财政、慈善、文教、产业等委员。

至 1988 年，大埔县海外华侨社团共有 62 个，其中马来西亚 20 个，泰国 18 个，新加坡 15 个，印尼和法国等共有 9 个。至 2000 年，海外大埔人华侨社团中，马来西亚有大埔（茶阳）社团联合会、雪隆茶阳（大埔）励志社、雪隆茶阳（大埔）会馆、雪隆茶阳（大埔）回春馆、霹雳大埔同乡会、麻坡茶阳会馆、居銮客家公会、居銮大埔同乡会、槟榔屿大埔同乡会、太平茶阳会馆、沙巴州大埔同乡会、峇株吧辖茶阳会馆、彭亨大埔同乡会、马六甲茶阳会馆、巴生大埔同乡会、森美兰茶阳会馆、晋汉斯省大埔同乡会、拉让江（诗巫）大埔同乡会、南洋茶阳赵氏公会 20 个；新加坡有茶阳（大埔）会馆、茶阳（大埔）励志社、茶阳何氏公会等 15 个。另外，泰国、印度尼西亚、越南、文莱、美国、法国等国家均有华侨、华人埔人团体组织。

大埔侨胞历来都有爱国爱乡的光荣传统，他们除与侨居国人民亲密团结、反对帝国主义的侵略、抵制殖民主义的统治以外，对国内历次革命运动，都有强烈的声援和极大的支持。

1937 年七七事变后，大埔侨胞纷纷投入抗日救亡运动。有的组织筹赈会积极筹集资金支援抗日前线和拯救难民；有的毅然回国，参加抗日服务队或抗日救亡团；有的到延安，为捍卫中华民族、保卫祖国而英勇战斗。1941 年太平洋战争爆发后，马来西亚、印度尼西亚、菲律宾、泰国，以及中国香港、澳门等地相继沦陷于日军之手。广大华侨、华人纷纷行动起来与当地人民一道直接参加抗日斗争，不少华侨、华人惨遭日军杀害。

据《茶阳邑侨蒙难特辑》记载，被日军杀害的侨胞志士，有姓名可考者达 640 人。解放战争时期，不少华侨、华人，特别是文化知识界人士，积极投身于中国共产党领导的推翻帝国主义、封建主义和官僚资本主义的革命战争。他们在南洋办报纸、杂志、学校，积极宣传中国共产党的纲领、路线，宣传推翻旧制度、建立新中国的主张。

1978 年 11 月，茶阳镇成立归国华侨联谊会，后改称茶阳镇归国华侨联合会（简称侨联会），专门负责侨务工作。侨联会设在镇政府办公大楼内，有干部 2 名。侨联会重视对华侨的宣传及联络工作，尤其是 1980 年以来，与华侨的联络沟通更趋频繁，他们为华侨、侨属寻找亲人、寻根问祖等，尽心尽力，服务周到，同时还认真做好接待工作。历史上的“水客”（行走于侨居国与国内，专门办理华侨及其亲属所托事务者）对海外侨胞和国内亲人的沟通也起到了重要的作用。至 1988 年，镇侨联会共帮助华侨、侨属落实归还侨房产权 100 户、15000 平方米。2019 年接待回国观光华侨 30 多人。历年来共接待华侨 1600 多人。

经济发展

概况 茶阳是山区，在封建社会自给自足的自然经济时代，民众勤劳俭朴，安分守己。清康熙二十五年（1686）《埔阳志》载：“埔山高而地瘠，民生其间，不见外事，士农工商各务一业。家无游食，邑无奸类。横逆之来，直受不报。”清乾隆九年（1744）《大埔县志》亦载：“邑环万山以居民，固瘠土也。缘瘠而服劳，因劳而多思。”清同治十二年（1873）《大埔县志》亦载：“邑多山陵林麓，耕稼之地，十仅一二。农亦最勤，岁两熟，低洼为田，种粘糯各稻。高燥为园，种粟菽薯芋番薯瓜蔬诸物，以佐谷食……山居小民，则烧山治畲，栽植旱禾、油茶、油桐、杉松，以供日食，勤苦倍甚。”

封建社会的“重农抑商”，在茶阳不太明显。相反，由于茶阳是县城且水运交通便利，城区人口密集和流动人口众多，致使商品经济较为繁荣。清同治十二年（1873）

《大埔县志》记载，当时茶阳城区有两个商贸圩市：其一，“神泉市，在神泉社滨河，集舟楫，列铺肆”；其二，“较场圩，接神泉埠，俱二七日市（逢农历二、七日为圩期），但神泉则闲日货物亦聚较场”。附近还有两个圩市：土头岗市和洋蔓岗市。茶阳因田少人多，“采食倚于邻邑”，工匠劳作及外出经商情况，该志亦较详记：“陶瓦匠多在本地佣作，其木匠墁匠，相偕往漳泉各府，铁匠相偕往三阳（即海阳、潮阳、揭阳）澄惠各县。春初离家，岁暮旋里。计工受值，而总未有作奇技淫巧者。土田少，人竞经商于吴于越于荆于闽于豫章，各称资本多寡，以争锱铢利益。至长治甲（属茶阳）民，名为贩川生者，则足迹几遍天下矣。”“妇女妆束淡素，椎髻跣足，不尚针刺，樵汲灌溉，勤苦倍于男子，不论贫富皆然。”

明清时期，茶阳在工商业方面已有一定的发展，到民国时发展又更快一些。民国《大埔县志》载，县内工商业均属私营，县城茶阳有中小店铺623间，数量远高于其他乡镇，有小工厂6家（张思明制药厂、华南制皂厂、大华成、七星炮竹厂等），航运2家（振华、增记），酿酒3家（裕美、集丰、彭让记），印刷、雕刻4家（启智、文化、民生、翰墨林），制衣5家（大成、睦记、振记、达记、君记），银行6家（广东省行、福建省行、中国银行、交通银行、农业银行、邮政储蓄金汇业局），侨批汇兑3家（泰裕庄、罗公记、源茂），金银首饰5家（双美、荣美、郑丰昌、怡泰隆、联美），旅业8家（茶阳、中央、通天、生活、非非园、国际、交通、黄谷记），酒楼6家（适味、通天、和茂、服务、六国、康宁），布匹9家，文具6家，照相3家，中西药店15家，米豆8家，百货5家，饮食业11家，糕饼11家，水火2家，陶瓷3家，京果13家，汽车发电各1家，中西医诊所19家，其余还有理发、制鞋屐、制笠、染布、搬运等行业。

新中国成立前，农村土地私有，农业生产水平低下，遇上天灾，人民生活更为贫困。1943年大旱，茶阳农村不少农民逃荒至江西、福建，饥饿致死者，难以计数。

新中国成立后，茶阳各行各业发生了巨大的变化，尤其是1978年改革开放后，茶阳的发展变化更是日新月异，国民经济得到长足发展。

农业 1952—1953年土地改革，废除了封建土地所有制。1954—1956年，基本完成对农业的社会主义改造，茶阳普遍实行合作化，进程为互助组—初级社—高级社。1958年10月，全县撤销乡镇，建立9个人民公社，茶阳为埔城公社。农村办集体食堂“吃大锅饭”（各家各户所有粮食收归集体，大家去集体食堂吃饭不用掏钱），时间不长，因粮食告罄，食堂停办。1961年，贯彻《农村人民公社工作条例（草案）》（简称“农业六十条”），确定以生产队为基本核算单位，实行“包产到户”的生产责任制，农业生产得到恢复发展。1966—1976年“文化大革命”期间，农村历经“学大寨”“学屯昌”“割资本主义尾巴”“批斗‘暴发户’”等运动，受极“左”思想影响，农业生产再次受到严重影响，发展缓慢。

1979年，大埔县贯彻落实中共中央《关于进一步加强和完善农业生产责任制的若干规定》，至2000年，茶阳进行了两轮土地承包，结束了公社社员以劳动工分计酬的历史，促进了农村生产力的发展。茶阳镇第一轮农村土地承包时间为1980—1994年共15年，实行以家庭联产承包为主的责任制，颁发“承包土地证”，并对山林实行“三定”（定山林权、定自留山、定生产责任制）。第二轮农村土地承包期从1995年起，茶阳镇落实大埔县《关于延长土地承包期的决定》，结合实际，实行“大稳定、小调整”和原耕地承包到期后再延长30年不变的政策，实行“增人不增地、减人不减地”的原则，巩固和完善以家庭联产承包为主的责任制和统分结合的双层经营体制。农业产业结构经过调整后，使农业从单一种粮的结构向农、林、牧、渔业并举转变。2005年后，根据国家政策，先后在农村颁发了“林权证”和取消农业税，对农民实行种田补贴和山林补贴等惠民政策，调动了农民的生产积极性。

1992年后，随着市场经济体制的逐步建立，农产品购销制度的改革，农产品价格的进一步放开，有力地推动了农业结构调整，使种养业发展速度加快。同时积极引进优良品种，提升了农产品的数量与质量。

金色的稻田（2016年）

传统制茶工坊（2016年）

梅林村蕴达农庄（2016年）

茶阳镇在1992年建立起烤烟、蜜柚、茶叶、芦笋4个拳头产品生产基地，生产规模不断扩大，当年水果种植总面积为1.88万亩，年产水果7390吨；种烤烟1.16万亩，总产量760吨；花窗村当年种茶面积就达1800亩。2002年，建立太宁万亩双华李基地、灯盏湖千亩综合场、曾志超万头养猪场等6个农业示范点。2012年，引进种养企业4家：大埔县沿坑蜜柚农民专业合作社、大埔县良羽养殖有限公司、大埔县远鹤蜜柚农民专业合作社、大埔县华展农业有限公司，总投资2.18亿元。另外，还先后引进长兴鉴元种养场、泥湖坑种猪场、茶阳威盛养猪场、花窗油茶场、粤农丰畜牧有限公司、大埔县山禾种养有限公司、大埔县丰收农业发展有限公司、大埔县客特山羊发展有限公司、新永丰生态农业发展有限公司、金田园农林科技发展有限公司、蕴达农庄有限公司、鸿兴实业有限公司、大埔聚德生态发展有限公司、万丰蜜柚加工厂、苗圃场蜜柚加工厂等企业。

梅林养猪场（2016年）

迪麻村蜜柚基地（2016 年）

2004—2015 年部分年份茶阳镇粮食种植情况表

表 2

年份	全年合计		其中：水稻	
	种植面积（亩）	总产量（吨）	种植面积（亩）	总产量（吨）
2004	36320	13046	29920	11863
2005	36657	13671	30190	12294
2009	31496	11224	28723	9997
2012	33187	11442	27015	10252
2014	32895	14535	25967	9927
2015	29631	10069	22835	8729

1992—2015 年部分年份茶阳镇烤烟、茶叶种植情况表

表 3

年份	烤烟		茶叶	
	种植面积（亩）	总产量（吨）	种植面积（亩）	总产量（吨）
1992	11554	760	3047	103
1997	4685	496	1545	89
2004	5900	892	1485	97
2005	6073	803	1772	122
2009	5500	743	1989	205
2012	5498	824	2120	226
2014	4828	671	2311	207
2015	4967	702	2042	213

1992—2015年部分年份茶阳镇水果种植情况表

表4

年份	全年合计		其中：蜜柚	
	种植面积（亩）	总产量（吨）	种植面积（亩）	总产量（吨）
1992	18821	7390	4408	1603
1997	13052	4769	4470	2034
2004	12002	7462	5142	4011
2005	14043	8300	6072	4396
2009	17575	10698	8406	5660
2012	20335	15400	11024	9064
2014	26270	19287	17869	14587
2015	28823	22235	20370	17456

工业

据1992年版《大埔县志》载，1944年，埔城镇（茶阳）饶淹贤、杨飞荣先后办起“淹记”“格致声”两家私营电力厂，夜间发电照明，日间加工粮食。1949年，“格致声”电力厂毁于洪水，“淹记”电力厂也于新中国成立前停业。民国《大埔县志》载，包纸草纸业“以长富甲各乡（今茶阳镇古村、左弼、大觉等村）为多，约数十厂，尚有小张草纸在家庭小制作者亦有之”，其余张思明制药厂、“苏成美”鞋庄等，亦属小作坊生产。

解放初，即三年经济恢复和第一个五年计划时期，县城茶阳兴建起大埔县织布厂、印刷厂、人民电力厂、造船厂、松香厂、酒厂、纸伞厂、烟丝厂、农械厂、造纸厂、食品厂、皮革厂、建筑公司、搬运公司等第一批地方国营工厂企业，改变了解放前工业的落后面貌。人民公社化时期，茶阳办起公社农械厂、服装厂（社）、化肥厂、运输队（运木材等货物）。1962—1965年三年调整时期，贯彻中共中央“调整、巩固、充实、提高”八字方针，对部分企业实行“关、停、并、转”，原已转为国营企业的食品厂、纸伞厂、服装厂等恢复为集体所有制。1962—1963年，精简职工，部分在原单位的职工转为居民、农民。随着时间的推移，工厂有的迁走，有的停办，有的并转，有的新建。至1977年，茶阳规模较大的工业企业仅有5家：大埔县水轮机厂、大埔县酒厂、大埔县松香厂、大埔县塑料厂、茶阳镇食品厂。1984年，在茶阳又创办了大埔县矿泉公司。

大埔县松香厂 创建于1952年，属国有企业，厂址在茶阳仙基坪，占地2.31万平方米，建筑面积5888平方米，省属出口定点厂。1955年公私合营，将民生、福生、华侨三家私营厂并入，1956 年大埔县华侨松香厂又并入该厂，1959 年 1 月与大埔县烟丝厂合并为大埔化工厂，3 月又并入硫酸厂、硫黄厂、火药厂，生产规模扩大，可生产松香、硫酸、火药、肥皂等 10 多种产品。1961 年化工厂下马，成立地方国营大埔县松香厂。1979 年，有职工 97 人，固定资产 54.09 万元，生产松香 1898 吨。1980 年为年产最高、效益最好年份，生产松香 2266 吨，缴税 31.17 万元，盈利 130 万元（其中外汇分成 95 万元），当年被林业部评为“社会主义劳动竞赛先进单位”。1995 年，生产松香 345 吨，产值 80.24 万元。1997 年被评为“省先进集体”。1999 年停产。2000 年，由 10 名职工集资承包生产，生产松香 55 吨。1979—2000 年，共生产松香 1.64 万吨，产值 2369.91 万元，销售 2218.43 万元，缴税 272.26 万元；其间，17 年盈利 278.85 万元（包括外汇分成 95 万元），5 年亏损 125.91 万元，盈亏相抵，盈利 152.94 万元。2007 年国有企业改革，县财政支付 175 万元安置职工，工厂由县政府拍卖。

大埔县塑料制品厂 厂址岗腹科，占地 6250 平方米，建筑面积 3598 平方米，前身是纸伞厂，1955 年由两家（6 人）纸伞合作小组组成。1958 年，把木屐社、制索社、五金社、制鞋小组、藤器厂、雨笠厂、刻印社、高陂纸伞社合并为埔城镇日用厂。1961 年将纸伞社又分出成立纸伞厂。1963 年因出口需要，重新生产“韩江牌”纸伞，1967 年月产量增至 1 万支。1970 年纸伞滞销，转产煤油炉、飞行棋、象棋、竹席、纸扇等，而后生产塑料纽扣、水壶嘴、广播线圈等。1971 年更名为大埔县塑料制品厂。1975 年高陂、茶阳制鞋厂并入该厂，生产男女凉鞋、春秋鞋、水勺、布鞋、皮鞋等。1974 年至 1980 年连续 7 年被省、市工业部门评为先进企业。1979 年，有职工 194 人，固定资产 12.6 万元，加工塑料制品 345 吨，产值 111.13 万元，销售 100.3 万元，缴税 7.88 万元，盈利 6.4 万元。1985 年增挂“大埔县塑胶化工公司”牌子。1979—2000 年，产值 1534.42 万元，缴税 68.45 万元；其间，4 年盈利 18.82 万元，18 年亏损 225.67 万元，盈亏相抵，亏损 206.85 万元。后因工厂连续亏损停产，2015 年，该厂被拍卖。

大埔县水轮机厂 创建于 1956 年 3 月，属国有企业，厂址在城西大坪头。占地 4.07 万平方米，厂房建筑面积 1.01 万平方米，为国家中小型水轮机定点生产企业，中国电器工业协会水电设备分会成员。原称“大埔县农械厂”，1960 年邻近的“大埔造纸厂”并入该厂，1971 年改厂名为“大埔县水轮机厂”。1966 年 7 月至 1967 年 7 月，曾附设“大埔县机械工业学校”，有学生 47 人。主要生产 2000 千瓦以下中小型水轮机，采用全国统一设计图纸，按国家部颁标准，生产混流式 HL110 系列、110S 系列、220 系列、240

系列、260系列，冲击式GI22系列，斜击式XJ02系列，轴流式ZD560系列、ZD760系列，贯流式GD809系列等10个系列40多种产品，适应水头为2～350米，结构由“高水头、小流量”逐步向“低水头、大流量”方向发展，销售遍及全国28个省、区、市。该厂连续17年被省、市、县授予“重合同守信用”单位，并被市技术监督局授予“连续10年产品质量可靠企业”。1984年该厂冲击式GI22系列产品，获机械工业部“节能产品”奖。2000年，有职工182人，固定资产529.6万元。生产水轮机155台/44230千瓦，产值528万元，销售901.68万元。同年12月，该厂经深圳质量认证中心、中国方圆标志认证委员会审核通过ISO9002国际质量体系认证。同年，该厂实施“产品创新促营销”现代化管理，被省企业管理现代化成果评审委员会评为“优秀成果三等奖”。1979—2000年，产值4939.8万元，缴税773.32万元，盈利394.94万元。2004年，该厂转制成民营企业。2015年，产值1500多万元。

大埔县酒厂 创建于1956年，属国有企业，原由湖寮、三河、茶阳3家私营酿酒作坊并为公私合营酒厂，有职工13人。1958年5月定址在仙基坪栗子窝，占地2.18万平方米，建筑面积1.25万平方米。1962年改为地方国营大埔县酒厂。1979年，有职工118人，固定资产46.06万元，产量751.2吨，产值131.8万元，销售138.45万元，缴税28.12万元，盈利7万元。1991年，“三河坝吸塑包装特酿”“三河坝糯米酒”“三河坝米酒”三项产品被评为省轻纺系统优质“四新”产品，“三河坝米酒”被指定为广东省宴会用酒。同年，获“省级先进企业”称号。1979—2000年，共生产饮料酒1.54万吨，产值3756万元，缴税891.74万元，盈利29.68万元，亏损202.8万元，盈亏相抵，亏损173.12万元。后因连续亏损，于2007年宣告破产。

三河坝酒业有限公司（2016年）

大埔县茶阳食品厂 创办于1956年，厂址磜下，有厂房1座（原“安裕楼”）以及辅助设施3间，共254平方米，另有万川路4号店铺1间，属于县二轻企业。该厂1956年时由糖果、豆豉两社组成，1959年并入地方国营大埔烟丝厂。1961年又恢复为糖果厂、豆豉社。1966年又将糖果厂、豆豉社合并，成立大埔县茶阳食品厂。1971年，“一厂办多厂”建成土纸车间，产品质量上乘。1985年购进波纹面生产线，产品销本县和福建毗邻地区。由于产品质量好、安全卫生，该厂曾多次被评为市、县先进企业。该厂于1994年停产。

大埔县矿泉公司 创办于1984年。1985年，与县酒厂合并成立矿泉饮料公司，1986年年底与酒厂分开成立县矿泉公司。1987年，在茶阳鹤顶山建立矿泉饮料生产线，属国有企业。主要产品有西岩牌天然神力矿泉水、矿泉系列饮料，年生产能力4000吨，产品质量符合《饮用天然矿泉水》(GB 8537—87)标准。“西岩牌天然神力矿泉水”曾获“省四新旅游产品优质奖”“中国首届食品博览会银质奖”“中国优质保健产品银质奖”“广东省食品行业八大名牌产品”“广东省第三届食品行业名牌产品”称号。1988年，有职工38人，固定资产98.81万元，生产矿泉水639.7吨，产值51.18万元。1988—2000年，共生产矿泉水4536.91吨、矿泉饮料4022.53吨，产值1911.08万元。2008年宣布破产，2009年由新世纪矿泉水有限公司投资1000万元接手经营。

此外，茶阳还有集体、个体的企业。镇办的集体企业有：镇自来水厂经营27年，总产值2000万元。个体企业有：茶阳竹器工艺厂经营30年，2015年产值30万元；吊梨坪红砖厂经营20年，2015年产值约40万元；新泰酒厂经营15年，2015年产值约50万元；生产土纸历史悠久的大觉、古村等地作坊，2000年12月因污染环境被依法关闭。

新世纪矿泉水有限公司（2016年）

茶阳城区周边还有多处煤场：各类煤场分布在猫公石港至狮子口渡一带（原五里亭至彭屋坝），兴旺时达 10 多个。1978 年由福建运往潮汕的煤炭由此中转，当年达 8.7 万吨，1988 年增至 31.8 万吨，1992 年增至 140 万吨，创利税 120 万元，解决了当地和进城农民工大部分劳动力就业问题。此后，由于上游建设棉花滩水电站、青溪水电站等多级水电站截流，至 2000 年，茶阳港和各煤场以及放运竹木排筏等业务停止经营。20 世纪 80 年代至 2014 年，经营 10 年左右的有纸箱厂、皮箱厂、轧钢厂、广州宝丰制衣分厂、浙江美兴玩具厂、永利（梅州）工艺制品厂、圣兴鞋面厂等。

2000 年后，茶阳镇加大了招商引资工作力度。2004 年香港佐田公司投资 4 亿元的茶阳水电站，于 2008 年投产；2005 年引入富华木业有限公司、香港木业家私有限公司、段记刨花板厂、三河坝酒业有限公司、客兴酒厂、茶阳同益电站；2009 年引入自宜埔电站（投入 1900 万元，装机 960 千瓦）、新世纪矿泉水有限公司；2014 年引入广东衎衎实业有限公司，2015 年 1 月投产，主要生产各种饮料。

从 2004 年至 2014 年，茶阳镇招商引资共引入项目建设资金 11.57 亿元。

商业 1949 年前，茶阳的商业均为私营。茶阳地理优势得天独厚，商家采取转运、专营的方式获利。福建省汀州、上杭、永定的特产，如黄烟、石灰、木材、草纸等货物，用肩挑或水运至茶阳，而潮汕地区的日用品、工业品则通过水运至茶阳，茶阳成为上达福建、下通潮汕的货物集散中转地。商家利用货栈收集、囤积、发送货物，收取租金或佣金获利。货栈以神泉街居多。茶阳镇人口集中，流动人口多，商家经营的行业、商品较为稳定，如饮食、旅业、屠宰、山货等行业。

广东衎衎实业有限公司（2016 年）

茶阳街景（2016 年）

1953 年，国家开始对私营的资本主义工商业进行社会主义改造，原来零星分散的商店和个体作坊，逐渐组成公私合营企业或生产合作社（组）。商业分为国营、供销社、合作商店三类，如原夫妻经商的可调一人到国营商店或供销商店，一人留合作商店。商业门类有饮食、旅业、图文、酿酒、照相、理发等。小手工业类有打铁、打索、打白铁、修理、缝纫、钉秤、雕刻、制伞、制革（鞋）等。公私合营归口管理后，市面门店虽有减少，但服务态度有所改进，实行轮流送货下乡，密切城乡关系，一般从业人员的工资也有所提高。

茶阳集市一角（2016 年）

好又多超市内景（2016 年）

中国移动茶阳营业部（2016年）

茶阳红天宾馆（2016年）

同年实行粮食统购统销，1954 年实行棉布统购统销，1958 年实行“人民公社化”。计划经济时期，城乡民众凭票证购买棉布、食糖、烟酒、煤油、肥皂等日常必需品，居民到粮所凭粮卡购买定量粮食（有时搭配蚕豆、薯干等），凭肉票到食品站买肉类等。

1980 年后，随着全面深化改革，市场经济逐渐取代计划经济，市面日趋繁荣。从 1984 年起停用布票、肉票，从 1985 年起不再使用粮票（1992 年购粮卡停用），从 1992 年起，取消华侨商店使用华侨证和外汇券购物。至 2015 年，茶阳镇共有注册个体工商户 523 家。

2015 年茶阳镇个体工商户一览表

表 5　　　　单位：家

行业	数量	行业	数量
旅店业、酒家、小吃	150	五金建材	25
美容、美发、照相	45	农资农具	26
粮油、日杂、超市	50	福利彩票　体育彩票	4
食品加工	25	图书　文具	7
服装、鞋店、床品	44	陶瓷　古玩	20
家具、家电	28	手机　网吧	8
金银、首饰	9	中、西药店	22
运输、修配	30	其他	22
石油气站、加油站	8		

乡镇建设

通信 1918 年 2 月，援闽粤军总司令陈炯明驻兵大埔，总司令部设在三河，在茶阳、三河、高陂架设临时电报收发站，可与国内外各埠互通电报，茶阳有4条发报线路，可与潮州、高陂、松口、永定通信；同时分设三河、党溪、花窗三处巡防，负责维护电报线路。这是大埔首次采用电信与外界联络。1923 年，东路北伐军司令许崇智率部到大埔，在茶阳、大靖、湖寮、百侯、枫朗设驿站，雇驿卒传递情报。

1928 年，大埔县政府装设县内电话，通 8 区 31 处，只供行政使用，不对外营业，这是大埔使用电话的首次记录。1930 年，原北伐军通讯连长刘伟标，带通讯器材到大埔，扩大了茶阳的电话业务，电话由官办改为官民合办。1937 年，开设茶阳至湖寮电报电路。1944 年，全县开通 13 条电话线路。1949 年 5 月 14 日，县城茶阳解放，人民政府接管电话局和邮政局。1951 年 4 月，在新马路成立“大埔县人民电话局”，新装电话 70 门，电话交换机一部。1953 年 2 月，将电话局和邮政局合并为“大埔县邮电局”（1957 年 5 月 1 日迁至中山路坛下坝）。1981 年，农村电话线路升级。1982 年，完成县城湖寮至茶阳 12 路改换铜线载波工程，并更新交换机。1992 年，电话改直拨，实现电话交换程控化和传输数字化，但还未普及。1992 年至 2000 年，茶阳开设“126”“983”“127”人工寻呼台业务和卡式电话（公用电话）业务，BP 机流行一时。1997 年，茶阳镇 27 个村（街道）均开通程控电话，入户率达 90%。1998 年后，随着“移动”“联通”移动电话业务的快速发展，各类手机的普及，家庭固定电话数量逐渐减少。2000 年后，计算机进入机关单位、企业、商店和民众家庭，人们获取信息的渠道更为宽广、便利，至 2015 年茶阳城乡使用的各式计算机达 1 万多台。

供水 1988 年以前，茶阳镇没有供水系统，民众用水大多从溪河、水井中取用，全靠肩挑手提，少数人家在庭院中打小井用简单机械取水供食用。1988 年春，茶阳镇党委、政府为改善民生，决定兴建自来水厂，采取“政府统筹、民间集资”的办法，于当年秋完成供水工程建设，春节前自来水开通到城区和近郊民众家里。1990年后，镇政府把供水工程作为民心工程，采取多渠道集资以及帮扶的做法，加大供水工程建设力度，至2015年，已有25个村（街道）接通自来水。城区扩展至工业园和开发区后，用户大增，镇政府于2009年筹资80万元，从茶阳水电站抽水进城；2011年投入100万元对城区自来水网进行扩网改造；2014年筹资420多万元对自来水管网进行全面改造，新铺设管道3.8千米，解决了城区3万多居民饮水难的问题。茶阳城区2000年供水57.5万立方米，产值60.23万元；2015年供水73万立方米，产值94.9万元。

供电 1944年，饶淹贤、杨飞荣等在下桥关河岸先后开办“淹记”“格致声”电力厂，设备为12马力的木炭机配2.4千瓦的直流发电机，白天碾米，夜晚照明。同年开办安兴电力厂，由胡文虎投资，用雪芬兰12马力汽车内燃机配7千瓦发电机发电。1949年夏遭洪灾毁后歇业。

1951年春，国营人民电力厂（小火电）在茶阳城南建成发电，装机容量12.5千瓦（后扩大为50千瓦）。1958年建成洋门水电站。1960年3月，汰东水库坝后电站建成，设计水头63米，采用木质压力水管；1980年改用钢管，装机扩大到200千瓦，是全县第一座水库调节的水电站。1966年古村村办小水电自发电供村民使用。1978年2月建

茶阳水电厂（2016年）

成长治北宁水电站。1980 年建成龙潭水电站。1981 年建成大觉水电站。1979 年 1 月，茶阳片电网联入县电网，使县电网装机容量扩大。2004 年 12 月 28 日，投资 4 亿元的猫公石茶阳水电厂动工建设，2008 年第一台机组投产。2009 年，投资 1900 万元建设自宜埔水电站。2015 年 10 月 8 日，110 千伏空下（茶阳）输变电工程开工，总投资 5635 万元。

1978 年供电所供电 19 万千瓦时，产值 12 万元；2000 年供电 186 万千瓦时，产值 89 万元；2015 年供电 430 万千瓦时，产值 344 万元。

广播 广播经历了收音记录、有线广播和无线广播三个阶段。一是收音记录。大埔县收音站始建于 1950 年 10 月，其时在县政府有一台中、短波直流收音机收录中央和广东人民广播电台国内外新闻，油印出版《大埔收音》小报，报送领导，发至区、乡和机关、学校。1954—1955 年，收音站将设备移至茶阳太宁乡，外接 10 瓦高音号筒式喇叭，并编节目广播，可称广播站的雏形。二是有线广播。大埔县广播站创建于 1956 年 4 月，站址在茶阳镇印山顶，1961 年春随县治迁湖寮。1960 年，茶阳公社设有广播站，各生产大队、生产队 100% 普及广播。1981 年后，由于农村体制变化等，农村有线广播设施数量连年下降，至 1988 年，仅有 75% 的村通广播。后来，有线广播逐渐淡出。三是无线广播。1987 年，在湖寮双髻山顶采用 100 瓦（后增至 300 瓦）功率广播发射机开展调频广播；1983 年 8 月，在湖寮黎家坪建成县中波转播台；2008 年，在湖寮帽山安装 300 瓦广播发射机。自 1987 年起，茶阳各村广播人口覆盖率达 100%。

电视 大埔县电视转播台建在湖寮双髻山巅海拔 668 米处，1980 年 10 月 1 日试播，茶阳民众首次看到了电视节目。其后茶阳镇政府在旋美旅社楼顶安装广播、电视转播设备，之后又在唐屋小山头和鹤子顶山上建立了小型电视差转台。至 1995 年，全镇共建电视差转台 5 座。2000 年全镇电视人口覆盖率为中央电视台 95%、广东卫视台 98%、珠江电视台 80%、梅州电视台 70%、大埔电视台 80%。2004 年，在海拔 900 米的湖寮大帽山顶兴建"多路微波电视传输站"，为未通有线电视的茶阳山区群众传送 16 套电视节目。2012 年至 2013 年，茶阳镇在"村村通"的基础上，推进"户户通"电视工程建设，为全镇未通有线网络的农村边远山区农户每户免费安装一套直播卫星接收设备，至此，茶阳镇边远山区"户户通"受益农户可免费接收 25 套卫星电视节目及 17 套广播节目。2014 年，茶阳镇设立维护服务站，确保"户户通"设备正常运行。

至 2000 年，茶阳镇 23 个村开通有线电视，可收看 7 ~ 20 个频道的电视节目。2004 年，县城与茶阳镇光纤联网，有线电视节目增加 10 个频道。2011 年，茶阳镇完成"有线模拟电视”向“有线数字电视”的整体转换工作，城区用户达2300户。2011年冬至2012年底，有线电视架设主骨干光纤、同轴传输电缆，实现县、镇、村广播电视光纤联网，茶阳镇城区、角庵村、安乐村等20个行政村的有线电视实现数字化，使边远山区群众也能看到精彩的有线数字电视节目。2015年，全镇有线电视用户达4100户。

邮政 明嘉靖五年（1526）大埔设驿铺8处，铺兵16名，驿路3条，专门派送官家邮件。东路，由埔城（茶阳）总铺—左弼—福建永定县城交界处，全程25千米；西路，从埔城—西江—三河—银溪—鳄坑—丰顺鹧鸪铺，全程77.5千米；北路，三河—水兴—蓬辣—梅县，全程37.5千米。清光绪二十九年（1903），埔城设二等邮局，韩江、汀江流域各圩邮件逐日付小轮船运送。大埔（茶阳）邮局辖6个代办所：漳溪（西河）、鸦鹊坪（大靖）、黄堂、虎市、枋坝（石市）、党坪。1949年，全县共有邮路14条，其中发自茶阳的有埔城至漳溪、埔城至王兰（枫朗）、埔城至松口（梅县）3条。1950—1952年，新辟埔城（茶阳）至永定峰市、埔城至永定下洋、埔城至三河邮路。从1953年起，逐步改隔日班邮路为每日班邮路。1956年埔城至虎市、峰市、永定等地邮件，开始委托汽车承运。1959年，开通汕头至大埔（茶阳）自办汽车邮路，另有轮船、自行车和步班邮路。1988年后，增加摩托车和小汽车邮路。

1949年，大埔邮政局（茶阳）计费邮件仅16件，解放初期主要办理一些大宗商品邮包如烟丝、茶叶等。1953年增办保价邮包，是年，包件量为4323件。1961年增办国际邮包。1995年后，快递行业兴起。2015年，茶阳邮局和个体快递店共有10家，邮件、邮包逐年增多。

大埔在民国时期就有邮政汇兑业务。1944年，县城茶阳设立邮政储金汇业局大埔办事处，办理个人储蓄业务，至1946年撤销。1988年，茶阳邮政局复办邮政储蓄业务，1992年起代办“平安保险”，为各单位代发工资、退休金，以及为个人代缴电话费、电费。1949—2000年的汇款形式为普通汇款和电报汇款。2000年后，增加网上汇兑业务。2013年，在茶阳邮局前设有无人柜员机，便于客户随时存、取现金。

民国时期，大埔邮电部门没有办理报刊发行业务。1950年3月起，报纸统一由邮政局发行。1953年，杂志归邮电部门发行，当年累计发行量报纸为78.68万份，杂志为10.43万份。1956年，全县建立41个报刊推广发行站，《大埔农民报》订阅量最高，平均每25人订阅1份。1981年后，茶阳邮政支局除正常发行各类报纸杂志外，有段时间还开展报刊零售业务。

社会发展

教育

明嘉靖三十六年（1557）《大埔县志》载，嘉靖丙戌（1526）县令、乐平人欧准首建县治，遂建学宫文庙于县左茶山之麓。这是大埔教育史上的首家官办学堂，同书《重修大埔县儒学记》一文中亦有记述。清同治十二年（1873）《大埔县志》载："潮郡论才，至埔为得真士，夫士而有真，则于学校为无负矣。顾瘠土多贫，其负笈来者，往往省衣缩食，从公泮水之间而濯磨自喜，相劝厉也。"明清时期，茶阳先后有茶阳书院、水部书院、正蒙义学、育德义学、小靖社学等学校。清末至民国时期，茶阳有中学 2 间：大埔中学（1904 年创办）、埔北中学（1945 年创办），大埔中学办过 2 届高中师范班（1933—1937 年），在城西邹鲁民居旁办过"大埔县海滨简易师范"（1945 年春至 1949 年 5 月，其间停办半年）。是时茶阳各村都有小学或私塾。

水部书院（2016 年）

1949年5月大埔解放后，大埔县人民政府接管大埔中学，逐步将城区各小学合并转为公办，农村中小学稍晚转为公办学校。

1955年冬，大埔华侨中学创办，校址原在䃰下，后迁至土头岗。“文化大革命”期间改为“人民中学”，1967年并入大埔中学。大埔华侨中学在20世纪70年代至80年初曾被改办为“大埔师范学校”，1977年全国恢复高考制度，有1977年、1978年的大埔、蕉岭两县被录取的学生在此就读。1980年复办高级中学，1992年秋改为初级中学，2010年7月被并入大埔中学。1960年，县林业局在丰溪林场开办林业学校，后迁太宁洋万岗，1965年改为劳动大学，招收初中毕业生。1969年因“文化大革命”而停办。1984年秋，大埔县教育局和林业局在洋万岗复办林业中学，学制三年，1985年全校有学生286人，至1988年已毕业2期4班共182人。1964年，茶阳公社在田背办过“茶阳公社农业中学”，街道大队在张家祠办过“街道林业中学”，均为初中学制。“文化大革命”期间，曾实行过“高中不出公社，初中不出大队”的办学形式，各公社都办高中，各大队都办小学附设初中班，后被调整逐步撤销，至1993年全部撤销。

1987年冬，各乡镇设立教育委员会，由分管领导担任教育委员会主任。1989年9月，各乡镇教育委员会下设办公室（简称教办），负责管理初级中学和小学。2001年7月，撤销镇教办，学校恢复原管理体制。

至2015年，全镇共有完全小学7所、教学点8个，有教职工180人、学生2700人；有完全中学1所，有教职工122人、学生1134人；有幼儿园4所，其中公办1所、私人办3所，有教师53人、幼儿980人。

茶阳学校简介：

大埔中学 校址在茶阳金山山麓，占地67500平方米，建筑面积31000平方米（含北中、侨中校区），2020年有教职工122人，高中6班、初中16班，学生1134人（高中250人，初中884人）。该校由张龙云、邹鲁等人创办于1904年，校名几经变易：乐群中学、大埔县立第一中学、广东省立大埔中学、茶阳中学、大埔县大埔中学。校址亦多次迁徙，创校之初在城内张氏孝友堂、小湖口，1914年迁至县武衙，1916年定于现址。1949年解放后，由于党和政府重视和海内外校友的支持，办校规模日趋扩展，从校园内先后迁出郑、饶、罗、吴、刘、肖、杨、谢、连九姓居民。办学一百多年来，校风良好，教学勤谨，中国科学院院士林尚安、杨文采，中国工程院院士饶芳权、丘冠周，外籍院士柳步青、丘昌涛都曾在大埔中学就读。

茶阳大埔中学大门外景（2016 年）

大埔中学饶彰风纪念大楼（2016 年）

华侨中学 校址原在䃎下，后迁至土头岗。前身是大埔华侨子弟补习班，1955 年冬成立“大埔华侨中学”，“文化大革命”期间改为“人民中学”，1967 年并入大埔中学后停办。曾改办为大埔师范学校。1980 年复办为高级中学，1992 年秋改为初级中学。2010 年 7 月并入大埔中学。

安乐中学 校址在安乐汶上。1975 年创办，1999 年并入华侨中学。

古村中学 校址在古村。1987 年创办（前身为古村附中），2006 年 2 月并入华侨中学。

茶阳镇幼儿园（2016 年）

茶阳镇中心小学（2016 年）

茶阳镇中心小学　校址位于鹤顶山麓，校园建筑面积 15000 平方米，2020 年有教职工 95 人、学生 2108 人。1905 年，邑绅丘光涛、张俊士在城内崇圣祠创设区立第一小学，后简称“在城公学”。之后，城内又开办“私立饶氏垂裕学校”“市立模范学校”（后更名“县立第一小学”）。解放后，1950 年县政府为便于办学，将上述 3 所小学合并为“大埔县附城区小学”，1951 年改为“大埔县第一小学”，后改为“大埔小学”。1954 年，县政府决定将城内各处小学集中迁至现址办学。1961 年县城迁入湖寮后，校名几度变易。“文化大革命”期间改称“茶阳公社中心小学”“茶阳公社街道小学”，1980 年定名“茶阳镇中心小学”至今。

大埔林业技术学校　校址在太宁洋万岗。1964 年办校，目的是为基层培养林业干部，1965 年升格为“大埔共产主义劳动大学”。1968 年县革委会开办“五七”干校时停办。1984 年县教育局与林业局复办林业中学，2002 年秋并入田家炳高级职业学校。

医疗 据民国《大埔县志》记载，清光绪二十年（1894）后，肖启元、詹润生倡募基金在县城茶阳设同善堂，但农村没有疾病预防和卫生保健设施。1911—1927年间，鼠疫在茶阳等地相继蔓延，不少人死亡。天花、霍乱、疟疾等传染病直到解放初仍时有发生。

1940年，县政府在茶阳印山开设大埔县平民医院，面积192平方米，医务人员5～7人。民间百姓一般小病痛多到万寿宫的华佗仙师宫、同善堂等处求取免费药。1949年5月，县城茶阳解放，县军管会接管平民医院；9月，改名为大埔县人民政府卫生院，1953年迁至西门外空下村并新建住院部，育善街设门诊部。1956年更名为大埔县人民医院，1965年县医院迁至湖寮，原址改为茶阳人民医院（也称过“中心医院”）。茶阳镇卫生院原在大华路。解放后，党和政府重视发展人民医疗卫生事业，1950年成立医疗卫生管理机构，逐步建立和完善医疗卫生保健网点，不断加强基础设施建设，增添医疗设备，培养专业医护人员，提高防病治病科学技术水平，至1970年，天花、霍乱、疟疾基本绝迹。1994年茶阳人民医院与茶阳镇卫生院合并后迁至胜利路，称“茶阳医院”。医院1995年被省、市评为一级甲等医院，建筑面积5000平方米，科室齐全，有病床30张，设备有500毫安和200毫安X光机、B超仪以及心电图仪等。2007年，茶阳实行新

茶阳医院（2016年）

型农村合作医疗保障制度，当年农村参保3.43万人，占总人口的83%，城镇居民参保3252人，占总人口的70%；2010年，农村参保3.82万人，占总人口的96%，城镇居民参保5701人，占总人口的100%；2014年，城乡居民参保4.42万人，占全镇总人口的80%。2010年以后，由于实行新型“医保”制度和服务水平提高，医院病床常满员。至2015年，该院有医卫人员80人，下辖城区及农村医疗所（站）39个。2015年全年收治患者26000人次，住院治病患者1128人次。

1980年2月，根据《广东省计划生育条例》和县委、县政府有关计划生育的决定，30多年来，茶阳镇积极推行计划生育政策，实行“以宣传教育为主、避孕为主、经常性工作为主”的方针，提倡优生优育，严格控制人口增长。2001—2002年，程车（后并入安乐村）、梅林、下马湖3个村被评为省级计生模范村。

居民生活 1949年解放前，在半封建半殖民地的社会制度下，普通民众生活困顿。抗日战争期间，潮汕沦陷，侨汇断绝，茶阳侨乡更加困难。1943年大旱灾时，好些民众或卖儿鬻女，或流浪闽赣逃难。1948—1949年解放前夕，因金圆券贬值，市场货物交易概以大米、银圆、港币作标准折值计算，城乡民众苦不堪言。

解放初期，人民政府废除了封建剥削制度，乡村农民分得田地，通过勤劳生产，生活大为改善。城镇居民由于政府采取“以工代赈和生产自救”等办法被安排就业，生活有了保障。1959—1962年三年困难时期，农业生产遭受严重挫折，农民的收入水平下降，1961年人均年收入仅33元，口粮140.5千克；同时期职工年收入500元以下，城镇居民生活水平同样下降。后来，经过三年的国民经济调整，农业生产快速恢复和发展，1965年，农民人均集体分配收入增至45.6元，口粮增至201千克。“文化大革命”期间，国民经济遭受很大破坏，10年时间农民人均收入仅增加0.6%，城镇职工工资一直没有多大提高，对比1961年人均年收入439元仅增116元。在茶阳，无论城乡，每人每月凭证仅供应二两（100克）食糖与二两（100克）煤油、半块肥皂，布票最少时每年每人仅有2.3市尺（0.77米）最多时1.83丈（6.1米）。城镇居民每月供应肉类半斤（250克）左右，油类四两（200克），粮食则按年龄段配给。1955年城镇人口口粮（大米）定量供应标准分为5等11级，按特重体力、重体力、轻体力、职工及其他脑力劳动者、大中学生分类，每人每月定量为一级12千克至十一级7.5千克；居民每人每月口粮则按年龄不同，区别供应，不满3周岁为4～5千克，3～6周岁为7.5千克，6～10周岁为9.5千克，10周岁以上及一般居民 10 ~ 12 千克。后来，标准又有多次调整。

1978 年中共十一届三中全会后，农村实行经济体制改革，建立家庭联产承包责任制，充分调动了农民种田的积极性。又通过调整农业结构，使农林牧副业得以全面发展。同时，国家提高农副产品收购价格，使农民收入显著提高。许多农民进城务工，有部分农民还办了实业，人民生活得到改善。1978 年以后，国家多次调整职工工资，1985 年职工人均年收入 956 元，比 1979 年增加了 350 元，职工收入有了较大幅度增长，同时实行奖励和计件工资，以及发放津贴、补贴等，职工收入相对增加。

随着改革开放的深化，市场经济的活跃繁荣，布票、粮票、肉票、日用品票证、外汇券等，至 1992 年已完成历史使命，全部被取消。1990 年后，空调、彩色电视机、计算机逐渐走进寻常百姓家。2000 年后，电冰箱、洗衣机、电话机、热水器、时尚手机等，几乎普及每个家庭；有的家庭还建了别墅、小庄园，不少小康家庭还购买了摩托车，甚至小汽车。至 2014 年年底，全镇 27 个村（街道）均已通电，通村公路全已硬底化，只有 2 个村暂未全接通自来水。城乡民众亦重视健身、养生，茶阳城区有 4 个休闲园地，古村、太宁、花窗、茅坪、大觉、角庵、广陵等村也有多个休闲文化园或广场。

1980—2014 年部分年份茶阳镇城乡居民生活基本情况表

表 6

年份	城镇在岗职工平均工资（元）	人均住房面积（平方米）	农村居民年均收入（元）	住房情况
1980	673	多租住公房	146（1979 年）	多住祖屋、旧居
1990	1763	14.50	1248	多住自建房
2000	8690	23.79	3688	住自建房或城镇买房
2014	39457	—	9613	住自建房或城镇买房

20 世纪 50—70 年代，民众的生活普遍比较贫困；80 年代末，基本解决温饱问题，告别了缺食少穿的时代；步入 90 年代，开始向小康社会迈进。自 1978 年至 2015 年，经过 30 多年的变革与发展，茶阳城乡居民的吃、穿、住、行水平不断提高，人均住房面积大幅增加，家庭财产普遍增多。

扶贫济困　1984 年 9 月，中共中央、国务院发布《关于帮助贫困地区尽快改变面貌的通知》，1986 年，经国务院批准，大埔被列为国家第一批重点扶持的贫困县。1996 年 3 月，广东省委、省政府确定将 16 个特困县作对扶持重点，大埔县为其中之一。大埔县

扶贫宣传广告牌（2016年）

委、县政府成立相应机构。之后，大埔县得到国家和省、市扶贫资金的支持，并得到沿海发达地区和对口扶贫单位的帮扶。茶阳镇多个乡村从 1991 年至 2015 年，得到广州、深圳和市、县有关单位的对口帮扶和海内外乡贤的支持。多年的扶贫工作为改变茶阳乡村贫困落后的面貌发挥了积极作用。

帮扶单位做到“包项目落实，包资金到位”，从“输血帮扶”转为“造血帮扶”，重点加强基础设施建设，扶持壮大集体经济。大力扶持贫困户发展种养业，精准帮扶到位。帮扶从始至终全程跟踪，不走过场，有检查，有反馈，措施得当。

1991—2015 年茶阳镇扶贫工作成果一览表

表 7

村别	帮扶单位	帮扶资金（万元）	帮扶项目
茅坪	广州市白云区棠景街道办	270.0	农田水利设施、安装自来水、架设路灯、修建文化广场、修筑公路等
左弼	中石油广州培训学校等单位	300.0	农田水利设施、深梅希望小学、入股小水电、村道硬底化、老人活动中心、休闲中心等
浒田	广东金味集团	35.0	金味希望小学等
大觉	广州市白云区太和镇	500.0	农田水利设施、建桥 5 座、太和综合楼、架设路灯、绿化工程、休闲长廊等
下马湖	广东省委办公厅 梅州市农业局	60.0	农田水利设施、入股小水电、安装自来水、村道硬底化、绿化工程、架设路灯等
梅林	大埔县人力资源社会保障局	15.0	入股小水电等

续表7

村别	帮扶单位	帮扶资金（万元）	帮扶项目
角庵	广州市委办公厅	200.0	村委办公楼、修筑公路、安装自来水、新世界公园等
广陵	中交四航集团	300.0	和谐园、文体广场、文化活动室、村道硬底化等
西坑	县商业集团	16.6	农田水利设施、村道硬底化等
石田	县交通局	70.0	文化广场、安装自来水、架设路灯、村道硬底化等
丰村	县司法局、县交警大队	3.5	村委办公楼装修、架设路灯等
长兴	梅州市中小企业局 县统计局	155.0	农田水利设施、村容村貌建设等
蓝田	嘉应学院	100.0	修路、村道硬底化等
党坪	县计生局、县妇保院、县招商局、深圳市罗湖区邮政局	56.7	党坪小学、维修村委办公楼等
西湖	县纪委、县国土局、县汽车运输公司、县民政局	59.0	安装自来水、村道硬底化、建村委办公楼等
安乐	二炮部队（火箭军）某部 共青团广州市委	930.0	安乐小学、广梅工业园、蜜柚加工场、入股小水电等
洋门	县纪委 县安监局	490.0	入股埔北中学小水电和埔城水电站、入股镇自来水厂等
新村	县交通局、地税局	570.0	自来水管网改造工程、农网改造工程、入股埔城水电站等
沿坑	县委统战部	931.0	村道硬底化、危房改造、农田水利设施、入股小水电等
乌石	中国图书进出口公司 广州分公司	80.0	村道硬底化、危房改造、农田水利设施、入股小水电等
迪麻	县国土资源局	380.0	村道硬底化、安装自来水、架设路灯、农田水利设施等

深梅左弼希望小学（2016年）

安乐火箭军八一爱民学校（安乐小学）（2016 年）

古镇风貌

古镇茶阳，保留有完整的古城墙、老县衙办公旧址楼房以及粤东最大骑楼群，还有不少的古牌坊、古民居、庙宇、驿道、碑匾……从中可窥见先人的智慧勤劳。漫步古街，望着老字号店铺，能使人回想起往昔的繁华与热闹。每座古牌坊、每所古民居都有其美丽的故事……

古城城垣

茶阳老县城　坐落于茶阳镇茶山之阳，县署位南面北。明嘉靖三十六年（1557）《大埔县志》载：“明嘉靖五年，分饶平滤洲、清远都重置县，称名大埔。同年冬始建县城，越二载告成。城墙周围五百一十九丈四尺，高一丈七尺，下宽一丈二尺，上宽九尺，垛堞九百九十六（个）。”由于依山建筑，又是坐南向北，故只有东（朝阳）、西（通津）、北（拱辰）三道城门。城门外，有小靖溪、汀江及西门河的天然河道，故有城墙而无壕池。茶阳位于江畔，地势低洼，常遭洪水淹浸，故在1961年春将县治迁至湖寮。茶阳老县城前后经历400余载，由于历史久远，年久失修，现仅存东门（朝阳门）及左右两边城墙400多米。原县衙现为茶阳镇人民政府驻地。

1985年4月，被大埔县人民政府列为文物保护单位。

茶阳城东朝阳门旧址（2016年）

明代古城墙（2016 年）

粤东之最——老街骑楼群 茶阳作为客家人聚居地已有千年之久，独特建筑老街骑楼群，是当地的一道独特风景。骑楼群由茶阳城区的中山路、高福路、太平路、大华路、万川路、新马路、建设路 7 条街道组成，始建于明代，风格独特，大片的小青瓦坡屋顶，连续的古典柱廊，精致的板棂窗及拱形门窗等都独具特色。骑楼的沿街立面分三段式：下段为骑楼列柱，下方上圆，形成两边“五家居”，可供人们防晒避雨，彰显“人性化”建筑；中段为楼层；上段为檐口或山花。墙面装饰丰富多彩，有浮雕图案、窗洞形式、线角、阳台栏杆等，既融合了西方巴洛克或洛可可建筑装饰风格，也保留了岭南建筑风格，至今保存完整，是粤东最大的骑楼群。骑楼群全长 1000 多米，整个街区占地面积 1.68 平方千米，共有店铺 700 多间。老街老店古色古香，老屋老房古风古韵。

茶阳八景

东礤悬流 茶阳东门外的礤上山凹，距山下地面高度约60米都是悬崖峭壁，上面的溪涧水就从山凹石缝中轰然作响冲泻下来，似晶莹的布帘悬挂在石崖面上，如同飞珠溅玉。清代诗人饶溶（《茶阳八景》诗句作者）站在东门外欣赏着天然的瀑布有感而发。此景仍存。

水从石罅泻来清，东礤悬流漱玉声。
小出东门闲伫立，晶帘一幅对山城。

神泉秋望 神泉位于城外伏虎山下修福寺前，惭愧祖师潘了拳在此卓锡挖泉，泉水清冽特异。传说“神泉”位置高出河面许多，但河水涨退清浊时，池中泉水清浊亦然，故称“神泉”。现已废。

汀流峰北古神泉，趁市鱼盐泊满川。
最是尘嚣兼爽垲，夕阳红树水连天。

狮崖春花 狮崖位于城郊西北处的汀江南岸。这里有块巨石如狮子蹲在河岸上，对面是象山，称“狮象把水口”，故此处又叫“狮子口”，为城郊汀江河的最狭处。每年春天，狮子口的山崖上，都盛开着满山坡的红紫各色杜鹃花，在晨曦中争妍斗艳，景色秀丽迷人。20世纪60年代拓宽河道时“狮石”被毁。

嶙峋怪石锁溪门，溪畔形如狮子蹲。
况复春来风景好，争红斗紫映朝暾。

湖山月舫　湖山禅院位于汀江北岸的西湖村，已有 400 余年历史。禅院前有个小码头，历朝多有文人在月夜泛舟汀江到禅院游玩赏月。从禅院东望狮子口，皎洁的月光倒映在流淌的河面，银光闪闪，小船缓缓前行。登岸后，在禅院前的棋盘石上饮酒赏月，似醉非醉地聆听着南北两岸悠扬的笛声和歌声。此景仍存。

湖光潋滟月澄波，共泛轻舟拾翠莎。
醉上棋盘石上坐，南崖吹笛北崖歌。

南华石洞　南华寺位于城郊西南方的西门河西岸半山腰上，香烟缭绕，梵音悠扬，是出俗脱尘之地。寺后有一天然石洞，洞中有山泉渗滴，盛夏游客进入洞中，顿感清幽凉爽，真乃人间洞天福地。2014 年，重建南华寺，古刹换新颜。

刹号南华不染尘，幽奇石室更宜人。
当年欲种仙桃树，赚得渔郎一问津。

古寺晨钟　古寺，指松云寺，在城郊汀江东岸。一天早晨，饶溶到郊外散步，看到古老的松云寺高高地耸立在河岸上，河水夹着寒气缓缓地从山门下流过。朦胧中，忽然从晨雾里传来清脆的钟声飘过水面，唤醒了河边舟中之人的一场好梦。寺今仍在，因上游建水电站，此处不再泊船。

岧峣兰若耸江干，汀水潺湲槛外寒。
昧爽一声钟渡水，兰舟客梦醒邯郸。

印江冬雾　天印山，即印山，海拔约 50 米，在城区北门外。饶溶冬晨散步，看到茫茫大雾中的印山若隐若现，好像仙境般的图画。印山下汀江的寒雾更大，几乎布满半个江面。蒙蒙雾气中还看不清过往渔船，却听见渔翁把刚捕来的鱼卖了买酒喝的叫唤声。此景仍存。

天印山浮一画图，更逢寒雾半江铺。
雾中未解渔舟过，听把金鳞唤酒沽。

茶岭松涛　茶岭，即茶山，又叫金山，在城区之南，县衙后面的扆山。饶溶闲暇时漫步去茶山，想看看茶树到底在哪里。来到茶山，只看到一大片浓密的松荫下庇护着山里人家。忽然间，树林上面吹来一阵清风，夹带着一股芳香气味，这恐怕是哪户人家正烹泡雨后鲜嫩的茶叶飘来的清香吧？此景今已不存。

闲步茶山试觅茶，浓荫漠漠护人家。
忽闻树杪清风起，疑是新烹雨后芽。

古牌坊

父子进士牌坊　位于大埔县茶阳镇学前街，另有天褒节孝牌坊、天荣节孝牌坊与其相邻。父子进士牌坊结构严谨，造型美观，雕刻工艺精湛，是历史上广东石雕工艺和石质建筑的精品，其余二坊质朴古典，均蕴含着丰富的历史信息。三坊互为呼应，相得益彰，为研究明、清石雕工艺和石牌坊建筑提供了宝贵的标本和资料，具有较高的历史、艺术研究价值。

全国重点文物保护单位碑牌（2016年）

父子进士牌坊建于明万历三十八年（1610），为纪念当时父子进士——饶相（任江西按察副使）和饶与龄（任中书舍人）所建。石质牌坊，四柱三间五楼歇山顶，坐南向北，高 12.5 米，总面宽 10.17 米，总进深 5.31 米。石条基座上竖立前后三排、左右四列四棵正柱、八棵附柱，柱间梁枋相连，逐层构造。梁间柱间嵌有雕刻双龙腾云石额，双面阴刻“恩荣”二字，恩荣额上下相邻额上均阴刻父子二人的官职经历等；正中间的横匾正反面分别阴刻“父子进士”“丝纶世美”四个大字，坊上石枳遍刻浮雕。寒暑易节

全国重点文物保护单位——“父子进士”牌坊（2016 年）

400 余年，古老的牌坊历经无数次天灾人祸，仍巍然屹立。1949 年广东南澳（汕头地区）发生 6.4 级地震，波及大埔，县城民舍倒塌、损毁甚多，而牌坊却丝毫无损。“文化大革命”期间，大埔中学“红卫兵”破“四旧”，邀集闽西“造反派”四五十人，用三条麻绳欲将牌坊拖垮拆毁，牌坊纹丝不动。次日，国务院下达了保护全国文物古迹的通告，牌坊便保存下来。

2013 年 3 月，被国务院列为第七批全国重点文物保护单位。

“父子进士”牌坊旁的两块古碑（2016 年）

天褒节孝牌坊　天褒节孝牌坊有两处。其一位于茶阳镇学前街，建于清乾隆年间，为旌表百侯儒士萧以继之继妻邬氏而建。该坊为四柱三间三楼歇山顶花岗岩石质牌坊，檐下有斗拱。牌坊高 5.65 米，总面宽 6.2 米，明间上层石额正反两面阴刻“天褒节孝”，正楼歇山顶及其下斗拱缺失。其二在梅林坝，为陈寅周妻饶氏建，已没入草丛中。

天荣节孝牌坊　位于茶阳镇学前街，建于清代，为旌表监生张瑄妻吴氏而建。该坊为四柱三间石牌坊，现仅存柱、坊、基座等部，地上残高约 2.5 米，下段湮没于土中。

老街古店

茶阳老街　位于大埔县茶阳镇，明嘉靖五年（1526），大埔重置县，县治设茶阳镇，街区随县治设立而逐渐形成。整个街区占地面积 1.68 平方千米，店铺 400 多间，街道宽 5 米，房屋主要为硬山顶砖木结构之骑楼，二至四层不等，按地理位置分城东、城西、城南、城北，有太平路、新马路、高福路、大华路、万川路、中山路等，沿街区骑楼大

茶阳老街——高坝街（高福路）（2016年）

茶阳老街一角（2016 年）

部分属钢筋混凝土结构，柱墩为上圆下方，整个街区基本完整，保留了明清和民国时期的建筑布局和风格。老街是当地明清和民国时期建筑的一个缩影，街上的客家人文历史和民俗文化十分丰富。

2010 年 12 月，大埔县人民政府公布其为文物保护单位。

恋墩村老店铺（排楼坝） 排楼坝（亦称排头坝）系茶阳恋墩村的村委会驻地，东与福建省永定县毗邻，距茶阳镇政府 7.2 千米。相传此地有七个土墩和一个片月形土石墩，称为七星伴月，以形取意称“恋墩”。排楼坝老店铺街长约 200 米，石板路面，有 70 多家店铺。店铺多为砖木结构，系明清时期建筑。

恋墩老石街（2016 年）

特色古民居

茶阳有众多的明、清、民国时期的民居。构造形式分别有上下堂、殿堂式、殿堂式围龙屋、围寨式、杠式围屋等。这些民居颇具地方特色和鲜明的客家风格。

张氏家庙（昌祚堂） 位于茶阳镇广陵村，坐东向西，建于明正统十四年（1449）。上下堂布局，砖木结构。占地面积 1951 平方米，建筑面积 1534 平方米。三进院落，门坪很大，并有一口 800 多平方米的半月形池塘。该建筑为张爱卿所建，张爱卿系广陵村最早迁入的先民。

诒谷堂 位于茶阳镇街道城南 43 号，为饶氏宗祠。始建于明嘉靖十七年（1538），由饶三湖建造。坐东南向西北，总面宽 32.67 米，总进深 40.71 米，占地面积约 1200 平方米。三进院落二横屋，中路五开间，上中下堂用天井相隔。由东西两花厅，正身前两厢房，大、二、三重门，前、内两院等组成。屋后有龟拱背铺鹅卵石的花台。原整屋左

广陵村张氏家庙（昌祚堂）（2016 年）

城南饶氏诒谷堂（2016 年）

城南饶氏诒谷堂功名楣杆（2016 年）

右及外围墙均呈圆弧形，左下有水井，因围墙内取水不便及为建潜德流光石牌坊，后将左围墙由弧形改直。中厅栋梁悬挂乾隆皇帝恩赐“敕命重光”牌匾，并有赐刻绕梁金龙一条，雕刻工艺精湛。诒谷堂饶氏后裔人才济济，有饶乃跃、饶其丰烈士，中国工程院第一批院士饶芳权等。该堂对研究明代当地宗祠和客家人文历史具有较高的价值。2013 年 7 月，被大埔县人民政府列为文物保护单位。

一斗堂 位于茶阳镇长兴村，始建于明万历四十七年（1619），系谢氏八世祖所建，已有约 400 年历史。该建筑坐西南向东北，土木结构，规模宏大，为典型的客家围龙屋，二进二横二围屋，7 个天井，143 个房间。总面宽 71.7 米，总进深 51.7 米，占地面积 6050 平方米，建筑面积 2592 平方米。有独立门楼，穿斗式结构，墙体承檩，金柱用木柱，骑楼雀替，砖雕影壁，雕花横扦，横檩斗拱有雕刻木构件，工艺精美，生动逼真。大门外有半月形池塘，楣杆夹石。建筑顺山势而筑，后靠山墩，前低后高，错落有

长兴村一斗堂（2016年）

序。2010年12月，被大埔县人民政府列为文物保护单位。2014年1月，被梅州市人民政府列为文物保护单位。2015年12月，被广东省人民政府列为文物保护单位。

齐政堂 位于茶阳镇大觉村，坐西南向东北，建于明代，属杠式围屋，土木结构。占地面积796平方米，建筑面积876平方米。四进院落，前为平房，后为楼房，后楼走廊与两侧厢房连为一体，互相连通。三个天井，堂内通风采光良好，冬暖夏凉。2006年重修，现有钟氏族人居住。

大觉村齐政堂（2016年）

广陵村余庆堂（2016年）

余庆堂　位于茶阳镇广陵村，坐北向南，建于清康熙二十五年（1686）。土木结构，占地面积2543平方米，建筑面积1831平方米。殿堂式围龙屋，一正二横一围楼，共有房间108间。筑有斗门，坐西向东，联曰“文武衣冠第，读书礼乐家”，具有浓厚的中国儒家文化色彩。斗门两侧有人物彩画。该建筑为广陵乡贤张馀庆所建。

张氏家庙（孝友堂）　位于茶阳镇金山路，坐南向北，始建于清乾隆三十七年（1772）。历经多次修复，是大埔县张氏家庙。由埔邑乡贤，进士张昌甸、张士荣倡导，

大埔县张氏家庙（孝友堂）（2016年）

全县张姓各房系出资合建而成。二进院落二横屋，砖木结构，进深 33 米，面宽 40 米，占地面积 1269 平方米，建筑面积 660 平方米。整座建筑中轴对称，雕龙画凤，富丽堂皇，结构完美，布局大方。孝友堂背靠金山，左为学宫，右为老县衙，脚蹬三江，面对笔架山，口含宝珠，格局消纳无缺，是茶阳镇境内保存较好的古代建筑，对研究客家人迁徙历史和姓氏宗族文化具有比较重要的意义。2014 年 5 月，被大埔县人民政府列为文物保护单位。

德馨堂 位于茶阳镇古村，坐南向北，建于清代中期，围寨式布局，砖木结构。为乡绅钟均亭所建。占地面积 1908 平方米，建筑面积 2095 平方米，共有房间 110 个，厅 9 个，天井 18 个。该建筑顺山势而建，前低后高，粗犷壮观，是一处典型的围寨式建筑。

永宁堂 位于茶阳镇恋墩村，建于清乾隆五十五年（1790），由乡绅张飞宇所建。坐东北向西南，总进深 39.6 米，总面宽 33.6 米，占地面积约 1330 平方米。三进院落二横一围楼，一、二进为平房，三进及后围为二层楼房，下堂、中堂为悬山顶，上堂为歇山顶，抬梁式构架，墙体承檩，盖阴阳瓦面，形似福建土楼中的五凤楼。

恋墩村永宁堂（2016 年）

饶氏宗祠冬官第（2016 年）

冬官第 位于茶阳镇城东，为饶氏宗祠，建于清乾隆年间。坐南向北，硬山式，二进院落两横屋，总面宽 47.5 米，总进深 42.45 米，占地面积约 1500 平方米。屋内抬梁斗拱木雕精致，下厅金柱四支，石柱构成抬梁式构架，柱础雕刻精致，有动物、花鸟图案。墙体承檩，盖阴阳瓦面，正厅后墙有一处额文，题为“三凤齐鸣”，大门外竖立楣杆夹石四对，为清乾隆、嘉庆、道光年间饶氏家人考取进士等功名所立。

文献流徽 位于茶阳镇广陵村，坐东向西，建于清乾隆年间，历经几次维修。上下堂布局，土木结构。占地面积 1005 平方米，建筑面积 898 平方米。二进院落，主体平房，围屋二层楼房。为乡绅张宗勋所建。

儒林第 位于茶阳镇花窗村，建于清嘉庆年间，为江应亮、江发亮、江昌亮兄弟所建。坐东向西，总进深 41.7 米，总面宽 33.7 米，占地面积约 1405 平方米。四进院落，一进平房，二至三进两层楼房，四进三层楼房，两侧厢房随主体前低后高，歇山顶盖灰瓦；横梁、斗拱、雀替有简易雕刻。禾坪左右各竖立一支石楣杆，高 9.6 米，上圆下方，顶端呈葫芦状。

花窗村儒林第（2016 年）

美中楼　位于茶阳镇大觉村，坐西向东，建于清代嘉庆年间。属杠式围屋，土木结构，占地面积 1258 平方米，建筑面积 1226 平方米。建筑为二进院落，高二层，前后二杠与两侧厢房连为一体，二楼四周走廊互连互通，具有良好的防御功能。现有郑氏族人居住。

大夫第　大夫第位于茶阳镇西湖村彭屋坝，建于清咸丰年间，彭氏十四世祖彭芝所建，资金系其子彭治中所筹（彭治中时任江西九江知府，其子彭曾也做过知县等职）。坐东向西，硬山顶，土木结构，三进院落二横屋，下厅、中厅为一层，上厅为二层建

大觉村美中楼（2016年）

安乐村中书第（2016年）

筑，总面宽 30.8 米，总进深 29.7 米，占地面积约 910 平方米。抬梁式梁架，墙体承檩，阴阳瓦面，屋内中厅屏风透雕工艺精致。

中书第 位于茶阳镇安乐村西江寨自然村。始建于清咸丰年间，由卢凯香兴建。坐西向东，二进院落四横，总面宽 41.6 米，总进深 42.9 米，占地面积约 1700 平方米。抬架式结构，阴阳瓦面有斗门，斗门右侧竖立一支石楣杆，为清光绪年间之遗物。天井、门坪为鹅卵石铺地，整座建筑有房间 31 个，砖木结构，梁架、斗拱、雀替有简易雕刻。屋主人曾追随孙中山参加辛亥革命，在南洋筹集资金支持孙中山。

安乐村紫薇世第（2016 年）

紫薇世第 位于茶阳镇安乐村，建于清咸丰年间，由华侨戴文阶在马来西亚做生意所赚巨款所建。坐西北向东南，硬山顶，砖木结构。三进院落二横一围屋，房间 50 个，9 个厅 18 个天井。总面积约 2500 平方米。上中下堂天井相隔，抬梁式梁架，墙体承檩，阴阳瓦面，大门用石门框，门额上书“紫薇世第”四字，屋内抬梁、斗拱均雕有鎏金狮子、人物花鸟。上厅两侧房间用木屏风隔断，屏风上有 14 幅书法条幅，中厅屏风颇有特色，是一座典型的客家围龙屋。2010 年 12 月，被大埔县人民政府列为文物保护单位。

资政第 位于茶阳镇安乐村，坐西向东，建于清咸丰年间。上下堂布局，砖木结构。占地面积 1240 平方米，建筑面积 733 平方米。现有戴氏族人居住。

安乐村资政第（2016 年）

党坪村中宪第内的精美雕刻（2016年）

中宪第 位于茶阳镇党坪村燕山自然村，建于清光绪年间，由乡绅陈玉田所建。坐东北向西南，用石砌基础，墙用三合土夯筑而成。三进院落二横屋，一进、二进为平房，三进为两层楼房，总进深43.6米，总面宽36.7米，占地面积约1380平方米。大门用石门框，门额上书“中宪第”三字，前厅、中厅柱础为八角柱础和须弥柱础，中厅有书卷壁画，卷棚顶，天井用规格麻石条铺成，屏风穿雕“喜”“寿”二字，抬梁、斗拱均雕刻人物、狮子及花鸟图案，硬山顶盖灰瓦。该建筑木雕工艺精致，壁画工艺独特。

党坪村中宪第（2016年）

花窗村敬爱堂（2016 年）

敬爱堂 位于茶阳镇花窗村，建于清代，为邹鲁祖居。坐西向东，悬山式，总面宽 48.8 米，总进深 32.2 米，土木结构，共有房间 42 个，占地面积约 1570 平方米。背靠蜈蚣山，面向仁厚村。正门前方 20 米处竖有 5 根石楣杆，为清道光年间至民国年间所立，记载着邹氏祖先的辉煌。祖居对研究清代大埔县民居建筑和邹氏人文具有重要价值。

2005 年 4 月，被大埔县人民政府列为文物保护单位。2010 年 5 月，被广东省人民政府列为文物保护单位。

椿森第 位于茶阳镇城西 28 号，建于清代，为邹鲁之父邹石寿所建，是邹鲁的故居。坐东南向西北，总面宽 11.68 米，总进深 23.3 米，占地面积约 287 平方米。面宽三开间，硬山顶，三进院落。三进之间用天井相隔，大门用石门框，门额上书“椿森第”三字，前檐有垂花挂落，卷棚顶，大门西侧有壁画，下厅檐柱为石质圆柱，中厅金柱为方形，上厅为两层楼房，整座房屋有房 10 间，外大门在人民公社化运动前拆毁。

城西椿森第（2016 年）

2014 年 5 月，被大埔县人民政府列为文物保护单位。2020 年 3 月，被梅州市人民政府列为文物保护单位。

中和楼 位于茶阳镇花窗村，坐东向西，建于清代。属杠式围屋，土木结构，二进院落，占地面积 947 平方米，建筑面积 1551 平方米。现有江氏族人居住。

宝华楼 位于茶阳镇花窗村仁厚自然村塅上，建于清代。坐东南向西北，总面宽 38.8 米，总进深 20.4 米，占地面积约 1100 平方米，土木结构，主体建筑楼高两层，分前后两座，中间为天井，两旁各有一横屋。外大门门额上书“竹林济美”。屋门坪围墙外左右各竖一支石楣杆，高约 13 米，刻有“职授武德佐骑尉候选卫正堂江希烈竖，道光十五年”字样。

花窗村宝华楼（2016 年）

朝议第 位于茶阳镇安乐村，坐南向北，建于清代。殿堂式布局，砖木结构。占地面积 1171 平方米，建筑面积 1304 平方米。三进院落，前院为平房，后院为二层楼房，屋内石柱工艺考究。现有戴氏族人居住。

友竹山庄 位于茶阳镇安乐村西江寨，坐西向东，建于清代。殿堂式布局，砖木结构。占地面积 1122 平方米，建筑面积 853 平方米。二进院落一正四横。建筑主体大门联曰“友资辅善，竹集群贤”。左右横屋各有一副对联，纵观其联，体现了山庄主人卢崇安对中国传统文化的推崇，对大自然的热爱，颇有晋代陶渊明田园诗句的意境。

箕裘济美 位于茶阳镇安乐村，坐西向东，建于清代。殿堂式布局，土木结构，占地面积 704 平方米，建筑面积 557 平方米。门坪筑有围墙，并有两道斗门，第一道斗门为长方形，第二道斗门为圆形。现有戴氏族人居住。

垂裕堂 位于茶阳镇长治石田村石龙头，坐东北向西南，建于清代。殿堂式布局，土木结构。占地面积 2008 平方米，建筑面积 1248 平方米。二进院落，一正四横，楼高二层，楼内走廊互连互通，有内外大门，内大门前有一个 50 余平方米门坪，门坪外有

石田村垂裕堂（2016 年）

一道围墙，围墙右边有个 12 平方米回厅，左边为外大门口，外大门左边竖立一支高约 9 米的石华表，石华表上雕“明经进士北华竖，道光七年丁亥岁冬月旦”，记载着赖氏祖先的荣耀与功绩。该楼由赖氏十八世祖所建。

燕诒楼 位于茶阳镇花窗村，坐北向南，建于 1919 年。属杠式围屋，土木结构。占地面积 1594 平方米，建筑面积 1685 平方米。二进院落，高三层，前后院与两侧厢房相连，四周走廊互为连通，防御功能良好。屋内天井呈长方形，天井内有两只用细溪石铺成的燕子飞翔图案，生动美观，以其意为楼名。现有江氏族人居住。曾作埔北区政府、长治公社办公楼。

奉政第 位于茶阳镇安乐村，坐西向东，面朝汀江，背倚山墩，建于 1926 年。殿堂式布局，土木结构。占地 943 平方米，建筑面积 463 平方米，三进院落。大门联曰“奉行宪治，政臻大同”，具有鲜明的时代气息和政治色彩。筑有斗门，坐南向北，斗门顶灰塑有花草等图案。该建筑由乡绅卢云波所建。

花窗村燕诒楼（2016 年）

安乐村奉政第（2016 年）

旋庐　位于茶阳镇街道大华路 115 号，为马来西亚华侨何阳生（又名何旋美）所建，始建于 1930 年。坐南向北，总面宽 22.43 米，总进深 11.53 米，占地面积约 250 平方米，是一栋中西合壁的钢筋水泥楼房，楼高 4 层。主体以西式建筑为主，又融合了中式装饰风格，巧妙地把中式建筑艺术融入西式建筑风格中，和谐自然。何阳生幼年贫苦，祖屋与邹鲁故居椿森第相距不远，后到南洋谋生，他事业有成后，不忘家乡，在近城区建一座中西合壁楼房，并请邹鲁亲书“旋庐”两字于门楼上方正中。该建筑对研究近现代大埔县中西建筑艺术具有一定价值。2013 年 7 月，被大埔县人民政府列为文物保护单位。

旋庐大门（2016 年）

旋庐全景（2016 年）

翼楼　位于茶阳镇漳河路右侧，坐南向北，建于1935年。上、下堂布局，钢筋水泥框架结构，采用西洋式建筑形式，楼高三层半，每层各10个房间，顶层4个，总计34个。占地135平方米，建筑面积363平方米。由蔡德朋所建。

翼楼（2016年）

广陵村春福第（2016 年）

春福第 位于茶阳镇广陵村，坐西北向东南，建于民国时期。上下堂布局，土木结构。占地 957 平方米，建筑面积 677 平方米。屋内抬梁、斗拱雕刻狮子、花鸟等图案，生动逼真。该建筑为张其芳所建。

除上述特色民居外，城区里还有诸多百年以上的老民居，如炽昌堂、介寿堂、广从、翥凤山房、侧陋、明经第、绍德堂、朝议大夫第、阶云轩、倚南居、希三书屋、南山书室、育德堂、仰南堂、芝兰第、文澜第、书香第、延陵世第、世魁祠、迩训堂、太史第、耕心堂、植槐第等。

茶阳特色古民居众多，受宅地地势和肇建者身份差异等因素影响，各具风格，异彩纷呈。特色有四：一奇，从外观看，奇在背倚金山的老屋大多构筑“下山虎”形状，即上堂稍高前堂较低，正门朝北，如“文献世家”“希三书屋”“椿森第”等；地势平坦的老屋则朝东，如“绍德堂”“冬官第”等；或瞰河，如“广从”“翥凤山房”

茶阳温氏宗祠儒林第（2016 年）

等。二大，大在许多老屋占地面积几百平方米以上，如“冬官第”“文献世家”“垂裕堂”等，近观门楼能给人以堂皇、厚重之感。三精，精于彩绘、穿凿、雕镂。老屋正身外墙、檐边的彩绘精美，色泽艳丽，画面有姜公钓鱼、麒麟献瑞等图案，如“世魁祠”“椿森第”“希三书屋”等；大门前廊或上下厅与厢房连接处的斗拱、托料以及厅堂屏风等，不乏古色古香的雕龙刻凤，寓如意吉祥，还有桂子兰孙等精美雕刻。四显，显耀地位、功名、荣誉。大门坪左右两边多放置石狮，竖设石质“楣杆硖”，石硖刻有本家某人于某年中某科进士文字，若成名者多，则“楣杆硖”也竖得多，如“冬官第”“迩训堂”等。

从门坪地板看，许多老屋的大门坪铺上长短一致的矩形花岗石块、三合土或鹅卵石。进入大门后的内坪则更加讲究，如“冬官第”“介寿堂”等，内坪有规则地按横、直形式铺花岗石条，传说这是专为官员设置建造的。官员拜会时，行至横石条则要下跪，直石条则供行走。尤为奇特的是饶姓“诒谷堂”，进入大门后的内坪中心，可见用鹅卵石一环一环铺成“砻齿”的形状，据其族人说，大屋背花胎和大屋周围的环状通路亦铺上鹅卵石，“砻齿”周围的槽布满米谷，寓财丁兴旺、年年有余之意。

2001 年 7 月，美国、加拿大、日本、英国、新西兰、新加坡等国家和中国港澳台地区的学者，以及由嘉应学院、中山大学、厦门大学等高校组成的“田野考察团”成员，专门考察了“冬官第”“诒谷堂”“父子进士”石牌坊，专家和学者对茶阳古镇所存成片的老屋极感兴趣。

城南垂裕堂（2016 年）

城南文献世家（2016 年）

古水井

诒谷堂水井 位于茶阳镇金山路诒谷堂左侧，占地面积约 14 平方米。诒谷堂建于明嘉靖年间，水井与诒谷堂同时兴建。水井平面呈圆形，井沿呈半月形，用花岗岩石块砌成，井沿直径 0.82 米、厚度 0.28 米、高度 0.18 米。井坪长 4.15 米、宽 3.3 米。井深约 8.8 米，水深约 3.9 米。井壁用青砖砌成，水质清澈，旧时是周围数百口人的饮用水源，至今仍有居民饮用。

诒谷堂水井（2016 年）

资政第水井 位于茶阳镇安乐村，始建于清代，1916年曾重修。井沿由两块半月形花岗石块合并而成，井壁用青砖铺筑，井口直径1.14米，井沿厚0.16米、高0.48米，井深16米、水深约6米，占地面积21平方米。距离水井2.25米处立一重修碑，碑宽0.67米，高1.6米，阴刻，碑文字迹清晰可辨。

学前街水井 位于茶阳镇学前街，建于清代初期。井沿由两块半月形花岗岩石块拼成，井壁由青砖砌成，井深8.6米、水深4.45米。占地面积约12平方米。

除了上述古水井外，茶阳城区内还有明清时期随民居而建成的冬官第水井、中和楼水井、中城水井。

学前街水井（2016年）

中城水井（2016年）

古墓葬

詹学传墓 位于茶阳镇长兴村，始建于南宋绍熙元年（1190）。坐北向南，有护岭、垄环、拜台、拜堂、墓池等，占地面积约128平方米。碑中行直书“考中书侍郎加太子太保学传詹公、妣诰授一品大夫人淑人刘氏之墓”。1991年4月，被大埔县人民政府列为文物保护单位。

詹学传墓（2016年）

南宋宰相郑清之夫人墓（2016 年）

南宋宰相郑清之夫人墓 位于大埔县茶阳镇太宁村，坐东南向西北，堪舆名曰“白鹤衔书”，系闽、粤两省郑家始祖妣之墓。占地面积 196.3 平方米，墓为灰沙夯筑，墓碑高 80 厘米，宽 49 厘米。碑文阴刻曰：“荥阳始祖宋宰相清之公嫡室，诰封淑人肖氏大娘之墓”。碑左右落款被凿去，仅左侧上端有一“明”字。传说清代因争坟诉讼而凿去。墓右侧依次竖立两块清乾隆二十八年重修墓碑，另竖有清代争坟判决碑一块，离碑不远处有该墓堪舆师的小地坟一座，碑文曰：“郑家铁杆老人神位”，该墓于 1970 年重修。2010 年 12 月，被大埔县人民政府列为文物保护单位。

饶四郎墓 位于茶阳镇角庵村洋陶灯塔窝，据《饶氏族谱》记载：“曰明公讳四郎，生宋理宗宝庆元年，卒于宋末，其父为闽汀州推官，墓建于宋末。”坐西北向东南，地名“风吹罗带”，墓长 6.2 米，宽 4.5 米，碑高 0.7 米，宽 0.4 米。占地面积 27.8 平方米。碑文直书阴刻“宋四郎饶公之墓”，无落款。沙灰结构，墓左右两侧 9 ~ 20 米处，竖 10 对楣杆夹石，分别为清乾隆、嘉庆年间饶四郎后裔考取功名后所立。是大埔发现的唯一墓前有楣杆夹石群的墓葬。2010 年 12 月，被大埔县人民政府列为文物保护单位。

饶四郎墓（2016 年）

饶四郎墓旁楣杆夹石（2016 年）

古寺庙　教堂

清泉古刹　唐代高僧潘了拳，云游至大埔，初寄居上黄砂游氏家，后至赤蕨岭，数年后到茶阳，见鹤顶山风景秀丽，灵气绕峰，遂卓锡于此地，在鹤顶山麓建一寺名清泉寺，在寺旁岩层深幽处凿一泉，泉水清冽，甘甜可口适胃，为世人所喜爱，被人们誉为“神泉”，迄今已逾千载。

清泉古刹（2016 年）

茶山福主庙 位于茶阳东门城墙外的茶山上。庙侧有古榕树，凉荫十数丈。又称“开邑茶山公王庙”，有“老神”尊号。今已移至茶阳小学后面山上。

永丰寺 坐落于茶阳镇梅林松江村，创建于明洪武年间，坐南朝北，背倚高寨山，峰岳崇峻雄伟，面向漳溪河，波光潋滟，视野广阔。寺前园田百亩，阡陌相连，农家炊烟，袅袅空际，山水、田园、农舍自成一幅美丽画卷。

寺身平房土木结构，四合院式，硬山顶，分上下堂，左右廊庑，右横平房五间，绿瓦红柱，白壁彤檐，古色古香，寺前古榕苍翠，绿荫广披，有“小洞天”胜景，游客甚多，文人名士，常有题咏。

此寺曾一度冷落，无人管理，寺舍坍塌，后由梅林村旅马华侨陈以芳捐资按原貌修复，在寺外旷坪兴建花园一座，寺左侧空地增建一亭，内置石桌石凳，供游客歇息。

城隍庙 位于茶阳城西崇圣祠左侧。明嘉靖五年（1526）知县欧淮建。大门上端有“怕、怕、怕”3个字。三进中堂、后殿，前为仪门。庙中供奉城隍、判官及牛头、马面等塑像，状极恐怖，加上昏暗，阴森可怕。庙前筑有戏台一座，后倾圮，辟为花圃，今为民房。

北帝庙（湖山禅院） 位于茶阳镇小湖口下游北岸，又称湖山寺。坐南向北，平房土木结构，含上下堂、左右廊庑、右横平房一列。大门高耸，雄伟壮观。大门顶书“湖山禅院”，字大如斗，苍劲有力，据传是城内清代庠生饶华衮所书。寺供北极玄天真武大帝，石像高约2.3米，左脚踏龟，右脚踏蛇，雕刻精致，栩栩如生，颇有工艺价值。该寺建于汀江转曲处，水静如湖，夹岸青山，林木茂密，山明水秀，景色宜人。

北帝庙（湖山禅院）（2016年）

清康熙五十九年（1720），城坊庠生饶华衮见此阁已历百年，诸多残败，乃募集资金重修。并征得地方绅耆同意，改名为“湖山禅院”，并自书劲健正楷禅院名称。今更名“北帝庙”。

邹公庙 位于茶阳城外印山（即“天印山”）之麓，前临小靖河。初是真武帝与邹公并祀。明万历三十三到三十六年间（1605—1608），移真武帝塑像于西湖湖山禅院后，便单祀邹应龙，故称“邹公庙”。

关岳庙 位于茶阳镇大埔中学右前方，“父子进士”石牌坊右侧，与大埔中学左侧的“文昌祠”并称“文武”两庙，借示武以安邦定国、文以羽翊文明之意。明万历四十三年（1615）知县张思调兴建此庙。庙为砖木结构，有前后殿及廊庑，正门两侧置有石马等。占地面积210平方米，建筑面积161平方米。原庙内奉祀忠义神勇关圣大帝（关羽），后加祀岳武穆王（岳飞）。庙门对联“精忠冲日月，义气贯乾坤”，喻关圣大帝义薄云天，岳武穆王精忠报国，为万民所崇敬。自建庙以来，信众云集，香火旺盛，成为当地之尊神。

20世纪中叶，由于多种原因，关岳庙被征用后，群众移建关岳庙于金山顶。“文昌祠”亦拆除改建。2008年初，在政府重视下集各界资力，在原地重修。

关岳庙（2016年）

西竺庵 位于茶阳西门城墙下。清康熙四十七年（1708）民众合资建，亦称“下斋堂”。寺结构特异，楼梯转折，另辟暗阁内室，殊为精致。已废。

慈渡庵 慈渡庵，在茶山东麓，又称“上斋堂”。清康熙四十八年（1709）民众合资建。今已为民居。

海神天后宫 茶阳育善街侧，有一座高大宏伟的3层大楼，名曰天后宫，建于清道光十九年（1839）。天后宫地处小靖河畔，坐南向北，占地面积433平方米，内祀天后神像。茶阳始建海神庙天后宫，缘于当地出海谋生人口日益增多，旅外事业不断发展，民众的生命、财产与汀江和海洋发生了紧密联系，于是以海上救难著称的妈祖被茶阳民众奉祀为海上保护神。清末至解放初改造为警治机关。

南华寺 位于茶阳西门外，距西门约二里，位于漳溪河西岸，峰峦苍秀，山半凹曲成巢，清代百侯人萧一恕倡建该寺。自河岸以上石级曲径盘旋，高约三百级。寺后亭台木石，极其曲折多姿，距寺左约五丈，有三巨石嵌成的“南华石洞”，是“茶阳八景”之一。2015年，在原址重建。

三圣公王庙 位于茶阳岗腹窠口，民众合资兴建。依山傍水，静谧异常，香火旺盛。今已辟为公路。

大埔茶阳念佛堂 位于茶阳镇印山下。于2007年4月在原邮电局大楼旧址改建而成，坐北向南，占地面积300多平方米，钢筋水泥结构。念佛堂于2007年9月开放暨佛像开光。日常有居士100多人参加法会活动。

大埔茶阳念佛堂（2016年）

基督教堂 位于茶阳镇太平二路25号，创建于清光绪十年（1884），坐南向北，由当时茶阳排楼坝人罗术主持建造。原为一间4层砖木结构店铺，店旁附设一间厨房。总面宽4米，总进深9米，占地面积约36平方米。该教堂的教徒主要来自茶阳、西河、长治、青溪等地，最多时有100人，每逢礼拜日举行活动。据说，1901年曾有外国牧师在此举行了一个星期传教活动。1966年停办，

茶阳基督教堂（2016年）

1979年后教堂复办，由四川神学院毕业的杨兰英主持。1986年由杨发动教徒自筹资金近万元，将原来残朽的一层木结构楼棚及厨房改建为钢筋水泥结构楼房。1995年迁至磜下。

城区内原还有神泉寺（修福寺）、文昌阁、万寿宫、火神庙、天主教堂等古寺庙、教堂，今已不存。另外，境内其他村落里还有20座寺庙。

党坪村宁静宫（2016年）

洋门村圆明寺（2016年）

迪麻村萱花宫（2016年）

古桥古圳

宾阳桥 茶阳镇宾阳桥，是大埔置县后第三年兴建的城镇老桥，桥址在当年县城东门外，即今之茶阳镇上桥关。小靖河水流经街道中间，当时，赶集群众要到大街、高坝街、神泉街必由此涉水而过，甚感不便。明嘉靖八年（1529），知县方琦始用木料建桥，方便行人。

小靖河每逢春夏之际，经常洪水暴涨，人称尿泡水，木桥常被洪水冲坏。嘉靖十一年（1532），知县方琦复建麻石大桥，长十一丈、宽一丈、高二丈四，两旁加护石栏杆。后人称为“方公桥”。

宾阳桥（2016 年）

宾阳桥古桥额（2016年）

知县吴思立任内，石桥又被洪水冲毁，吴思立乃募集资金重建，于明嘉靖三十八年（1559）建成，并命桥名为“宾阳桥”。城内进士饶相为新建石桥作《宾阳桥记》，笔锋劲健的桥额“宾阳桥”亦为其手书。

明万历三十一年（1603）四月，一场倾盆大雨，宾阳桥又被洪水冲毁。万历三十二年（1604），新任知县伍凤章，深感宾阳桥若不重建，有负前令一片善心，亦失民众之意。乃募集巨金，加固基脚，扩大桥身，修成拱顶平面的大石桥。又在桥前加建一亭，供众人休憩纳凉。清雍正九年（1731），鉴于此桥年久失修，桥前凉亭亦残败，若不修整，恐有倾圮之虞，知县吴车泰乃用库银重修。聘请城内备选孝廉饶溶作重修记；之后，城内翰林饶鸣镐咏诗，题为“月照星桥”。诗曰：“月照星桥傍古城，一湾流水载歌声。黄梅春涨生潮夜，渔火连江上下行。”

1933年，县长梁若谷整顿埔城市容，扩建街道，因见宾阳桥桥身残旧不适应交通需要，于是全部拆毁，另建二墩一跨钢筋混凝土桥。

襄阳桥　大埔（茶阳）自明嘉靖五年（1526）置县后，于嘉靖八年（1529）在上桥关架建木桥，嘉靖十一年（1532）改建麻石桥，称“方公桥”。下桥关未设桥时，秋冬季节，水浅沙明，可以跋足撩裳而过，春夏之季洪多水深，只好由上桥关经过，民众深感不便。至清末，由坪沙乡绅丘怀裕捐资建木桥，但此处地势太低，时受洪灾，木桥常被洪水冲走，重修又旷日持久。茶阳城区东阁山人谢纯史有感于此，于光绪十五至十六

襄阳桥（2016年）

年间（1889—1890）独力改建石墩大桥，名襄阳桥。1958年大埔县人民政府改建为现代化钢筋混凝土水泥桥。该桥长28米、宽4米、高5.3米。

仙基桥　坐落于茶阳镇北门口西向原新矾渡口。明嘉靖五年（1526）大埔立县之初，设渡船、雇渡夫，日夜守渡，以便来往行人。因西岸有大坪名仙基坪，故更名仙基坪渡。

迨至清初，仙基渡改架木桥。通往小湖口、彭屋坝、岗子下、广陵、麻沙湾、安乐、汶上等十余处村庄，居民千户。各处皆要通过此桥到茶阳赴圩，平日行人，经此桥者亦多，成为交通要冲。但每到春夏季节，漳溪河、汀江、小靖河三水齐涨，木桥经常被冲毁，行人至此只好望河兴叹，如悲唱鹧鸪："行不得也哥哥！行不得也哥哥！"

茶阳巨绅谢纯史，有感于此，愿自出光洋五千元，兴建一座麻石混洋灰大桥，以利行人。于1921年秋起工兴建，数月后，七个桥墩已出水面，成功在望。无奈第二年春三月，漳溪河水暴涨两三丈，洪涛汹涌，七个桥墩，夷为平地。所有囤积器材，亦被扫荡一空。

谢纯史不惧挫折，振作精神，誓言不建成此桥，一生不休。乃于1929年春正月敬具热情洋溢函数十封，恳请南洋列埠众同乡及各方好友、社会贤达捐资，致得诸人的大力赞助，共获洋银数万两，于是聘专家请名匠，于1930年农历秋七月再行重建，桥址迁移至上游离旧桥墩80余米处，新桥设计增大增高数倍，并加石墩等，经精心施工，

城北新（左）、老（右）仙基桥（2016 年）

专人监建，历时近一年，大桥终于完工。命名为仙基桥，取仙基千秋永固与不忘旧桥名之义。

1931 年 8 月上旬某日良辰，举行开桥剪彩仪式。谢纯史与饶姓、张姓、唐姓等士绅名儒，请来长治 102 岁老寿星张某，行开桥礼。

该桥长 110 米、高 10 米、宽 4 米，两旁栏柱，用大块铁板混水泥封固，用厚硬坚实的镀锌管作栏杆，是以八十余年，经受无数次洪患，仍坚固如初。建桥所用水泥、铁器等材料，全部由南洋运回，水泥叫洋灰，故桥名亦俗称洋灰铁桥。当时，是大埔最大的钢筋混凝土桥梁。

至 2015 年，仙基桥已逾古稀之年，风雨侵蚀，两旁栏杆多有损坏，桥面亦有多处受伤。在下游 50 米处，于 1991 年另建"仙基新桥"一座。

戊辰桥　位于小靖溪古村河段，1928 年动工建设，次年建成，桥长约 20 米，宽约 2 米，为大埔县首座钢筋水泥结构桥梁。桥头建一亭，亭内文字记述建桥建亭的缘起、捐资者芳名等，亦有亭联。桥建成后，大大便利了往来太宁、茶阳和大觉、丰溪以及福建永定的商旅行人和耕作者。

古村古水圳 古村戊辰桥附近的田坎头悬崖峭壁上有一条几千米长的水圳，水圳石壁上凿刻有“政和元年新开圳”字样。二十世纪六七十年代因扩大水圳而毁坏石刻。

茶阳城内古圳 创自开邑，源头接东门磜水，顺流至枫头坑，架涧透引，由茶山入城南，从罗屋门前经过，故称“水涵头”，再沿县衙（今茶阳镇政府）和学宫（今大埔中学）下，出北门口，沿城墙脚下向外流至皮巷街背入小靖河。开拓此圳的目的是便于遇到火灾时汲水灭火。旧时设有城息会，以租谷收入雇佣整涧、修圳、放水及刈芟城墙野草等。因城镇建设，大部分被埋没。

明清官（驿）路官山

官路

明清时期，大埔的交通以河流航运为主，而陆路则以官路为主，小道辅之。官路（又称驿道），顾名思义，就是由官府出资（或出面集资）修设管理的道路。据明嘉靖三十六年（1557）和清同治十二年（1873）的《大埔县志》记载，明清时期的大埔官路，以县城（今茶阳城）为中心向周边村镇辐射，有的直至县界。

小靖官路 自神泉街至永定县界二十五里，即从神泉街起经小靖（今太宁）至埔永交界的三层岭计二十五里。明嘉靖年间监察御史姚虞的《新修小靖官路记》中记述：“旧有路东通永定，由漳、汀出闽，西通潮、惠，蹊径险阻，行者稀绝。辛丑秋七月，予奉命按百粤，将由之入境，或以隘止。予曰：咨辟之如何？或曰：是必辇山石、刈榛芜，劳人力而后可……”全文八百余字，记述了修路的缘起、过程和竣工后便利行人、改变闭塞的好处。经几次修筑改路，到清末时小靖官路已成为广达八尺许的大路。

小靖官路（2016年）

漳溪官路（2016年）

大河官路 自猫儿渡大河沿崖西下经安乐渡至三河计四十里；又自仙基坪过溪直下过安乐渡至三河亦如之。即从猫公石下面码头渡汀江沿西湖、安乐、乌石至三河坝；另路则从仙基坪过西门河至广陵再经安乐渡，也达三河。

清溪官路 自神泉市沿河上经清溪至虎头砂渡河至石上村计三十里，石路崎岖。从今一街唐屋下的建设路沿汀江溯河而上到青溪沙岗头、虎市，过渡到石市（今均已为青溪水电厂库区），沿途多石山石壁，崎岖不平，路程四十里。经此路可至福建永定县的峰市（今为棉花滩电站库区）。

清远官路 自西门外南出经永安社至清远各处，又自白堠经黄兰至九峻岭饶平界止计一百二十里。明代大埔区域分清远、滤洲两都，此路从西门（通津门）外向南出发经西河、湖寮、百侯、枫朗王兰到埔饶交界处的九峻岭计一百二十里。

以上为明朝嘉靖年间的大埔官路。

清朝同治年间增修两条：

漳溪官路 自东门磜岗至漳溪二十里又至南桥平和界三十余里。此路又叫上门路，从东门磜岗经下马湖至漳溪圩（西河）再到岩上南桥跟福建省平和交界处计三十余里。

羊子岗路 自神泉街至山心十五里又至大塘头伯公凹与永定县界二十余里。这条路从神泉街（今太平路）出发上羊子岗经蓝田村的山心到伯公凹与永定交界处二十余里。

羊子岗官路（2016 年）

羊子岗官路长益亭（2016 年）

官山　即茶山，又叫金山，旧时叫官山顶、金山顶。“茶山为县治后扆，约高五十余丈，周围二里，脉自闽省来至虎头山，起伏迤逦，北趋县治，城垣半据其巅……”旧志又云，茶山“为一邑主山，建邑初草木森浓，旺气攸聚，故人文多鹊起。厥后不禁樵采，听其濯濯，官民两不利焉。至于后山过峡处尤不可任人叠葬。盖斩木则童，刈草流潦，斯脉崩裂之患因之，此形家大忌也。前乡坤饶与龄合通邑白之署篆司理，余口久禁弛，尤望后人之戒严尔矣”。至今在学前街仍有“奉宪严禁”碑石，碑文清晰可见。

官路、官山，是当时的公共财产、设施，也符合民众利益，在特定的历史条件下发挥过其积极作用。

古树名木

府内老榕 明嘉靖五年（1526）大埔置县，人口约4万人，县治设于茶阳。辟基土，建衙署，广筑官舍，规模初具。嘉靖帝旨派江西乐平县举人欧淮为第一任知县。欧淮初至，百事待兴，于是集官绅，商大计，首以筑城为重。是年冬沿宋涂侨寨旧墙址筑新县城。

嘉靖八年（1529），欧知县病，恐其年之不永，托人觅得异榕树苗一株，带病亲自栽植于县衙大门前，嘱咐员役："你曹勿伤残，勤育护，以留百年之纪念，我之功过使后人知之。"是秋欧知县卒于任。以后历代接任之县尹，感其治埔有绩，对这株榕树均细心护育，乃至扩建官署，亦设法将此榕树包围于其中。后虽几经兵燹，榕树仍安然无恙，参

镇政府内古榕（2016年）

天翠盖，郁郁葱葱。

1961 年夏，大埔县治迁至湖寮，原大埔县府成为茶阳公社社址，后又多次变更行政区划名称。至 1985 年，改为今之茶阳镇人民政府。不管世事如何演变，古榕始终苍翠欲滴。

1997 年 5 月镇政府领导令人对其培壅客土，砌筑护围，常令员工喷药除虫，施肥浇水，使其叶绿枝荣，永葆青春。

经测定，古榕身围 7 米，高 22 米，覆盖直径约 40 米。长根延伸至约二里外之河畔。

2008 年，古榕被大埔县人民政府列为县一级保护古树名木。

石上盘龙　恋墩村有一棵奇特古榕，生长在巨石之上，谓之“石上蟠龙”。这棵树有 400 多年树龄，其根系如即将腾飞的蛟龙，紧紧盘绕在巨大的花岗岩石上，石头足有一间房子大，一丈多高，一边较平，裸露出斧削般的垂直面，其余呈半鸡蛋形，爬满了粗大的网状树根。同一树干上，却有四根需两人合抱的分枝，从巨石顶端再分叉着向外延展，树冠张开达十余丈，非常壮观，村里人取其名为“石上盘龙”“榕树伯公”，为县级二级保护古树名木。

村人将其奉为树神，每逢农历初一、十五，逢年过节，老人做寿或新生儿满月，都会前去烧香，虔诚叩拜，为家人祈福，为外出创业者求财，香火极其旺盛。

恋墩石上盘龙（2016 年）

大埔中学古木棉树（2016 年）

埔中木棉 埔中木棉共有两株，树龄均 100 多年，木棉身围 2.1 米，高 20 米，覆盖直径约 30 米，生长在茶阳镇大埔中学内。2008 年，被列为县二级保护古树名木。

除上述古树外，境内还有县政府挂牌公布保护的榕树、何树、柏树、桂树等古木 10 多棵。

古石刻

朝阳门石匾 在东门正面城门洞上方。明嘉靖《大埔县志》记载，设县之初，首任知县欧准经营修缮原寨墙为城墙，“未期而卒”，后数任知县方琦、曾广翰、吴思立又加重修，东、西、北三门（无南门）分别名之“朝阳”“通津”“拱辰”，均为嘉靖二十三年（1544）县丞曹森书匾。朝阳门石匾长 1 米、宽 0.5 米，20 世纪 80 年代中期复镶于今位置，其余两块不知其踪。

宾阳桥石匾 现镶嵌在宾阳桥头的“三和亭”北墙上。原小靖河的木桥、石桥多次被洪水冲毁，知县吴思立任内重建石桥，于明嘉靖三十八年（1559）建成，进士饶相书写桥名并作《宾阳桥记》一文记之。

戒贪石碑 碑长约 0.6 米、宽约 0.3 米、厚约 0.2 米，正面阴刻“戒贪”二字。史载，明朝开国皇帝朱元璋严肃吏治，制定许多惩办贪官污吏的条款。此碑虽未提及贪者是谁，但据旧志记载，受惩治的只有第三任知县胡云［任期为明嘉靖十四至十七年（1535—1538）］。此碑后弃于镇政府院内作跨小沟石板，现已不知去处。

重修大埔县儒学碑记 碑共 4 块，在大埔中学校内“史迹长留”廊内，原散置各处，2002 年由埔中迁嵌于廊墙上。分别由明嘉靖邑人礼部尚书盛端明、清初钦命镇守饶平地方挂印总兵官左都督吴六奇，以及清邑人进士河南光山知县杨之徐等人作记，主要记述儒学修缮前后之事及意义等。惜 4 碑均字迹模糊，甚至其文亦磨灭不可辨识。

报恩碑 立于茶阳松山前，碑文作者叶元玉系明代福建清流县人，时任潮州知府。此碑是叶元玉为报答恩公饶金而立。饶金，茶阳人，曾任汀州通判、剑州知州。为人刚直，有治狱之才。曾去清流县查案，为不少人昭雪平冤，其挂冠陈冤义释叶元玉爱民之举，尤受后人称颂。报恩碑系嘉靖十三年（1534），由隶潮州府知海阳县事徐弼、知饶平县事倪禄奉立。

两省风纪牌坊 在学前街中城。为明进士、官居按察副使黄扆而建。虽不及“丝纶世美”牌坊雄伟，但也不失为精雕细琢之建筑。“文化大革命”期间被毁。

父子中翰石门横匾 在城北饶相、饶与龄“父子进士”故居西巷门上，题有：江西道御史林铭球为父子中翰，赐进士第饶相、饶与龄立。巷门上另一面题有：大埔县知县王演畴为风宪重（望），钦差备兵饶南九分巡道江西按察司副使饶相立。二石匾均长 2 米、宽 0.5 米。

清白传芳石匾 置嵌于城北饶氏世魁家庙大门里壁上方，石匾长约 2 米、宽 0.5 米。此匾是明朝东阁大学士翰林院侍读香山何吾驺为年伯祖饶相、年伯饶与龄、年兄饶堪而立。何吾驺为今广东中山市人，是明万历皇帝近臣，位极人臣，他十分钦佩饶相一家世代诗书传家，清白做人的品格。

奉宪永行禁革碑 此碑今竖置于“父子进士”石牌坊东侧，清康熙三十八年（1699）

十一月十七日知县周际春等立，内容为广东分巡惠潮道大老爷关于减负革陋的有关条文。

奉抚宪革除私派等碑 此碑与“奉宪永行禁革碑”并列。清康熙五十八年（1719）四月十四日，为抄奉“巡抚广东等地方提督军务兼管粮饷都察院右都御史杨”的指示而立，碑中有“责成各地官员关注民生，不得额外私派各类重耗负担，否则‘本院冷面如冰’”等内容。

革除礼钱碑记 在城西民居巷内墙下，碑长约 1 米、宽约 0.6 米、厚约 0.15 米，为清同治元年（1862）知县徐锡麟所立。碑文列举县内有关婚丧嫁娶风俗及社会应酬的一些陈规陋习，都属革除之列，不得违犯之类。

另外，城区内原来还有“南北地卿”“潜德流光”“洙泗源流”“彩凤群飞”“参副臬藩”“七叶衍祥”古石刻牌坊，均已废。

除上述所列古石刻外，城区里还有古代功名楣杆石砆上的石刻和有关兴学、修路、施善等数十块芳名碑古石刻。

纪念建筑

抗日阵亡将士纪念碑 位于茶阳中山路坛下坝，建于 1939 年，砖石结构，外观灰白色，四周基座高约 1.5 米，占地约 20 平方米，有石阶可上至碑前。碑高约 5 米，底宽约 1.5 米，呈四方塔形，正面碑文为艴字“抗日阵亡将士纪念碑”，下竖一小碑，碑文有“县长李善余民国廿八年立”等字样。1957 年，建设大埔（茶阳）百货大楼时被拆除。

茶阳革命烈士纪念碑 原位于茶阳镇仙基桥西侧，始建于 1955 年，安葬着为人民解放事业而光荣牺牲的 21 位烈士。2003 年迁至汀江大桥旁狮子口山麓。坐东南向西北，碑高约 6 米，四方形底座，高 1.55 米，总面阔 32.8 米，总进深 16.7 米，占地面积约 548 平方米。正面镌刻着“革命先烈永垂不朽”八个大字，碑座前有 500 多平方米的瞻仰平台，通向平台的台阶用水泥铺筑。

革命烈士纪念碑（2016 年）

海滨堂、慈威堂、侨德堂 鹤子顶山麓曾经是古树葱茏、山花烂漫的明媚之地，这里原来有三座纪念堂。

其一是海滨堂，为纪念中山大学首任校长邹鲁而建。其二是慈威堂，为纪念国民党抗日名将罗卓英而建。其三是侨德堂，为纪念大埔华侨在抗日战争中所做贡献而建。三座堂舍均为土木结构，一字形的建筑物，简朴无华，总面积约 600 平方米。三座堂舍曾作大埔中学高中校舍。而今三座堂舍都不复存在，新中国成立后，这里成为大埔县第一小学校址（今茶阳镇中心小学）。

抗日战争胜利纪念亭 有两处：一处位于大埔中学原礼堂圣殿后的花园内。1945 年秋，抗战胜利后建造的“胜利亭”，为八角凉亭砖瓦水泥结构，亭中有水磨石彩色独脚圆桌，建亭时镶有校友国民党抗日将领罗卓英的瓷片像一块及说明文字，旨在激励学生努力学习，立志成才，报效国家。1974 年，扩展礼堂（圣殿）时拆除整座“胜利亭”。另一处位于城西胜利路旁城墙上。1946 年秋，为纪念抗日战争胜利一周年，建立一座穿心凉亭，砖瓦结构，长宽均约 4 米，亭正面瓦檐有匾，上书“纪念亭”三字。1956 年 3 月，修筑茶上（茶阳—上善）公路时拆除。

饶彰风纪念亭 位于茶阳文化广场，1999 年竣工。纪念亭为正六边形，面积 20 平方米，亭中有饶彰风遗像及生平简介。

文化广场饶彰风纪念亭（2016 年）

革命遗址

大埔是广东省首个中央苏区县。在长期的革命斗争中，老区人民为支援革命付出了巨大牺牲，屡遭国民党军队烧、杀、抢及残酷迫害。据 1957 年评划老区村庄时调查统计，茶阳有红色根据地自然村 25 个：北坎、上店、富足、龙潭、下坑、团村、南山、排楼坝、新仓尾、南山下、洋万岗、恋墩、演下、觉莲塘、龙溪、塔坑、山下、高乾、甜竹斋堂下、伯公凹、党坪上村、欧家仙、山羊礤、严背畲、铁坑。有红色游击区 6 个：散石、田瓜寮、棉畲、郑石寮、角丰彭屋、凹背。1989 年，经梅州市政府批准，茶阳补评划长治长兴村、新村下井片村、花窗仁厚村、党坪华祝村 4 个村为革命老区村庄。其中，仅在第一次国内革命战争时期，高乾村便有19位志士为中国的革命事业献出了宝贵的生命。

1927年9月，南昌起义军南下广东，起义军一部在大埔县城（茶阳）驻扎了几天，并赠给太宁农军长枪150支、弹药若干。10月初，太宁农军大力支援起义军三河坝战役，帮助起义军有力地阻击了国民党钱大钧、黄绍竑等部，掩护主力挥师潮汕。

1931年6月23日，驻太宁北坎的中共大埔县委机关遭到国民党团防的袭击，县委特派员余志光组织突围，17岁的团支部书记张球贤牺牲在稻田中，饶和埔县委委员谢勉英（太宁人）、谢汉新，太宁党支部书记钟义祥和大埔县委机关工作人员丘云露在战斗中被捕牺牲。太宁全村30多户财物被洗劫一空，干部饶文秀、群众谢其翠被杀害，房屋、店铺被烧毁30多间，被抓走20多人。

茶阳有多处革命旧址。太宁的福兴寺是太宁农民协会旧址。茶阳原来的养育堂是中共大埔县部委会旧址。茶阳镇政府驻地是大埔县农民第一次暴动旧址。严背畲的盛公祠、高乾的严氏宗祠是埔北苏维埃政府旧址。茶阳太平路“同天饭店”和高福路“同丰杂货店”是中央苏区秘密交通线上的联络点。党坪村铁坑是秘密交通线上的第二个小站。茶阳西门河岸的南华寺是中共大埔县工作委员会成立旧址。严背畲村是中共闽粤赣边工委扩大会议旧址。田瓜寮是中共闽粤边委员会机关旧址。万川路天后宫是中共大埔县工农革命政府公安局旧址。

1930年11月，中共中央建立了上海—香港—汕头—大埔—中央苏区秘密交通线。在国民党白色恐怖下，有数百人经交通线茶阳段护送进入中央苏区。另外，约有300吨的军需紧缺物资，也由交通线上的群众用肩挑送至永定，然后转至中央苏区江西瑞金。

起义军送给太宁农民军的刺刀

1951 年 8 月，中央人民政府南方革命老根据地访问团粤东分团第二分队一行 30 人抵大埔，访问团到高乾村慰问了红色根据地的人民群众。

太宁农会旧址——福兴寺 位于大埔县北部太宁村。该建筑为土木结构，坐西向东，占地面积 275.44 平方米。1922 年，太宁饶龙光、张高友、饶炳襄等人在共产主义思潮影响下，在义训堂设立太宁公学及图书报社，宣传共产主义主张。继而在太宁设立自治促进会，反抗地主压迫、剥削农民，受到群众拥护。1926 年春，省农民协会派农运特派员赖释然到太宁，协助饶龙光、张高友、饶炳襄等人组织农民协会。太宁农民纷纷入会，会员很快就发展到 1500 多人，公推饶龙光为农会主席，在福兴寺创建了大埔第一个农民协会。1987 年，由当地群众集资 5 万多元，对福兴寺进行修葺。该址至今保护完好。

中共大埔县部委员会旧址 位于大埔县北部茶阳镇茶山路枫头坑现茶阳粮所内，原茶阳养育堂。1926 年 10 月，由中共汕头地委委员郭瘦真介绍，郭栋材加入中国共产党，并奉命组建中共大埔县部委员会。同年 11 月 15 日，在茶阳养育堂举行会议，选举郭栋材任县部委（县委）书记，饶龙光为组织委员，李言皆为宣传委员，赖释然为农运委员，杨简士为工运委员。该旧址为砖木结构，一正两堂两横，坐南向北，占地面积约 220 平方米。20 世纪 70 年代初被改建为茶阳粮所的第 5 号粮仓。

太宁农会旧址——福兴寺（2016 年）

大埔县第一次农民暴动旧址（今茶阳镇政府，原大埔县政府）（2007 年）

大埔县第一次农民暴动旧址 位于大埔县北部茶阳镇。1927 年 6 月 5 日，中共大埔县部委在罗明的指导下，发动工农群众，武装反抗国民党的屠杀。大埔农军在各乡农民配合下，举行暴动，分三路占据大埔县城茶阳。暴动后，成立大埔县政务委员会，郭栋材任主席，饶龙光、李敏丞任副主席。同时，成立大埔县军事委员会，饶龙光兼任主席，军事委员会设农民自卫军独立 1 团，饶龙光兼任团长，下有两个连。该旧址除后院保持原貌以外，其他建筑物于 1993 年后逐渐被改建为茶阳镇党委政府办公大楼。

中共红色政权首个公安局——大埔县工农革命政府公安局 是“八一”南昌起义部队南下途经大埔茶阳（当时为大埔县城）时由中共前委于 1927 年 9 月 19 日设立的。1927 年 9 月 16 日，八一南昌起义军前锋抵达入粤首站大埔青溪虎市，中共大埔县部委全力策应，组织举行县城茶阳暴动，一举夺取政权，成立大埔县人民革命政府。18 日，起义军主力陆续进入大埔。19 日，中共前委在茶阳养育堂（今粮所）出席欢迎起义军大会，会议决定将大埔县人民革命政府改为大埔县工农革命政府，任命了县工农革命政府正、副主席，秘书科和土地部等部门负责人。设立公安局，任命李卓寰为公安局长，大埔县农民自卫军独立第一团第一连作为主要警力编入大埔县工农革命政府公安局。红色政权建立后，开展镇压反革命、禁烟禁赌、实行土地革命等运动。10 月 1 日，三河坝战役打响后，大埔公安战士积极英勇投入战斗，完成戍守县城和收集情报、筹饷送粮、救护伤员、为起义军作向导等任务。

中共红色政权首个公安局——大埔县工农革命政府公安局旧址（2020年）

大埔县工农革命政府公安局旧址位于茶阳镇街道社区万川路 73 号，是一座清道光年间建成的砖混结构 3 层木棚瓦房，占地面积约 500 平方米。此楼房原为天后宫，后在清宣统年间改由警政机构使用，保存较为完整。该旧址是广东省红色革命遗址、梅州市党史教育基地、梅州市公安民警革命传统教育基地、大埔县爱国主义教育基地。2020 年 3 月，被梅州市人民政府列为文物保护单位。

大埔农运策源地——义训堂 位于茶阳镇太宁村上店，坐北向南，始建于清朝乾隆年间。二进院落二横一围楼，共有房间 41 间，面宽 40.8 米，进深 19.5 米，建筑面积约 795 平方米。是早期大埔县委机关办公旧址、大埔农运先驱饶龙光故居。饶龙光是大埔最早的农会和农军创建和领导者，是早期中共在大埔的党政军主要负责人，是老一辈无产阶级革命家张鼎丞的入党介绍人。

1927 年，蒋介石发动“四一二”反革命政变后，中共大埔县部委机关从县城茶阳迁驻义训堂，领导全县工农运动。时任中共大埔县部委书记、大埔县军事委员会主席的饶龙光在义训堂策动了两次武装暴动，接应“八一”起义军入埔，支援三河坝战役。

2017 年，义训堂被大埔县人民政府列为文物保护单位。太宁村也于同年底入选广东省红色村党建示范工程重点建设村。义训堂革命纪念馆于 2019 年 7 月落成。

大埔农运策源地——义训堂外景（2020年）

大埔农运策源地——义训堂内景（2020年）

埔北苏维埃政府旧址严背畲盛公祠（2016 年）

埔北区苏维埃政府旧址——盛公祠 位于茶阳镇新村严背畲。1929 年 10 月，红四军第二纵队司令员刘安恭、政委张恨秋率部由永定峰市向大埔青溪虎头沙进攻，埔北区委配合红四军入埔，发动党团员三四十人和区委直接领导的民船工会会员七八十人，深入细致地调查了解该地国民党驻军人数、装备、山头阵地、交通要道和羊肠小径，绘制详细地形图，由大埔县委代书记张国栋率领党员余世平、刘德等人作向导引领红四军第二纵队进攻虎市。埔北区区委委员钟桂香、谢快能、江弼（碧）群等发动青溪、长治、附城赤卫队参加战斗，红军占据了石上、虎市、青溪。埔北先后成立或恢复了长东（太宁）、新村、石茅、长北、长中、青溪乡苏维埃政府。同年冬，在新村严背畲盛公祠召开埔北各乡苏维埃政府代表会议，成立埔北区苏维埃政府，谢卓元任主席。2015 年，共投入资金 10 多万元，对旧址进行全面修葺。

埔北区苏维埃政府旧址——昭稳堂 位于茶阳镇茅坪高乾自然村。1930 年春，埔北区苏维埃政府从新村严背畲迁到茶阳茅坪高乾村，之后召开埔北区苏维埃政府会议，进行区苏维埃政府的改选，邹衍中任主席，委员有曾玉棠、严秉灿、邓宝生、严秉藏、张月英。高乾村成为埔北苏维埃政府中心区。不久，因遭到国民党军清剿，埔北区苏维埃政府迁回新村严背畲。

旧址原是严氏祠堂（昭稳堂），始建年代不详。该建筑坐北向南，依山而建，二进院落，抬梁式悬山顶，总面宽 12.6 米，总进深 11.3 米，占地面积 437 平方米。门口有池塘一口。1928 年，福建闽西苏维埃政府组织张鼎丞等人到高乾村领导革命工作，

埔北区苏维埃政府旧址——高乾昭稳堂（2016 年）

成立了党支部。1929 年，高乾村成立革命委员会，同年大埔成立埔北区苏维埃政府，并分成长北、长南、长中、长富 4 个乡。长北乡苏维埃政府设在高乾村，办公室设在昭稳堂。1932 年，在高乾村成立长北乡交通站，联络各路交通，开展秘密地下工作，与反动派进行斗争。1982 年编的《广东省大埔县革命烈士名录》中，长北乡有 21 名革命烈士，其中高乾村 19 名。1997 年编的《广东省大埔县革命老区村庄名册》记载，高乾村是土地革命时期和解放战争时期的革命老区村庄。

埔北区苏维埃政府纪念馆（2016 年）

自2009年至2011年，共投入资金近20万元，对旧址先后进行3次修葺。2015年冬，位于旧址右侧的一座旧校舍被改建为埔北区苏维埃政府纪念馆。2010年12月，埔北区苏维埃政府旧址高乾昭稳堂被大埔县人民政府列为文物保护单位。

中央苏区秘密交通线联络站（点） 1930年，中共中央建立了从上海经香港、汕头、大埔、永定到瑞金的秘密交通线，大埔是交通中站。茶阳境内党坪村有铁坑和伯公凹小站，由丘辉如负责；城区内有两处联络点，分别是"同丰"杂货店（今高坝街74号），由李国良负责，"同天"饭店（今太平路4号），由孙世阶负责。交通站（点）为护送中共党政要员、军需物资进入中央苏区瑞金发挥了重要作用。

闽西南军政委员会交通站旧址——纯嘏堂 位于恋墩村塔坑的纯嘏堂为曹氏宗祠。大革命时期，塔坑的不少青年参加太宁乡赤卫队。1930年6月，太宁乡苏维埃政府在纯嘏堂成立，曹存芳任主席，曹托生任共青团支部书记。1933年10月，曹托生等出席福建省委第三次代表大会，接受发展红军100名的任务，选送朱双壁、邓举等游击队员参加闽西红军。曹托生入编红34师，长征时任连长，在湘江战役中牺牲。

闽西南军政委员会交通站旧址——纯嘏堂外景（2016年）

闽西南军政委员会交通站旧址——纯嘏堂内景（2016年）

1935年3月，奉命留守闽西的干部组成闽西南军政委员会，张鼎丞任主席。在茶阳塔坑和田瓜寮设交通站。塔坑纯嘏堂成为闽西南军政委员会交通站，曹彩欣任站长，曹开振为交通员。1948年2月，中共永和埔县委在闽粤赣边工委书记魏金水的指导下，曾在纯嘏堂召开扩大会议。

纯嘏堂旁边的石门凹古驿道，在革命战争年代是联通粤闽两省重要的红色通道。2019年3月，纯嘏堂被大埔县党史室确定为“大埔县革命旧址”。

中共大埔县工作委员会旧址——南华寺 位于茶阳西门河岸。1936年10月，大埔籍中共党员张直心受中共南方临时工作委员会负责人薛尚实派遣，从广州回大埔恢复发展党组织，在茶阳大华路10号文化书店楼上举行入党宣誓仪式，吸收饶乃跃、陈以我、张光、刘德和、陈世捧、余南盛、张古炫7人入党。后来，又于县城茶阳西门河岸南华寺恢复中共大埔地方县级机构，成立中共大埔县工作委员会。饶乃跃任书记，陈以我任副书记，刘德和任组织部长，张光任宣传部长。大埔县工委主要任务是团结各阶层进步力量，加强对大埔抗日救亡团体的领导，创办夜校，健全民众抗敌后援会、青抗会、妇抗会、教育会、宣传剧社、学校及区、乡基层组织，争取地方绅士同情并支持抗日救亡运动。不久，县工委先后建立中共埔北区委、中共埔东区委、中共西河区委、中共大麻区委、中共三河区委。

中共闽粤赣边工委扩大会议旧址 位于茶阳镇新村严背畲村。1947年6月1—25日，中共闽粤赣边工委在新村严背畲召开扩大会议。魏金水、朱曼平、王维、刘永生及各地委书记出席会议。会议集中学习中共《关于开展蒋管区农村游击战争的指示》《迎接中国革命的新高潮》等重要文件，讨论党的建设、审查干部、宣传教育、白区工作、妇女工作、经济工作及肃反政策等相关工作。决议提出普遍小搞，准备大搞，放手发动群众的游击方针，选举产生了中共闽粤赣边区工委领导，魏金水任书记，王维任组织部长，朱曼平任宣传部长，刘永生、范元辉任常委，刘永生兼任人民解放军闽粤赣边区总队长，朱曼平兼任政委。区工委下设梅埔、闽西、闽南 3 个地委。这次会议对领导边区人民解放战争有重大指导作用。

乡土风情

一方水土养育一方人。千百年来，茶阳人形成了自己特有的农耕、婚丧喜庆、传统节日等等风俗习惯，这些民间生活礼仪习俗，既继承了悠久的中原文化又融合了当地文化的元素，使他们的生活更加多姿多彩。

美食小吃

客家美食 大埔是“广东美吃名县”，2009年被评为“中国小吃名县”。据统计，大埔小吃有200多种，算盘子粄（形状如算盘珠子的粄食）、鸭松羹、粟粄等10种小吃被评为“中华名小吃”；笋粄、薄饼等15种小吃荣获“广东客家名小吃”称号；黄酒鸡被评为“粤菜名菜”。2011年3月，经市民现场投票、网上投票评选和专家评审，评选出大埔十大名菜：梅菜扣肉、药根鸡、苦笋煲、全猪煲、羊肉酒、炒猪肠血、牛肠肺、金针炆鸭、木耳炒豆干、姜线蒸溪鱼干。2013年，大埔被评为中国长寿之乡。2014年，经网络投票、专家评审，评选出大埔县十大长寿食品：花生、金针菜、腐竹、茶叶、蜜柚、大埔娘酒、豆腐干、蜂蜜、农家大米、矿泉水。茶阳作为大埔古县治，上述美味应有尽有，而且正宗原味，货真价实。

特色小吃

茶阳镇特有的小吃，早年有鞭脂康（指李阿康，因其曾发天花，留下面部的斑皮而得雅号）的油饼，当时的小孩子们有这样传唱：“鞭脂康、鞭脂康，煎个油饼喷喷香”，和“要食糕饼，就爱寻大鼻公”（大鼻公即温始发，因其鼻子特别大故得雅号）异曲同工。前者煎的油饼大且油葱特别咸香可口；后者经营各色糕饼，以料精工到，入嘴咸酥脆香著称。

叶子粄 是茶阳出色的小食，别看用蕉叶包着的叶子粄，从制作到入口，要经过多道工序。先有鲍秋盛，后有饶阿兆，两家都是肉多油香、（糯）米软而不烂，当剥开蕉叶时，双手就粘满油脂，入口滑嫩；还有甜的叶子粄，甜香而不粘齿。晚上，沿街叫卖，非常行时。

张发龙（“发龙头”）“笋粄” 张发龙制作的笋粄以皮脆滑，肉料多，还包有特别制作的鱿鱼丝、豆干、香菇、虾米和嫩笋而出名。人多喜爱到柳树街其摆设的笋粄摊档寻食。也有好些人要他定做，送货上门。每天下午，他也会到各条街道叫卖，经常被人们抢购一空。

企油饼 又称企炉饼，茶阳镇特有的糕点小吃，品质松软香甜可口。面粉加白糖水搓揉发酵后，取小块捏成凹状，以花生米、芝麻、瓜片、橘皮等捣成糊状为馅，制成圆状生饼，置于文火油锅壁上烘至双面略呈焦黄即成。深受民众及旅游者青睐。

“万合”老鼠粄（珍珠粄） 形状似老鼠尾巴，仅一寸多长的小粄条，配上鲜肉碎，加放葱花，撒上胡椒粉和味精等佐料，就成了美味可口的点心。

另有大碗的宵夜“鱼生粥”，火候工到，也让许多顾客喜欢光临。抗日战争时期，开设在新街头的“广惠隆”面食店，以精料和油味搭配得当而驰名。神泉街华昌号的下洋“兜汤”和“芋子包”也颇具特色。“兜汤”以汤鲜甜肉嫩脆而出名；“芋子包”则是以其皮嫩脆，馅佐胡椒粉或辣椒酱等，入口时给人咸烧肥香微辣的口感而出名。再有“名家斋”的肉丸，肉爽口汤清甜，耐人寻味。王汉生的“糯饭卷”，以腐竹皮包咸香肉料，烧肥喷香，人都爱食，夜晚沿街叫卖，经常被抢购一空。另外，还有吴阿荣的“虾公饼”精选生虾，拌以优质面粉，用油炸成，脆软香酥，令人垂涎欲滴。而“兜汤”“糯饭卷”“虾公饼”已失传。

名优特产

客家娘酒 俗称黄酒。因大埔客家风俗，妇女生孩子坐月子要吃黄酒煮鸡加炒黑姜一个月。逢年过节，用“娘酒”招待客人，以示热情。因此，黄酒成为县内农村家庭中的必备物。客家人从何时开始有糯米蒸酒的习惯，没有历史资料记载，无法考证。但从古至今，大埔县境内几乎每个家庭的中老年妇女都会制作客家娘酒。客家娘酒味纯、甜口、温补提神。其制作工艺一般为母亲传女儿、婆婆传媳妇，代代延续。

制作客家娘酒的原料为本地生产的糙糯米，配料有酒饼和红粬。客家娘酒制作工序为：选用优质、纯净的糯谷，用砻去壳成为糙糯米，然后用清水反复淘洗干净，再用冷水浸泡数小时；滴干水后，放进蒸笼蒸熟或用锅炆熟，然后倒在簸箕中散开冷却，撒上适量的酒饼和粬，用温开水把糯米饭与酒饼、粬搅拌均匀，放进陶缸里发酵（夏、秋季4～5天，冬、春季7～8天），这样，客家娘酒便制作出来了。此外，为有效地保存娘酒，特别是妇女坐月子的用酒，还要增加一道工序——炙酒：把娘酒过滤，去糟粕，再放进陶瓮中，封好盖，酒瓮四周放满谷壳或锯末，文火慢燃，直至瓮中的酒烧开为止。

客家娘酒的制作技术要求较高，虽然多数农家妇女都会制作，但谁也不敢自称师傅。大埔县流行一句俗语："酿酒做豆腐，无人称师傅"，意思是说酿酒和做豆腐一样，不能保证百分百成功。酿酒受气候影响较大，盛夏和冬季，制作工艺不尽相同。盛夏天气炎热，饭蒸发酵快，瓮内水蒸气（俗称倒汗水）多，如不经常擦干，容易发酸；严冬时节，气温低，饭蒸较难发酵，如不注意保温，容易造成"冷缸"，不易出酒。

腐枝（腐竹） 一种高蛋白、低脂肪的豆制品，深受当地群众的喜爱。加工腐枝是一项见效快、收益大的副业。其制作工序有四道。一是选料：选用上等黄豆，剔净杂物曝晒干透。二是浸泡：把黄豆放在水缸中用清水浸泡一天。三是磨浆：捞起黄豆磨成豆浆。四是拉皮晾晒：把豆浆倒进大锅煮至沸腾后，工人手戴胶套，把面层已凝聚成胶状的浆皮捞起拉成条状挂到竹篙上晾晒，条状浆皮干透即成腐枝。一般作坊均有数口锅台同时工作。早在150多年前腐枝加工技艺由福建传入茶阳永盛坪，后逐渐传至邻村农户。1980年后，农村实行改革开放的富民政策，茶阳的茅坪、左弼，长治的丰村、长兴等地农民，充分利用山区燃料充足的优势，不断扩大腐枝加工规模。茶阳腐枝可煮、可炒、可煲，味道鲜美，颇受人们喜欢，产品畅销县内外以及珠江三角洲等地，人们还把它作为送礼佳品馈赠亲友，甚至有不少华侨把它当作礼品带到南洋。腐枝已成为大埔颇有名气的十大长寿食品之一。

土纸 土纸制作是中原汉族传统手工技艺。茶阳山区竹木资源丰富，为土纸生产提供了天然条件。明清时期，茶阳大觉村已有"土纸之乡"之誉，其生产的土纸大量销往潮汕等地。1977年，大觉村办土纸厂7家，年产土纸303吨，占全县土纸产量404吨的四分之三。2000年，茶阳镇和丰溪林场境内土纸生产厂家增至23家，产量亦大幅增长。因土纸生产工艺简单，无任何废水处理设施，其生产废水直接排到小靖河，对地表水造成污染，属国务院明令禁止的"十五小"企业。根据国务院《关于环境保护若干问题的决定》规定，为减少污染，保护环境，大埔县人民政府于2001年10月依法取缔了这些小造纸厂。

茶阳镇茅坪村竹畲箩编织（2016年）

竹制工艺品 茶阳盛产毛竹，资源丰富。竹编工艺是当地的传统工艺，产品有小竹箩、竹篮、竹床椅、竹枕席、畚箕、簸箕、竹笪、谷箩、畲箩、竹笼等。1972年，茶阳街道办事处兴办一家竹器工艺厂，1985年后由个人承包。该厂的产品主要有各种规格的工艺小竹箩，造型美观，工细艺精，颇受顾客欢迎。产品远销中国香港、日本及东南亚地区。另有永利梅州竹器工艺厂，创办于2005年，主要生产竹扇工艺品，产品出口日本。茶阳人郑昌生为大埔县非物质文化遗产竹畲箩编织工艺代表性传承人。

竹畲箩成品（2016年）

民间习俗

农耕习俗 茶阳人向以稻谷为主粮，故历来重视水稻生产，形成了一定的习俗。播种时，先插香纸于田头，告知神灵（田伯公），祈求保佑发芽率高、秧苗茁壮。新中国成立后，此俗曾被破除，农业合作化之后已经绝迹，1978年后偶有所见。插秧时，用人畜粪尿混草木灰蘸秧根，谓之“包秧头肥”。第一个下田插秧者，须是主家指定或众人推举的莳田（插秧）能手。他从田的一端对准另一端的标记开始插莳，其他人则在其左边依次跟莳，谓之“掷禾行”。一人在前插莳，未征得其同意，不得在其身后另开禾行，不然，谓之“搬凳子”，有不礼貌之嫌。插莳分别有“谷雨前三日后三日”“秋前三日秋后三日”莳完早晚两造田之时规，20世纪80年代后，早造的插秧时间普遍提前到清明前后，故有“清明前莳完田”之新谚。

收割季节不轻易开镰。要待谷子熟透，恪守“一日禾黄三日饱饭”之说。丰收后，人们则以自然村落为单位，备五谷，办牲醴，作“禾黄福”，敬“五谷大帝”。新中国成立后，“作福”“敬神”在20世纪60—70年代曾被禁止，80年代后又逐渐恢复。

经商习俗 经商重视开春与岁暮。每年正月初四或初五新开市时，先要拜土地爷、财神，再放爆竹开门。商家晚间一般不出钱，收市过后不扫地，要待次日开门后扫地，扫地时要自门口往店里扫，自外向内，以示开春进财。店名、堂号要寓意吉祥，还要有文采。银钱交往，收支要记账簿，并遵循“人要长交，数要短结”原则，进行货款交易。

船运习俗 旧时多为水运，船民、排筏工、渔民出没于波涛翻滚的江河中，他们都祈求神来保佑平安。船民信奉海神妈祖天后圣母。茶阳育善街等地都建有海神天后宫。每年春节后首次出航，都要到天后宫上香祈祷。船民吃鱼也有禁忌，吃了一边不能翻过那边，偶尔翻转，要说“顺过来”。新船下水要在船头挂红，下水不能叫“下水”要叫“升水”。

拜师习俗 旧时学艺都要拜师，学艺者要出钱置办“三牲”（鸡、猪肉、鱼）在师傅面前拜行业的祖师爷，然后再拜师傅。比如学制茶的要拜陆羽，学木匠的要拜“鲁班仙师”等。工匠期满出师，师傅要赠主要工具一套。徒弟还有赡养师傅的习俗，若师傅没有后人，则徒弟要为其养老送终，谓之“一日为师，终身为父”。

服饰习俗 民国时期，富人穿绸着缎，绫罗加身；穷人自织“家机布”，穿土布衣。城镇居民大多穿“洋布”。男子一般穿“唐装”，上衣开胸对襟，布纽扣；女子一般穿“大襟衫”。男女裤子均带缚、褶腰、大裆、不开口。冬季，男子外罩大襟过膝长衫，有的还外加对襟马褂。机关学校职员男的多穿“中山装”，女的喜穿旗袍。男子多剃光头，小孩则留下头顶囟门部分的头发不剃，称为“老秀毛”。女子婚前扎辫子，婚后起发髻，并喜欢在发髻上插银簪。有钱人还戴金戒指、金耳环或金耳塞等装饰品。人们夏天外出戴竹笠或草帽，大多穿木屐、草鞋。冬季，男子戴毡帽、八角带舌布帽；妇女则头顶黑帕，俗称“东（顶）头帕”；人们一般穿布鞋。

新中国成立后，“唐装”渐被淘汰，“中山装”风行。此外，男上衣还有“列宁装”“青年装”“军装”“恤衫”等式样，中青年女子上衣多开胸对襟，老年妇女仍着大襟衫。男女均穿西装裤。衣料多择白、灰、草绿、蓝或黑色。1950—1970年，时兴平布、府绸、哗达呢、咔叽、灯芯绒。1970年以后时兴的确良、三合一、腈纶、涤卡，也有皮革、呢子、毛料。男子理发多剪文装（普通发型）、军装（寸发）；姑娘扎毛辫，系蝴蝶结；中年妇女剪短发，夹发夹；老妇人仍结发髻。夏季，人们一般穿塑料拖鞋、凉鞋。雨天穿晴雨靴。冬季穿皮鞋、球鞋、解放鞋、运动鞋，穿线袜、羊毛袜、尼龙袜。

1979年后，有些人爱穿西装，青年人有的还喜欢穿外套、猎装、马裤、牛仔裤。青少年女子的夏装款式不断更新：有蝙蝠衫、无袖衫、旗袍、连衣裙、百褶裙、西装裙、筒裙、超短裙等，品种繁多。男青年喜欢留长发，妇女发式有运动式、披肩发、学生式、曲发等。小康之家男女有的戴金（或银）戒指，有的妇女还戴金耳环、金项链。外出时，擎自动尼龙伞的人日渐增多。夏天，人们多穿塑料（皮）凉鞋，妇女喜穿丝袜。21世纪初，曾又一度流行唐装，后被款式繁多的各类流行时尚服饰所取代。20世纪70—90年代，青年男女及机关单位上班族均流行戴手表，后因流行手机，戴手表的人已不多。

饮食习俗 一日三餐。茶阳农村人家喜欢吃干饭。城镇居民早餐多吃面条、粥、老鼠粄、馒头、米粉之类食物，中午和晚上多数吃米饭。

茶阳人宴请宾客会发请帖或登门邀请。入席前和散席后，端热水递毛巾给客人洗手、洗脸。正厅左边靠檐唇为首席。旧时，婚宴是新娘外家坐首席；生孩子满月女家来客坐首席；新居落成、其他喜庆则让建筑师或本族长辈坐首席。新中国成立后，移风易俗，宾客入席时则互让首席，尊年长者或社会地位较高者为首席。烹调菜肴讲究香、咸、烧（热）、肥。无论大小筵席，头菜总是鸡。如白斩鸡、姜酒鸡、油姜鸡等等。鸡头向着首席上座者。“鸡”“吉”谐音，有“开席大吉”之意。主人通常在上头道菜时敬酒。最后一道菜总是鱼，取“有余”之意。俗谓“鸡聚（入席）鱼走（散席）”。

吃饭时忌将筷子插在饭上，不能倒扣碗。开席一般不能夹鸡头、鸡脚、鸡翼吃。不管宴饮时间如何长，首席的人未走，其余宾客均不得散席。不然，会被认为没有礼貌。

客家人喜欢使用四方桌，俗称“八仙桌”，一种可供八个人同坐的木头桌。上座时，他们很重视席位的安排，一般按亲戚朋友的尊卑入席就座。宴席间的大小位，是这样安排的，如正厅只排有一张桌子，这时以面对大门的左侧为首位，右侧为第二位。然后从左到右，穿插论序，面对正厅的右侧为最小。如果安排两张桌子，这时候以左边桌位为大，右边为小，席位大小也是穿插而行。如果安排三桌，称之为“一品席”，这种情况，以首席为尊。如果安排五桌，一般要排成“梅花席”，居中者为尊。

宴席间第一回斟酒（亦称筛酒），是按尊卑长幼次序先后斟酒，最后再给自己斟酒。酒斟好后，酒壶嘴不能对客人，要对着自己，否则就是失礼。敬酒时，敬酒者要站起来，左手摁胸（表示尊敬和诚意），右手举杯讲几句祝颂的吉祥语，并且要先喝表示敬意。

出行习俗 旧时茶阳出行需翻山涉水，困难诸多，最怕碰上不测的灾祸，民间素来有慎出行的习惯。外出旅行，第一件重要的事情是选择一个出行吉日，尤当注意的是，逢“七”的日子不可启程，宁可延期；逢“八”的日子不可到家，宁可在旅途多逗留一两天，俗谓“七不出门，八不归家”。今境内还有部分人仍循其俗，以祈旅途平安、吉利。进入 21 世纪，随着经济的发展，交通状况大为改善，摩托车、小轿车已进入寻常百姓家，人们出行方便快捷，有条件的家庭大都选择“黄金周”等节假日外出旅游。

旧时行路，与亲朋同行，长辈及年长者居前，晚辈、年轻人行于其右侧稍后，不可越位。路上遇亲朋长者、学生路遇老师，均须侧立路旁，近身时脱帽，或拱手、鞠躬问好，待走过，目送一段后再行。如交谈，则躬身静听应答。路遇一般熟人则不停步，以摆手或取帽离头为礼。新中国成立后，行路礼节从简，熟人相遇以点头或拱手、握手寒暄为礼，叫“打招呼”。

礼仪习俗

成年婚嫁 新中国成立前，男女婚姻都遵从“父母之命、媒妁之言”，由父母包办。“聘金”与“嫁妆”的重与轻、礼仪的繁与简，贫富不同。富者聘金重，妆奁亦丰，迎亲有大红花轿，八音吹打；贫者婚不论财，穿了新衣服自己走上门。但不管贫富，一般都有以下几个程序：媒人带男方到女家与女方见面，并给以小额见面钱（面花钱）。女方如同意，就收下两包喜糕，女方若不同意，或当面拒收，或托媒人退回，面花钱一般不退，谓之“相亲”，俗称“看妹子”。女方同意后，由家长亲自到男家询访其家庭状况，称为“查家门”。之后，女方将姓名及出生年、月、日、时送给男家，谓之“送庚帖”，若三日之内没有不祥之事发生，男方则请星命家占卜吉凶，谓之“合婚”。合婚已成，择日纳彩，俗称“过聘”“塞媒人路”。聘金金额讲究“凑九”或“出一”。嗣后，男家择定迎娶吉日，写在红柬上并备礼品送到女家，叫“送日子”。迎娶前一天，男家备牲仪等物送到女家祭祖，谓之“辞神”。出嫁之日，新娘备三个分别装着花生（先子）、红枣（早子）、龙眼干（龙子）的小红布袋，梳妆打扮后拜别父母，哭着上花轿（或走路）离开娘家到男家去。两个提新灯（丁）的人和一个拖青的人走在前面开路，有老妇人送嫁，小弟弟作新阿舅，还有与新娘年纪相当的女子陪伴。路遇桥梁或神坛，由媒人放一支香筒。到了男家门前，由多儿孙的老妇人用火把烧桃枝、茅草，由新郎开轿门（走路的则开大门），搀扶新娘下轿。新娘将花生、红枣、龙眼干朝身后抛出，让看热闹的小孩抢拾。然后，由老妇人拉着新娘跨门槛入屋。此时新娘不能踩门槛，否则会得罪同屋而居者。中午设喜筵。晚饭后，接灯者发烛于厅堂，送入洞房，高呼“百年偕老，五世同堂”，新郎新娘向烛四拜，叫做“拜花烛”。继而，亲戚朋友纷纷来房间，问长问短，新娘含羞面壁，众人欢笑谐谑，话语双关，能惹人哄堂大笑者为佳。此谓之“闹洞房”。迨至更阑，新郎新娘吃汤圆、鸡臂，谓之“食团圆”。婚后 7 日或 12 日，男家备礼，送新妇回娘家，叫“转门”。翌年正月，夫妇偕往岳家拜年，叫“做新姑爷”。

旧时，在海外谋生的华侨，有的因无力在外成家，有的因国内有父母、房产需人关照，便托人在家乡选娶一个妻子（看家婆），谓之“隔山娶”。这些看家婆有的终生都没能跟丈夫会面。此俗新中国成立后已废。新中国成立后，颁布《中华人民共和国婚姻法》，规定婚姻自主。有关部门引导勤俭办婚事，提倡树立新风。男女婚姻已破除了父母包办的娶幼媳习俗。但某种程度上还保持着传统的礼俗。20 世纪 60—70 年代，婚嫁一般从简，改婚宴为茶话会者有之，对歌、请看电影者有之，旅行结婚者有之，集体举行婚礼者亦有之。

20 世纪 80 年代，男女青年婚姻登记后，新娘、新郎照婚纱照留念，择吉日举行婚礼。90 年代后，不少人派车迎娶新娘，婚礼多在酒家举行。其间，有照相、录像，亲朋好友则在电视台点歌祝贺。也有不少举行集体婚礼、旅行结婚。嫁娶陪嫁由 20 世纪 80 年代的“四大件”（手表、自行车、缝纫机、收音机或衣柜），逐渐变为现在的黄金首饰、摩托车、高档服饰和高档家具、家用电器等，也有出现举债结婚、大操大办、豪华奢侈的现象。

出生　孩子出生后，时过二旬，男方向女方娘家报喜，给尊长送甜酒、鸡臂，谓之“送姜酒”。亲友赠予鸡、蛋、猪肉、米粉或花布等礼品。满月时，做汤圆宴客。外祖母将婴儿抱出屋外抛一抛，谓之“跑鹞婆”，以壮婴孩胆量。生男孩，则要请赏丁酒和上祖祠贴“名单”。生第一个男孩，女方娘家必备摇篮、小被、背带、夹袄、银八卦、银手镯、银项圈等，邀集数名妇女前往道贺，谓之“送羹”。待婴儿长到 4 个月，象征性地给男婴喂猪肚、鲤鱼，女婴喂给猪大肠，谓之“开荤”。小孩的乳名常叫得很贱，男孩叫作“某某牯”，女婴称作“某某姐”“某某嫲”，希望孩子天生天养。新中国成立后，此俗亦有简省。“贴名单”就已改为向户籍处报户口，男女一样登记办理。婴儿出生满 1 个月时，孩子一般要剃胎发。旧时，茶阳境内把满月剃头看作初生婴儿的第一喜事，第一胎生的男孩剃头仪式更为隆重。富裕人家会邀请有名戏班等来家里吹拉弹唱一番，以示庆贺。一般人家也要做吃剃头酒。女孩满月须剃满月头。凡婴儿剃头发时，在上厅堂上点燃红烛、寿字香，供上寿星。请理发师傅到家中为婴儿剃发，口念：“长命富贵”“长命百岁”“剃去胎发秽气”“长大前景美好”。新中国成立后，首次剃婴儿胎发仪式有所简省，家里有人会理发的由自己给婴儿剃发，无人会理发的把婴儿抱到理发店请理发师剃发，剃下来的胎发必须谨慎处理，除留一些表示对父母尊敬、孝意外，把留下的胎发用红布包好后放在大门顶上，意谓步步登高；有的则搓成圆团，用彩线缠好，挂在床头避邪。

寿辰　以虚龄计算，年过五十可以祝寿，俗称“做生日”。通常是“女做齐头男出一”，即女50岁，男51岁。以后，60岁、70岁、80岁等均称大寿。寿诞之日，亲友前来祝贺，馈赠寿面、寿糕、鸡、酒、布料等。主人亦以盛筵款待。20世纪80年代后期，风行以生日蛋糕庆贺，并在酒楼宴请宾客。90年代后，为长者祝寿多改为送“红包”，礼仪从简。

作新灶　择吉日良辰在屋内选方位而建。开工时，生肖不合者不得近前。新灶一般在第三日建成生火煮食，俗称“进火”。届时，亲戚朋友备豆腐、喜糕、柴、筷子、爆竹等5~9件礼物前去祝贺。所送礼品有“大吉大利，快快发财兴旺”的寓意。主人亦具筵待客，叫“暖灶”或“暖灶脚”。

迁新居　乔迁新房须择吉日，由族内有名望、高龄、“有福”（老年夫妻双全有子孙3代以上）的男女各1人，男左女右站于大门内，待屋外祭门神后，他们才把大门打开，并说吉利话。主家随即举着亮灯入大门，将家具物品一齐搬入，进入厨房生火煮饭。届时，亲朋前来贺喜，所备礼物一般有镜屏、画幅（中堂画）、大时钟、鸡、酒、爆竹、发粄、筷子、糕子、豆腐等。尤其是镜屏，送得越大越显得情意深厚。主家则在大门上贴对联，设坛敬神祭祖，将礼品中的镜屏、画幅、大挂钟等一一挂在厅堂。挂镜屏有一定的规矩，须将同宗最高辈分者送的挂在正中。中午，在新居中设筵宴宾。多则十几席、几十席甚至上百席，少则二三席。宴席之始与终，燃放爆竹、放大铳，谓之“开席”“散席”。新中国成立后，礼俗有所变革，宴客量力而行，亲戚朋友备礼道贺也往往只集资送些家具。20世纪80年代，为迁居者所送的礼品多为家庭实用品。90年代后，多改为送“红包”，由主家统一安排。

丧葬　旧时，人死皆以木棺择地而葬。死者断气前即移卧厅堂（也有断气后才移尸厅堂的，一般男左女右）。死者的长子要袒臂到溪边（或井边）焚香烧纸取净水，称为“买水”。用所汲水略拭遗体后给死者换穿寿衣。继而，掷水坛子于地，砰然碎裂，亲属始为哭泣，谓之“开孝门”。然后，商处丧事，发讣，着人告知戚友，将讣文置于大门口，称为“走报”“报生”。凡是亲戚朋友前来吊唁，孝子孝女就聚在灵前痛哭，待吊唁者进屋焚香礼毕后，主事者（或是前来的吊唁者）才将孝子孝女扶出灵堂，哭泣才停止。女亲友前来吊唁都要哭灵。移尸入棺叫做“小殓”，盖棺称“大殓”。盖棺前，在堂下设一席，男请族长女请外家上坐，以示请其鉴定亲人非枉死者。晚间，请梓叔（族人）或请外家依死者生前事迹提笔赐给两个美好的字眼为称号，谓之“题谥”。题毕，孝子执灯火跪游于棺木左右前后，谓之“游棺”。出殡称“还山”。还山前夜，延请和尚或尼姑（讲究者和尚、尼姑兼请）诵经超度亡灵，称为“做斋”。斋事一般都在下午或晚上举行。旧时一般家庭连做数天，多者有做七七四十九天。今一般时间都不长，斋事一般在晚上十二点前即告结束。一般人死后一两日即择地择日出殡安葬。出殡时，孝子孝女以及直系亲属皆穿白衫、披麻戴孝。请人击鼓鸣锣，燃放爆竹开道，撒纸钱者与举铭旌、幡子、高灯、联轴者前行，“八仙”抬棺柩稍后，接着是孝子持孝杖、捧神主牌，其余孝子孝女及直系亲属皆哭泣跪拜相随，最后是亲戚朋友。到了墓地，棺柩入穴安葬。葬后筑坟纪念。还山后，将神主牌捧入“灵屋”（纸扎的屋子），放在门坪上，由和尚主持下烧化，叫“除灵”。到第三日，孝子备香纸哭坟，谓之“探三朝”。死后每隔七日，办牲以祭，称“奠七”。这样的祭奠有七次。至百日、周年，办牲奠祭，叫“祭百日”“祭周年”。

此外，还有第二次下葬。人死后用棺木埋葬，葬后3年（或更长时间）取出骸骨，装在陶罐（叫金罂或金埕）内，再择地建坟立碑。民国后期，殡葬礼仪逐渐有所改良。不少村落的群众组织起“老人会”，购置锣鼓、幡幛、孝服等，凡会友均按立会章程赙赠。

新中国成立后，提倡破除封建迷信、节俭办丧事，丧葬习俗有所改革。在农村，不少人以民歌、民乐、电影代替僧尼做佛事；机关单位的人去世了，戴黑纱、献花圈、送挽联轴、开追悼会寄托哀思。丧礼既隆重又节约。1978年后，各地农村纷纷重新建立“老人会”等组织，村里有人去世，大家自觉捐钱捐物，协助治丧。20世纪90年代末，开始推行火葬，如今火葬率已达100%。

祭祀 祭祀主要是祭祖和敬神。祭祖主要有春、秋二祭，春祭在清明，新坟则多在春社前祭祀；秋祭从农历八月起至年底，一般为上坟祭祀。祭祖时间有“新坟不过社，老坟祭到年底下”的风俗。侨胞回乡，多不拘时节，何时方便就在何时祭奠。农历节日、操办喜事也往往在家（或到祖祠）设坛致祭。拜神多在农历节日、朔望日和办喜事时。祭祀供品讲究“三牲”齐备，即一定要有猪肉、鸡（鸭）、鱼，配以酒、粄等物。敬神有的用斋果。祭祀时先上供，再焚香祷告、磕头跪拜。祭祖最后的仪式是燃化纸钱、放爆竹。

茶阳饶姓古衍堂祭祖场景（2016 年）

传统风俗

升灯（上灯） 春节期间的升灯（上灯）活动，是茶阳城民众的重要民俗活动，历史悠久。活动主要程序：每年春节前后几天，各姓各房大多由一些较有名望的热心人士牵头，利用回乡团聚机会到梓叔家募款，筹备过年后的升灯活动。现在成为尊崇祖先、联络亲情、活跃新春的一项传统民俗。各姓各房的升灯日期不同，但过程基本相同。是日黄昏前后，接灯队伍从祖屋或住地出发，一路敲锣打鼓，举着引以自豪的先祖“进士”“知县”等功名牌匾（灯），姓氏及祠堂名高灯，由照明的汽灯带路，按由远至近顺序到梓叔（客人家对同一家族内男性成员的称呼）家接灯。梓叔家早有准备，拿着一担畚箩（内有供品、喜炮、纸宝类物品），点亮手持的小灯笼，加入接灯队伍行进到祠堂（后来，大多是各户人家自行到祠堂）。大家到齐后，各自在祖先神位的供桌放摆放供品，点起香烛，然后长幼有序行跪拜礼。行礼过程中如人手多，则敲锣打鼓助兴。拜完祖先后，就在厅里或天井边烧纸宝，放喜炮，和着大门外的各色礼花、顿子铳，一时锣鼓喧天，炮仗齐鸣，围墙上的“烧烟灯”也在紧张进行。场面热闹时可达几百人。新丁名单白天已张贴在厅墙上方。趁着这宗族团聚的机会，老年人则在厢房或偏厅坐聊，互相说些吉利话，梓叔间互相了解情况。

仪式完成后，接着就是送灯。一般由近至远欢送，照样敲锣打鼓，送到主家门口，主家要燃放喜炮迎接。

各姓各房的“升灯”时间：正月初七为饶氏“诒谷堂”；初八“水楼下”饶氏，饶氏“冬官第”则在初八至初十的三天内任选一天；初九为黄姓和三河来的杨姓；初十为原百侯进灌（今为百侯南山）来的张姓，以及温、谢、李、连姓，广从的饶姓，“四知堂”的杨姓；正月十一为枫朗来的黄姓以及庄、陈、唐姓，饶氏“树德堂”、“炽昌堂”、“仙瑞堂”、茶枫“耕心堂”；正月十二为下肖屋肖姓，西河来的李姓，饶氏“双桂堂”“儒官第”，以及彭、罗、吴姓；正月十三为王姓、翁姓、饶氏箕裘济美暨饶氏大宗祠（总祠）；正月十四为印山的“梅花姓”（张、余、何、饶等姓）；正月十五为刘姓，上萧屋萧姓。是晚百姓闹元宵，一年一度的各姓“升灯”活动结束。中央电视台等媒体 1993 年曾到茶阳录制《神州百姓闹元宵》纪录片。

茶阳春游 茶阳群众沿袭中原带来的风俗，结合当地风俗，每年正月初十晚至十九日晚上，都有迎神赛会活动，吸引许多人观光，或附亲攀戚，一睹盛况，这一盛况俗称为“春游胜景”。春游胜景恭迎各路尊神之前，都分别先做好筹备工作，推举总理、副总理人选，负责筹款、布置迎神活动等各项事宜。

由初十晚开始，请神巡游茶阳各条街道。其前导，都举有高灯彩旗，并写上“春游盛景”四个大字，显示这是迎神赛会活动。街道灯火通明，如同白昼。队伍阵容，以轿扛神像或神位居后，中间除敲锣打鼓或八音中军外，还有男、女及幼童，乔装打扮成古装戏剧人物，用木板架起移动戏台，10 余人轮换肩扛，在迎神队伍中，当街一路表演，惟妙惟肖，活灵活现，煞是有趣。沿途看热闹的人比肩接踵，热闹非凡。经过各家各户时，大都鸣放鞭炮，以示欢庆同乐。

初十晚，迎开邑老神茶山公王。原庙在茶阳城外茶山，庙旁有遮天蔽日、浓荫如大伞盖的大榕树。新中国成立后，该庙被大埔县粮食局改建成出入大路。后又有善男信女，建新庙于鹤顶山腰，这是春游胜景迎奉的第一神。

十一日晚，迎东方伯公。该神原供奉于茶阳城东朝阳门楼上。

十二日晚，迎中城伯公（位于学前街中城井头）。中城伯公坛原址仍在，今修葺一新。

十三日晚，城内饶姓迎大宗灯。

十四日晚，迎城隍爷。城隍庙原在茶阳城西，建有三进庙堂，塑有城隍像，还有判官等，显得阴森可怕。迎城隍时，装扮的都是牛头马面，铁笔判官，手持锁链，状甚狰狞，且灯火阴暗，更令人有幽冥恐怖感。是晚，长辈们都预先告诫自己的孩子，勿轻易外出，纵须有事出外，亦当早归家回避，以免带来不吉。群众鸣炮亦少，大多数早早关门睡觉，免得招惹不利。

十五日晚，迎西门伯公。该神原供奉于茶阳西门城楼上。

十六日晚，迎财神、火神。庙设在大街后的演武厅楼上，因地处低洼，经常洪水为灾，逐渐破败。财神、火神是老百姓敬畏的。因财神在人们的心目中主管世间财源；而求火神，是要他庇佑家家户户一年365天远避灾害灾难。所以，当晚有众多人鸣炮迎接。同晚，城南信众迎南门顶伯公，在城南范围内巡游。

十七日晚，迎福缘墩伯公。旧有一栋四点金的庙堂，后因该地改建为房屋，遂迁至大街码头口，故又叫福缘墩码头伯公。迎此神显得特别热闹，当街摆设，丰富多彩，鸡、鸭及粄类等祭品堆聚如山，名贵字画、古玩摆设在祭桌上，供游人观赏；更有热心人，将菜籽或米染成各种颜色，排成字盘或花鸟人物造型等，极富情趣。同晚，上桥关大华路河岸拜福顺伯公，信众自备供品到伯公宫参拜。

十八日晚，迎邹公圣王。庙设于印山下小靖河畔。因位于印山，故又成为此地人经常膜拜之神。

十九日晚，迎仙人姑婆。其宫址与邹公庙近在咫尺。迎仙人姑婆，别具特色，统由船民男扮女装，载歌载舞。因仙人姑婆是春游胜景迎神赛会中唯一的女神，故有男扮女装。船民们迎神祈求保佑行船顺畅、平安无忧。

正月二十日后，便转入正常生产、生活了。搞春游胜景迎神赛会活动，究其实，是老百姓在经过一年劳动耕稼及辛勤营谋，又值秋收冬藏之后，欢度春节最感愉快闲适时，让生活丰富多彩起来，既可招引远方来客，增添商业旺相，又可祈求来年得到美好丰稔的年成。

茶阳饶姓迎灯 茶阳镇是大埔的老县城，茶阳城中居民以饶姓居多，民间有“饶半城”之说。

茶阳城中饶姓是正月十三日迎灯，此俗始于明嘉靖年间。饶姓十世祖饶相荣恩进士后，任江西省按察副使。为缅怀祖先，弘扬家风，族人便在茶阳城建了一座饶氏大宗祠，堂名为吉衍堂。正月十三日晚饶姓迎灯分为两个阶段：先由城中饶姓各房自行

茶阳饶姓迎灯（2016 年）

组织龙、狮、花灯、锣鼓于晚上七时到吉衍堂集中，然后按六房的顺序出发环游全城；环游全城结束后回到大宗祠，由各房进行舞龙、狮表演，表演结束后转入祭拜祖先的仪式。首先在祖先神位前摆好猪羊五牲、斋果等祭品，参加祭拜者按辈分排列就位，先奏乐，再由礼生喊礼、读祝，再行香、祭拜。行祭完后放鞭炮、烟花、烧烟灯，龙狮共舞，鼓乐齐鸣，最后在一片欢乐祥和、热闹的气氛中结束迎灯活动。

关岳巡城　旧时，每五年一次，农历五月十三日（关帝生日）关、岳两神出巡全城，有舞狮、舞龙、舞鲤及大锣鼓为先导，雄伟壮观，善男信女纷纷前往拜祭，络绎不绝；重阳日，迎祀关、岳神像于茶阳大沙坝草坪，连做五日五夜大戏（汉剧），万人空巷，热闹非凡。自 2008 年关岳庙复位后，“关岳巡城”活动从原五年一次改为三年一次。2015 年农历五月十二至十四日，举行了 3 天“关岳巡城”活动。

五显大帝庙会　五显大帝，又称华光大帝，名周彧，被当地百姓奉为“福神”。庙宇位于茶阳镇太宁小靖村洋万岗，始建于明末清初。

五显大帝庙会分两个阶段进行。第一阶段为每年农历九月二十八日，为五显大帝公生日祭祀活动。是日，小靖村（包括太宁、恋墩两村）及周边各姓氏村民，擎旗、打鼓、抬“五牲”等前往大帝宫祭祀，请戏班于二十七至二十九日连演三天三夜大戏。

五显大帝生日祭祀这天，邻近乡村的信男善女，大清早便赶往洋万岗。大帝宫前，彩旗猎猎，鼓乐喧天，鞭炮齐鸣，人山人海，比肩接踵，人们争先恐后祭拜五显大帝，为自己及家人祈福，煞是壮观热闹。是日中午，理事会置上数十台丰盛酒席，免费热情招待各地香客及游人。

五显大帝庙会（2016 年）

五显大帝出巡（2016 年）

拜祭五显大帝游行队伍（2016 年）

大帝庙前看大戏（2016 年）

第二阶段为每年农历正月十一日晚举行起马（闹宫）仪式，十二日早晨六时始，五显大帝出巡，全村设 16 个供奉点，依次轮流供奉一天，然后返宫。

邹公圣王庙会 邹公圣王，是明代忠臣邹应龙的福神名。邹应龙（生卒年不详），号兰谷，甘肃兰州人（有说是陕西长安人，也有说是福建泰宁县南宋状元邹应龙），明嘉靖丙辰（1556）科进士，授御史。他忠直廉洁，于嘉靖四十年（1561）劾倒了权倾朝野、祸国殃民的奸臣严嵩父子，为国为民除了大害。明万历初年，他被削去官籍卒于家中。“应龙殁后，遗田不及数亩，遗址不过数楹，恤典未被，朝野所恨。”明万历十六年（1588），“命复应龙官，赐祭葬”。此后，其后人和民间为纪念邹应龙，多地兴建“邹公圣王庙（宫）”，以彰扬传承其崇高精神。

茶阳花窗村的邹公圣王庙设在坪上自然村，占地千余平方米，建筑面积近 400 平方米，双堂二横三天井，正厅供奉邹公神像。该村每年都举办庙会，已有 400 多年历史。1949 年以前，每年举行两次隆重的邹公圣王庙会。第一次是在每年的农历正月初九至十五日（元宵）举行。第一天，由青壮年轮流用轿抬着邹公神像，到有邹氏族人居住的村落去巡游，各村设供奉点祭拜。神像回庙后，众人分批祭拜。庙会期间不少人吃宿在庙。白天，庙坪及周围有唱戏的、耍把戏的、卖小吃玩具的，男女老少，其乐融融，很是热闹。晚上，则有汉剧大戏演出。

第二次是每年农历六月二十三日，是邹应龙诞生吉日。是日上午，花窗村及周边党坪、洋门等村和邻近的青溪镇邹氏宗族近千人，抬着“五牲”，挑着水果糕点、香烛纸宝等供品，一路上锣鼓喧天，彩旗飘舞，前往邹公圣王庙。大家来到厅堂邹公神像前，摆好供品后，由司仪主持仪式，依长幼辈分次第参拜。拜祀完成后，大家在庙内共进午餐，午餐后庙会结束。

邹应龙生日庙会（2016 年）

邹应龙生日庙会游行队伍（2016 年）

1949 年以后，这种庙会改为每年一次，在正月初九至十五日（元宵）举行。

方言　熟语

方言

茶阳是客家人聚居地，语言属客家次方言。因客家人是从中原迁徙而来，茶阳方言与普通话读音完全相同的约占 20%，近似的占 40%～50%。其主要方言土语举例如下：

称谓用语

阿公、阿爹（dā）——祖父

阿姐（jiǎ）、阿婆——祖母

阿爷、爸——父亲

阿姆（mēi）、阿奶（nèn）、阿妈——母亲

丈明爷——岳父

丈明——岳母

生批——儿媳妇

阿公、公吩——外祖父

阿婆、姐（jiǎ）——外祖母

阿姊——姐姐

老娣（tēi）——弟弟

老妹——妹妹

家官——公公

家婆——婆婆

老爷（dā）、公太——曾祖父

阿太——曾祖母

倠（yá）——我

登人——我们

吾——你

佢登人——他们

细老哥——小孩

后生哥——年轻人

细妹子——小姑娘

生活用语

朝纯——早晨

当昼——中午

暗哺——夜晚

上昼——上午

岳夜——熬夜

炙日头——晒太阳

炙火——烤火

滚水——开水

面衫——外衣

底衫——内衣

啄目睡——打盹儿

弓子——分娩

讨生批——娶儿媳

样般——怎么样

交关——买东西

灶下（hā）——厨房

倒参（指洋参、高丽参）——买参

做水（shèi）——干活

上背——上面

对东心——中间

死好——很好

天光日——明天

昨奔日——昨天

前头日——前天

天盲光——天未亮

勤揿——勤劳

往摆——以前

盲得时——差得远

几摆——几次
打油、打味——买油味
下（hā）背——下面
咁衰——很倒霉
懒尸——懒怠
转——回
靓（liàng）——漂亮

天文地理用语

日头辣（入声）——日光强
天弓——虹
黑风猛雨——狂风暴雨
乌云——黑云
落水——下雨
月光——月亮
汶水——浊水
乌阴、乌阴天——阴天
搅风、发（bǔd）风——刮风
日头——太阳
摄另——闪电
扫把星——彗星
坪——平坦
雉鸡路——山上小路

人体、疾病用语

头那（ná）——头
目汁——眼泪
手指尾——小指
牙齿疾——牙痛
热倒——中暑
出屎肠公——突肛
眉毛——睫毛
手指公——大拇指
不（bǔ）赤目——患红眼病
不（bǔ）耳肚——中耳炎
猪头皮——腮腺炎
头那毛——头发
舌——舌头
脚臂——大腿
寒倒——受凉
气疾、心肝疾——胃痛
目珠——眼睛
颈筋——脖子
屎吻——屁股
不（bǔ）寒子——患疟疾
打臭风——感冒

讳语

唔爽利、唔自然——患病
唔乖——小孩患病
猪利——猪舌头
牛雄——公牛的生殖器
捡凉茶——买中药
看生生——让医生看病
赤牛（黄姓人避讳）——黄牛
寿枋、寿副、寿床——棺材

过老、过世、过身——人死亡

谚语

谚语分气象、生活、社交、事理和其他类型。

气象类

春季南风晴，夏季南风雨。

春暖春晴，春寒雨起。

交春落雨到清明，大雨巫落，细雨巫晴。

春雾晴，夏雾雨，秋雾晒死老牛牯，冬雾不过三朝雨。

正月初一吹东风，一年雨水丰。

盲到（未到）惊蛰先响雷，四十五日暗天门。

春天面，时时变。

清明晴，鱼子上高坪；清明雨，鱼子陂下死。

夏至在月头，挑水淋禾头；夏至在月尾，登高看大水。

立夏起东风，十个鱼塘九个空。

六月有庚申，七月有秋淋（秋季晚上下雨）。

初一落雨初二散，初三落水到月半。

雷打秋，禾半收。

冬至在月头，巫被不用愁；冬至在月腰，有米巫柴烧；冬至在月尾，冻死老乌龟。

立冬晴，晴一冬；立冬雨，会烂冬。

四季东风皆属水。

朝霞夜雨，夜霞晒死牛牯。

早上青蛙叫，不久雨就到。

朝霞夜霞，巫水煮茶。

天发黄，水满塘。

日送须（光柱），水打陂。

日出胭脂红，巫雨也有风。

东闪日头红，西闪雨重重，南闪闪三夜，北闪当面射。

东闪西闪，湖洋毕坼（裂缝）。

云行东，车马通；云行西，雨凄凄；云行南，水连天；云行北，好晒谷。

鱼鳞天，无雨也风癫。

黄昏上云半夜开，半夜上云雨就来。

月光照烂泥，晴唔到鸡啼。

大阑（月晕）阑三日，小阑阑对时。

火烟不出屋，出门惹水督（淋）。

蚯蚓横路则雨。

蜈蚣跌梁，大雨上墙。

蚂蚁搬家蛇溜道，黄牛大叫雨就到。

泥鳅翻水面，大雨下涟涟。

水蚁扑灯，大雨就在近两天。

缸穿裙，雨倾盆。

雷公先唱歌，有雨也唔多。

萤虫高飞天转晴。

久晴西风雨，久雨西风晴。

七十唔留宿，八十唔留餐。

生活类

买屋看梁，娶妻看娘。

不贪郎田地，只贪郎爽利（漂亮）。

心甘情愿嫁和尚，安心乐意补袈裟。

有钱亲哥哥，巫钱臭鬼臊。

男怕入差行，女怕嫁差郎。

死了祭猪羊，不如还生（活着）吃四两。

树大分杈，子大分家。

长兄当父，长嫂当母。

兄弟分开成邻舍，上昼分开下昼借。

早起三朝当一工，早起三年当一冬。

三日肩头四日脚，四日过了闲亍亍。

近山莫枉烧柴，近水莫枉使水。

人巫生活计，食尽斗量金。

有钱爱做朝南屋，子子孙孙都享福。

闲时物，急时用。

家贼难防，偷空米房。

新坟唔过社，老坟祭到年底下。

年一日，节一餐，清明月半巫（没有）相干。

功夫巫假，把戏巫真。

歪梨正柚宽鞋紧屐。

二八乱穿衣。

三分人才，七分打扮，人一打扮像花旦。

生葱死韭绵（煮烂）蒜子。

食不言，寝不语。

鱼毒鲤虾，肉毒猪嫲，菜毒黄瓜。

茸怕腥，参怕豆。

立夏狗，吃了满山走。

行的夜路多，总会遇到鬼。

相送莫论，买卖算分。

三日唔食青，行路片重轻。

冬吃萝卜夏吃姜，不用医生开药方。

若要小儿安，常带几分饥和寒。

好赌一身光，好嫖一身疮。

若要健，日日练。

八月蛇拦路，九月蛇上树。

春滩、夏浅、秋角、冬潭（钓鱼时讲究水位、处所）。

春腥、夏臭、秋香、冬甜（钓鱼时讲究饵味）。

春分秋分，日夜平分。

立夏小满，大懒细懒。

芒种夏至天，十八村姑爱人牵。

六月巫黄昏，十月巫打早。

社交类

一人难合千人意。

人上一百,七古八塔（什么样的都有）。

端人家的碗，服人家管。

卖花人说花香，卖药人说药方。

君子坦荡荡，有话当面讲。

人情好，食水甜。

亲帮亲，邻帮邻，穷人帮穷人，同行生理便是贼。

州里逢唔到，县里逢得着。

鹅头鸭颈鸡翼尖，鳙头鲩尾鲢肚腩，不会烧香得罪神，不会说话得罪人。

一只巴掌拍不响，一只草鞋难上岗。

冷粥冷饭好食，冷言冷语难受。

官司好打，狗屎好食。

住到矮屋着低头。

歪心歪自已，好心好别人。

有钱三十为尊长，巫钱八十也是孩。

粘人睡，唔敢掷被盖；粘人食，唔敢乱夹菜。

事理类

想起刘玄德，夜夜睡唔得；想起叫化子，又还靠得。

再好良田有冇谷，再好草地有瘦牛。

牛嫲相斗，牛子食草。

人有相像，物有相同。

男人百艺好随身。

相佛容易刻佛难。

针巫两头利，人有两样心。

人往高处走，水往低处流。

盲学行，先学走，包吾翻筋斗。

红梅做过青梅来，担竿做过竹笋来。

猪嫲过得猪子唔会夹死。

百晓不如一精。

磨刀不误砍柴工。

在家千日好，出门半朝难。

人怕三见面，树怕弹墨线。

针过得，线过得。

还细偷针，大了偷金。

舌头巫骨，任吾拗曲。

蛇去有路，鸟过有毛，水底打屁也有泡。

打蛇要打七寸上。

荒田巫人耕，耕了有人争。

田塍堵得水，道理服得人。

三岁打爷爷欢喜，三十打爷爷气死。

其他类

他人龙床，不如自己狗薮。

大食细，蛤蟆食老蟹。

盲知鱼死还是网烂，盲知牛死还是藤断。

唔怨天，唔怨地，只怨自己唔争气。

人争一口气，佛争一炷香。

有样照样，巫样照世上。

六十六，学唔足。

君子唔饮过量酒，正人唔贪意外财。

讨食难得三日过，三日过了有官懒做。

家有千金，不如薄艺随身。

一千赊不如八百现。

矮凳子，拌（gàng）跌人。

男有男行，女有女行。

人心高过天，做了皇帝想变仙。

蛇过才擎棍，贼过才关门。

歇后语　茶阳民间流行不少的歇后语，这些歇后语幽默风趣、诙谐，人们在日常生活中经常使用。

茶山公王——老神（成）

鸡公髻——外来肉

宫背拜伯公——唔对神

火烧日历——巫日子

钝刀切菜——望缸帮

树头下伯公——凉神

石头锤网——对线（刚好）

驼背睡目——两头唔贴席

转水角——闲潭（谈）

泥伯公过河——自身难保

猫抓糍粑——唔得脱爪

沙坝里摆摊——外行

猪利下酒——双舌（蚀）

戏棚上关门——虚假

皇帝相打——争天

和尚头上捉虱——寻唔出

楼上打铺——高眠（明）

饭袋子唔连唇——碎（衰）到底

门扇当船撑——平平过

半夜鸡啼——唔知丑

电灯泡——唔通气

烂纱灯笼——吊筐（腔）

凤西亭——闲塔（多管闲事）

锅头洗脚——企鉎（欺生）

上岗点火——照应（印）

冷锅炒豆——未毕（必）

双管鸟枪——黏铳（严重）

跛脚伯公——废（费）神

两节伯公——脱神

水打伯公——湿（失）神

老婆跌落水——妻（凄）凉

茶壶塞嘴——闭气

老鼠游桁——上梁（商量）

巴掌生毛——老手

屠桌睡目——荤眠（分明）

纸袋装盐——包咸（涵）

膝头生须——老脚

坳上伯公——食两头

坪上自然村村貌（2016 年）

古镇保护与旅游开发

茶阳镇党委政府高度重视文物保护工作，建立了文物普查与保护的专门机构，逐级落实责任，保护历史文化遗产，筹措资金，维修文物。另一方面，他们利用当地特有的自然资源和人文资源，着力打造自身的旅游文化品牌。

古镇保护

文物普查登记 1982年，在县文物普查小组指导下，茶阳成立茶阳镇文物普查工作领导小组，由一名镇政府领导任组长，成员有各村委主任和镇府有关部门负责人共30多人。普查小组通过对城区和各村落的详细调查考证，历时两年多，终于查清了全镇文物古迹的现状。同时，也理清了革命战争时期境内所发生的重大历史事件及老苏区的情况。另外，对其他文化遗产、自然资源也进行了调查。全镇共有古城墙、古牌坊等文物古迹70多处，有代表性的古民居30多座，有革命遗址3处。情况摸清后，由专人负责，分门别类，登记造册，建立档案，妥为保存。

申请入编名录 文物档案建立后，镇政府安排专人负责，分别向中央、省、市、县各级政府申报，将历史文物列入各级政府文物保护单位名录。

茶阳镇文物保护单位一览表

表8

级别	文物保护单位
国家级	父子进士牌坊
省级	邹鲁祖居敬爱堂、一斗堂
市级	大埔县工农革命政府公安局旧址、邹鲁故居椿森第、高乾苏维埃政府旧址
县级	大埔老县城、詹学传墓、茶阳老街区、紫薇世第、南宋宰相郑清之夫人墓、饶四郎墓、天褒节孝牌坊、高乾村苏维埃政府旧址、诒谷堂、旋庐、椿森第、孝友堂、宝华楼、中宪第、中书第、儒林第、冬官第、永宁堂、革命烈士纪念碑、仙基桥、安乐资政第水井、张氏家庙、文献流徽、余庆堂、春福第、资政第、朝议第、箕裘济美、友竹山庄、奉政第、中和楼、德馨堂、垂裕楼、齐政堂、燕诒楼、美中楼、关岳庙、翼楼、大夫第、义训堂

法律法规 茶阳镇充分利用《中华人民共和国城乡规划法》《中华人民共和国非物质文化遗产法》《中华人民共和国文物保护法》《历史文化名城名镇名村保护条例》《历史文化名城名镇名村保护规划编制要求》《中华人民共和国文物保护法实施条例》《广东省城乡规划条例》《梅州市城市总体规划》《大埔县城市总体规划》《梅州市大埔县茶阳中心镇总体规划》《大埔县茶阳镇土地利用总体规划》等各级政府和有关部门的法律法规，对历史文化遗产认真加以保护。

2012年10月，广东省鼎新维设计工程有限公司会同大埔县城乡规划设计室，通过对茶阳文物古迹及传统民居的实地调查，在详细考察茶阳镇的历史变迁，深入挖掘地方文化特色的基础上，编制了《茶阳镇历史文化名镇保护规划（2012—2030）》，保护规划范围确定为茶阳镇行政辖区，面积286.73平方千米，包括所辖各自然村以及周围山水自然环境。重点保护茶阳古镇区域范围：北至汀江河堤，西至漳溪河，南至茶阳牌坊，东至小靖河、大埔中学，保护范围450公顷。重点保护古镇区的格局肌理、历史街巷、历史水系、古镇区内的物质及非物质文化遗存等。保护规划彰显茶阳历史文化价值与特色：一是山水相间、浑然一体的空间格局，山—水—城交相辉映；二是历史文化底蕴，“父子进士”石牌坊、骑楼群、邹鲁故居等人文景观，“广东汉乐”“花环龙”“狮舞”“八音锣鼓”等民间艺术；三是老街骑楼群和颇具客家特色的客家古民居建筑艺术和风格；四是红色记忆，先烈足迹，革命老区。

保护机构 1994年，“大埔县文物管理委员会”成立，茶阳镇也相应成立文物管理机构，利用每年的文化遗产日和重大节庆活动，广泛宣传保护文物的重要意义，特别是反复讲述“父子进士”牌坊险遭摧毁破坏的史实，让群众意识到如果这个全国重点文物保护单位被毁坏，茶阳便失去了一笔极其珍贵的历史文化遗产，那将是古镇茶阳的重大损失。通过宣传，不断提高广大群众保护文物的意识，从而逐渐形成全社会的共识。

2010年10月，茶阳镇政府根据《中华人民共和国文物保护法》及县委、县政府有关古民居保护工作文件精神，向各村委会、镇属有关单位印发《关于加强茶阳镇古民居保护工作的意见》的通知，强调特色民居是历代祖先留下的珍贵遗产，是祖先们的智慧和血汗的结晶，积淀着深厚的客家文化精髓，应遵循尽量维护历史原貌、保护和利用相结合、坚持可持续发展的三个原则，认真加以保护。通过普查，按照建筑历史、建筑艺术、研究价值三个方面筛选出茶阳镇28座特色民居，并确定保护级别和措施、保护范围、建设控制地带。同时制定了《茶阳镇特色民居保护安全档案管理制度》《茶阳镇特色民居保护、事故隐患检查、整改管理制度》《茶阳镇特色民居保护事故统计报告制度》。在日常工作中，坚持执行“谁主管、谁负责”和“四定”（定项目、定措施、定责任人、定完成时间）的管理办法。

2011 年 1 月，中共茶阳镇委、镇政府成立“茶阳镇老街区保护工作领导小组”，同时印发《茶阳镇老街区保护方案》，规定老街区保护范围，将茶阳城区规划为三大区：即以高福路、太平路、新马路、大华路、万川路、中山路、学前街为中心的“保护区”；以仙基桥路、文化路、漳河路为中心的“改造区”；以较场坝为中心的“建成区”。保护要求和目标：在“保护区”范围内及控制地带内不准再批准新建楼房，禁止乱搭乱建，如因残旧需改建、扩建的需经过县、镇建设部门的严格审批，并按现有的街铺、弄巷的骑楼建筑风格和一进式结构，色彩以黑、白、灰为主色调，门窗、墙体、屋顶等形式符合风貌要求，建筑功能为商住两用或传统商铺的要求进行保护性改建。并指定镇城建办、国土所、文化站、街道社区为责任单位，各司其职保证各项工作落到实处。

修葺项目

“父子进士”石牌坊　属全国重点文物保护单位，建于明万历三十八年（1610），占地面积 55 平方米，具有浓厚的民族风格，是不可多得的石雕艺术精品。保护修葺措施：保护牌坊现有的形态和肌理，整治绿化周边环境，对学前街的广告牌、架空电线，要求统一高度与样式，保持、延续传统风貌。

邹鲁祖居（敬爱堂）　属近代名人祖居，省级文物保护单位，建于清代，占地面积 1584 平方米，土木结构。应保存其原风貌，进行房屋梁、桷、瓦、墙等修复，整治周围环境。至 2014 年完成修葺项目。

茶阳老街区　系粤东最大的骑楼群，属县级文保单位，始建于明朝初年，风格独特，砖石结构，占地面积 2936 平方米。修葺项目：对外墙脱落的建筑先进行清洗，后粉刷石灰纸筋灰；对裸露的砖墙面，补刷石灰纸筋浆；整理凌乱的电线，修畅排水沟，统一安装有传统风貌的广告牌；街道店铺挂宣传小旗，适当增加雕塑和加强绿化，使之成为旅游商业步行街。

特色民居　由镇政府统筹监管，恪守修旧如旧原则。

配套设施　完善供电、供水、消防等市政公用设施。

修葺资金　1994—2015 年，镇政府坚持“保护为主，抢救第一”的方针，争取上级及社会各界人士支持，投入资金近亿元，对古迹文物进行维修，对基础设施进行了改造。曾几次筹资对“父子进士”牌坊进行清洗抢救修复。2012年，聘请广州市白云文物工程有限公司，编制“父子进士”牌坊保护规划及设计“父子进士”文化产业园方案。2014年，文化部拨款36万元，作为“父子进士”牌坊的保护规划方案编制费。

2004—2006年，镇政府筹资146万元，对城区自来水、道路、排水沟、街道路灯进行改造，把镇政府至北门口路段铺筑成水泥路面。2007—2008年，投资80万元，在进城公园、进城门楼至交警中队办公楼前的街道竖立路灯，并在城区栽种绿化树木800棵。2009年，投入资金350万元，对仙基桥路、漳河路、文化路、学前街等老街道进行高标准改造，修缮老城区店铺，重现古色古香风貌。2010年，筹资100万元建设坛下坝“三和广场”。2011年，筹资660万元，继续完善“三路一街一场”改造；筹资50万元完成进城门楼到交警中队办公楼前的主街道高标准路灯架设；筹资36万元在工业园和新城开发区高标准架设3座高灯；筹资近2000万元对仙基桥至西湖的公路及狮子口大桥进行维修改造。2012—2013年，投入150万元，按照广州市城市规划勘测设计研究院的规划设计，推进“父子进士”文化产业园连片开发，并对金山公园、文化广场进行升级改造。

2007年8月，茶阳遭受特大洪水，导致小靖河段多处堤围决口，桥梁损毁，沿河店铺倒塌11间，出现险情20多处。灾后，镇政府投入800万元，对东升桥至印山背小靖河两岸各长400米堤段进行全面除险加固，并修复宾阳桥、襄阳桥和东升桥。结合提升城区市政功能，在东升桥至下桥关段两旁设置休闲长廊，全部工程于2008年3月竣工。2009年，投入400万元，先后建设了集防洪和休闲于一体的城区“一河两岸”堤围。对进城公园、茶阳宾馆、文化广场增加亮化和绿化。另外，做好城区饮水、坛下坝商住区等市政工程；投资8000万元的城区防洪工程，完成测设工作。2010—2011年，投资近4000万元，完成茶阳城区防洪堤围一期工程建设。2015年10月，投入100万元，建设西门河口与汀江连接处堤坝。

茶阳城是洪灾区，每逢洪患之时，供电部门为保障用电安全，关掉电闸，影响居民日常生活，夜里一片漆黑，群众更是难熬与无奈。为改变这一状况，茶阳镇政府结合整治火灾隐患的契机，对城内店铺和民居用电线路的布设进行合理科学的改造，用反常规的办法，将原来从房屋底层往顶层布设的电线，安装在底层的电表及开关等供电设备，一揽子安装到顶层，由顶层向下逐层布设线路，在顶层控制电源。每当洪水来临，用户可以根据店铺受浸的层数逐层断开电源，让没有受浸的楼层生活用电不受影响。2003年以前虽曾进行用电线路调整改造，但仍不完善。2004年筹资20万元，实施改造城区自来水供水工程。2006 年筹资 68 万元，对街道供电线路及路灯进行改造。2010 年筹资 20 万元更新城区部分自来水管网。2011 年又投入 100 万元对城区自来水网进行扩网改造。城区供电、供水工程的完善，方便了全城 3000 多户居民、520 多间店铺、1.3 万多人的生活和工作。

2007 年 6 月，投入 20 万元，维修邹鲁故居“椿森第”；同年 7 月，投入 30 万元，维修古民俗建筑“关岳庙”；2009—2013 年，投入 300 万元，维修“张氏总祠”；2010 年 5 月，投入 30 万元，维修石田村赖姓“垂裕堂”；2011 年 3 月，投入 50 万元，维修饶氏“诒谷堂”；2013 年 3 月，投入 73 万元，维修广陵村张氏“昌祚堂”；2014 年 10 月，投入 75 万元，维修花窗村邹鲁祖居“敬爱堂”。

旅游开发

打造古镇旅游品牌 茶阳历史悠久，古街骑楼、特色民居保护完整，文物古迹众多，人文积淀丰厚，能够比较完整客观地反映明清以来各个历史时期的历史风貌、地方特色、民俗风情。进入 21 世纪以来，茶阳镇政府坚持“在保护中开发，在开发中保护”的原则，遵循“生态立镇，绿色兴镇”发展理念，利用古镇丰富的历史文化遗产和现有资源，精心设计，合理安排，全力打造“千年客家特色古镇”旅游品牌。

茅坪甜竹红色生态旅游服务中心（2016年）

茅坪甜竹母子瀑（2016年）

2000年，茶阳的“父子进士”石牌坊、“石上盘龙”两处景点被县旅游局纳入“大埔一日游”旅游景点。2009年，“茶阳一日游”正式启动。2013年，“大埔九寨沟”茶阳甜竹自然风光景区进入规划实施阶段。2014年，茶阳镇政府按照国家AAAA级旅游景区标准打造“进士文化产业园”，完成“进士文化产业园”规划、文化广场升级改造和全国重点级文物保护单位“父子进士”牌坊室外设计修编，完善配套相应的景点设施及景观标志工作，综合整治周边环境。按照国家AAA级旅游景区标准打造“甜竹红色生态休闲区”，突出“客家九寨，甜美竹乡”客家风情小村的主题，开发春季观花赏竹，夏秋纳凉、戏水、摘果等旅游项目。完成游客服务中心和高乾红色展厅主体工程建设及电瓶车中转站、步行栈道的设计规划。

千年古镇，魅力茶阳，其独特的风姿，每年都吸引数以万计的外地游客以自驾、组团的形式慕名而至。2005年，到茶阳观光旅游的有9万多人次，2012年有13万多人次，2015年有20多万人次，2019年有30多万人次，旅游业收入近5亿元。

茅坪甜竹旅游区牌坊门（2016年）

茅坪甜竹休闲山庄（2016 年）

旅游线路

千年客家古镇之旅 主要景点：老街骑楼群、群丰古村落、景观大道（竹海绿道）。

进士文化产业园之旅 主要景点：父子进士石牌坊、天褒节孝牌坊、关岳庙、张氏总祠、饶家祠、古井、文化广场、金山公园。

原生态、红色热土之旅 主要景点："大埔九寨沟"——茶阳甜竹万亩原生态自然保护区景区、乡村田园自然风光、高乾村苏维埃人民政府旧址。

茅坪甜竹休闲长廊（2016 年）

特色文化

广东汉乐、广东汉剧、茶阳花环龙、客家山歌是茶阳镇颇具特色的民间艺术，深深植根于民众之中，深受人们的喜爱。若您到茶阳来，一定能体味到这些民间艺术的独特韵味，令人回味无穷。

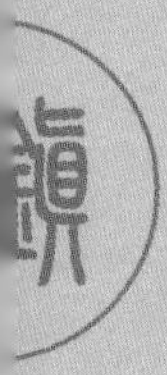

岭南奇音——广东汉乐

源流 广东汉乐是大埔县民间音乐，客家人世代相传，它是古代汉民从中原南迁时带入，有“中州古乐”之称。旧时亦称客家音乐、外江弦、儒家乐、汉调音乐；清末，也有人称其为“国乐”。它一方面继承了中州古调遗风，另一方面则由于长期与当地民众的语言文化、生活习俗相互融合、相互影响，又极富清纯秀丽的南国情调。

1962 年 3 月第一届羊城音乐花会，经众多音乐家研讨，正式定名为“广东汉乐”。广东汉乐和广东音乐、潮州音乐被称为岭南三大乐种。2006 年 5 月 20 日，广东汉乐经国务院批准列入第一批国家级非物质文化遗产名录。

曲目 根据岭南美术出版社 2008 年出版的《广东汉乐精选》介绍，大埔县多年来挖掘、收集、整理的广东汉乐曲目多达 600 多首，曲目类别有 4 种。

形象传神，喜庆欢乐类:《迎春曲》《春之花》《春兰》《月春兰》《百家春》《盐山茶》《春串》《秋串》《到春来》《小开门》《锦上添花》《北进宫》《迎仙客》《笑花妍》《四景春》《小桃红》《过江龙》《饭后茶》《双蜓戏雀》《小拜堂》《万年欢》《落地金钱》《画眉跳架》《闹元宵》《花鼓调》《赏花》《卖杂货》《玉美人》《嫁好郎》《卖酒》《暖煲茶》《双扶船》《朝天子》《薰风曲》《翡翠登潭》《闹雪》《一锭金》《闹花堂》等。

旋律优美，情深意长类:《绣荷包》《西厢词》《平沙落雁》《乱插花》《平山乐》《出水莲》《黄鹂词》《玉莲环》《风吹柳》《进酒》《平湖》《雪雁南飞》《上天梯》《有缘千里》《怀古》《琵琶词》《蕉窗夜雨》《单点头》《小扬州》《柳叶金》《寒鸦戏水》《浪淘沙》《铁断桥》等。

气势宏伟类:《将军令》《水龙吟》《五声佛》等。

哀恨、梵乐类:《崖山哀》《雁儿落》《杜宇魂》《菩庵咒》《绊马索》《送歌》《昭君怨》《散楚辞》等。

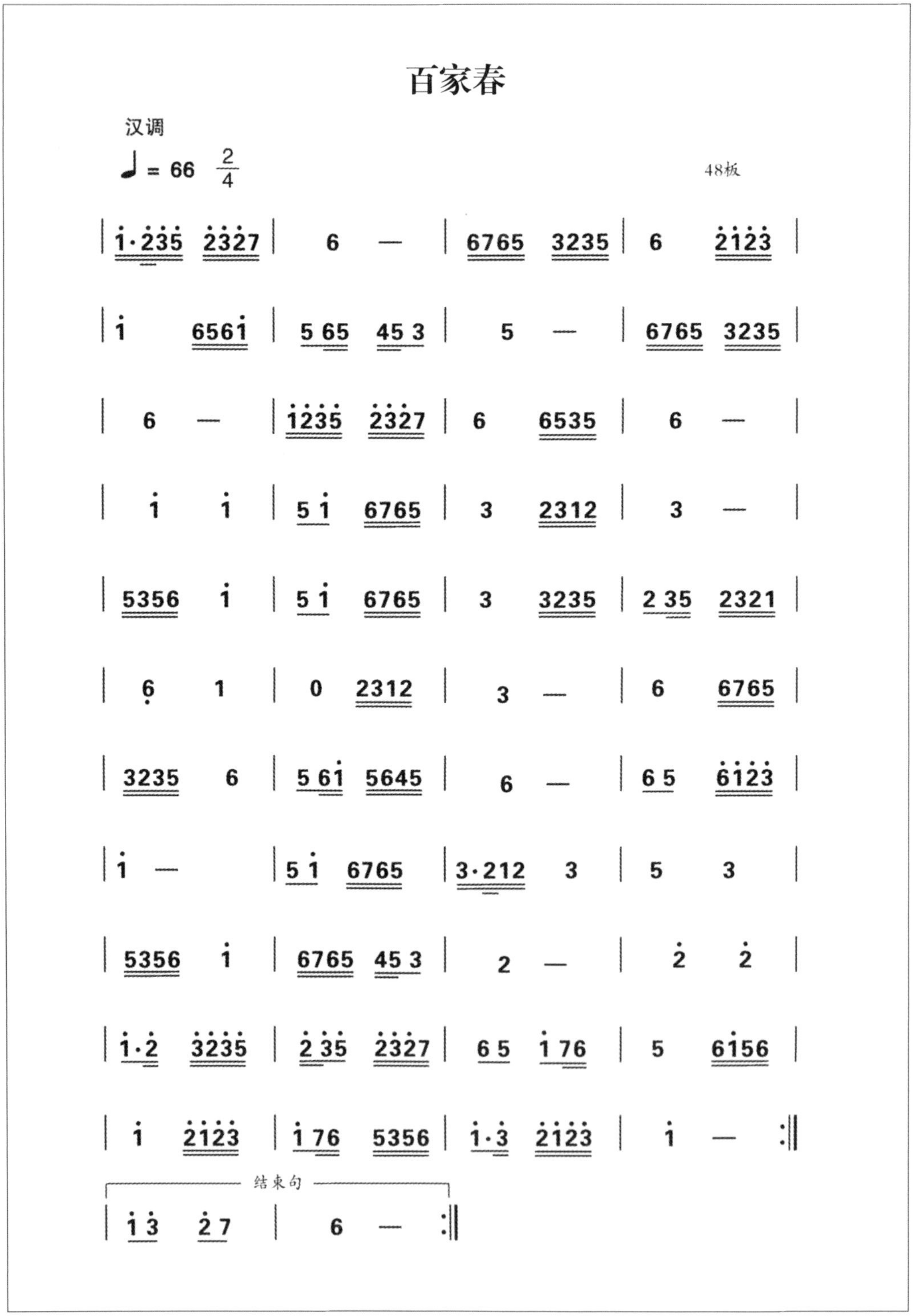
百家春
汉调
= 66 2/4
48板
结束句

汉乐演奏（2016 年）

乐器 广东汉乐的传统演奏乐器有：提胡、椰胡、低音胡、笛子、洞箫、唢呐、月弦、三弦、扬琴、琵琶、筝、副板、片鼓、小鼓、大鼓、堂鼓、戥子、小钹、大钹、碗锣、当点、马锣、小锣、铜金、大锣 25 种。

类别 按照演奏形式、演奏习惯及不同用途，广东汉乐分五个类别：一是丝弦乐，俗称和弦索，是广东汉乐中最普及、最大众化的演奏形式。演奏时以头弦（俗称吊规子）或提胡领奏，配以扬琴、三弦、笛子、椰胡等乐器。二是清乐，又称儒乐，追求比较高雅的演奏形式，常为文人雅士活动而演奏。演奏时乐器较少，主要有古筝、琵琶、椰胡、洞箫等，人称“筝、琶、胡”。三是汉乐大锣鼓，又称八音，主要在民间迎神赛会或闹元宵等客家传统节日演奏。以唢呐为主奏，配有打击乐器大鼓、苏锣、大小钹、碗锣、铜金、小锣、马锣（八音用）。四是中军班音乐，历史上是职业或半职业的民间音乐班、社的演奏音乐，主要用于民间婚丧喜庆活动。以唢呐为主奏乐器，配以打击乐和若干丝弦乐。五是庙堂音乐，是宗教法事上演奏的吹打音乐。演奏时，以唢呐为主，配以打击乐、若干丝弦乐。

汉乐发展 清末民国初，县城茶阳便有汉乐爱好者自发组织的演奏活动，城区的“琴楼”和“翠竹园”，是乐手们经常聚集的场所。每当华灯初上，乐手们便四方汇集，或拨弄丝竹，或切磋技艺，热闹非凡，非更深夜阑不散。当时较知名的有：饶托生、饶竞雄、李伯群、饶碧初、饶从举、饶淑枢、张逸三、王光被、温少丹、饶可清、彭采生等十余人。他们都熟练掌握一种乐器（有的两种以上）演奏技巧。演奏的乐曲多为古典优雅名曲，如《出水莲》《迎仙客》《杜宇魂》《春串》等。

20 世纪 30 年代初，陈铭枢主政广东，茶阳人邹敏初任省财政厅厅长期间，曾礼聘上述音乐高手赴省城演奏，历时 3 个月，深为陈铭枢、李济深、欧阳予倩等社会名流赏识，给予高度评价。自此，穗、汕等地始知大埔山城有此艺术奇葩。陈铭枢为此以唐诗两句手书一联赠予琵琶高手饶碧初："古调虽自爱，今人多不弹。"事后，汕头百代唱片公司还聘请他们灌制《二进宫》《探楼》等汉乐唱片，行销海内外。同时期，饶惠川、饶托生等在翠竹园倡议成立"同益国乐社"，20 世纪 40 年代，县内各地音乐高手罗九香（古筝）、罗筹九（掌板）、罗协鸿（头弦）、何育斋（古筝）、何凤亭（唢呐）、杨润石（头弦）等纷纷慕名而至，茶阳的汉乐活动盛极一时。其时，驻扎在大埔城的粤军独一师第五团团长陈绍武，常临该社"顾曲周郎"，曾书"高山流水"之横幅赠大埔同益国乐社。戏班艺人唐贯贤、黄犇传、罗恒报、罗旋、范思湘、刘绍犇等人，每临茶阳演出，必造访该社参加联奏或演唱。至中后期，社内艺人或为生计或年老或辞世，乐社活动渐濒衰歇。

新中国成立后，茶阳艺人组织成立"民间音乐研究社"，经常举办汉乐演奏活动，切磋交流技艺，自行对汉乐进行探索和研究。1956 年，饶从举、饶淑枢、罗九香三人组成"客家音乐小组"，应邀赴京演奏丝弦音乐，受到在京音乐界人士赞誉，赢得"岭南奇音"的美誉；他们演奏的《单点头》《昭君怨》等 10 首汉乐，被灌制唱片。进入 20 世纪 80 年代以来，大众喜闻乐见的汉乐演奏更加普遍，更为频繁。不少演奏高手还参加县、市、省级的表演比赛活动，有的还应邀走出国门，到国外表演。他们不负众望，

汉乐新苗（2016 年）

均载誉而归。广东省非物质文化遗产广东汉乐代表性传承人饶宝尤，头弦、提胡、扬琴的演奏技巧炉火纯青、技艺娴熟，已臻上乘，他的演奏颇受群众欢迎。2006 年，他率大埔汉剧团晋京，在中央音乐学院音乐厅演奏广东汉乐《百家春》《小桃红》等曲目，受到专家、学者和音乐界人士的广泛好评。之后，他还多次到北京、广州、香港，以及新加坡等地演出、比赛，并获 2 金 2 银。他积极参与广东汉乐理论的挖掘与整理，撰写发表了《试谈如何提高汉乐和奏效果》等论文。从 2001 年开始，每年举办大埔县暑期青少年广东汉乐培训班，免费培训青少年 500 多人次。2011 年开始带徒授艺，已收弟子 3 人。大埔县非物质文化遗产广东汉乐代表性传承人庄长江，也已收徒数人，传授技艺。

2007 年，茶阳镇成立大埔县广东汉乐研究会茶阳分会，有会员 30 多人。至 2015 年，全镇共有汉乐活动点 53 个，其中城区 20 处，汉乐爱好者们采取定期与不定期相结合的形式，开展活动与交流。

南国牡丹——广东汉剧

源流 广东汉剧起源于中原，生根于大埔，流行于韩江、东江流域以及粤北、闽西、赣南一带。广东汉剧在大埔已有三百余年历史，民国初年，有称“乱弹”，也叫“外江戏”“大人戏”，俗称为“大戏”。1927 年，由大埔人、老同盟会员钱热储（1881—1938）首倡改外江戏为“汉剧”，后又冠以省名，称为“广东汉剧”。20 世纪 30 年代，大埔有专业汉剧戏班“新老福顺班”和“同艺国乐社”等。20 世纪 40 年代中后期，百业凋敝，民不聊生，各个演出团体无法为继，纷纷解散。

新中国成立后，人民安居乐业，党和政府重视文化艺术的传承和发展，县内各地的业余汉剧团又逐渐恢复生机，茶阳“群艺业余汉剧团”就是其中之一。1953 年春，茶阳许多闲散老艺人和戏迷票友，提议成立业余汉剧团，申报获得批准后，在城西“西竺庵”举行成立大会，并推举张萍、黄伟、饶训进等为领头人，剧团开始正式运作。他们自筹资金，自制道具和画景。老艺人唐贯贤、黄玉兰、刘照彩等人，以及新秀胡雪文、黄洁玉、邓新妹，乐师饶碧初、王光被、饶从举等人，都在剧团服务。当时演出的《大闹开封府》《时迁偷鸡》《百里奚》等节目，深受广大观众欢迎。1955 年，茶阳、高陂、恭州三个业余团队合并，组成专业的“大埔东方汉剧团”，后又改称“东风汉剧团”。1956 年成立广东汉剧团，“东方汉剧团”部分演员、乐手被调去充实。1959 年 3 月，“东风汉剧团”并入广东省汉剧团。

1957 年 5 月，广东汉剧团赴京在中南海怀仁堂演出了《百里奚认妻》，黄粦传、黄桂珠为主演。

1959 年冬，广东省汉剧院二团东风汉剧团（前身为东方汉剧团）下放给大埔，次年复名为大埔东风汉剧团。1962 年 3 月，东风汉剧团在广州公演（广州东乐戏院演出 14 天 16 场），古大存、饶彰风、曾生等省领导陪同中宣部副部长、文化部部长林默涵，中国戏剧家协会主席田汉观看《谢瑶环》。演出结束后，田汉兴叹曰：“南国牡丹又一枝，汉剧之乡誉满羊城。”随即赋诗一首：“拼将颈血斗权奸，弱女居然战士颜，难得岭南风雨夜，娇弦逸管听瑶环。”自此广东汉剧被誉为“南国牡丹”，名扬四海。

大埔是广东汉剧的发源地，新中国成立以来，培养出一批又一批汉剧艺术人才，受聘于广东和闽西等地的专业汉剧团或戏曲学校的演员、乐师、编剧、导演等共有 130 多人。星海音乐学院古筝专业副教授饶宁新，也是茶阳人。2008 年 6 月 7 日，广东汉剧经国务院批准列入第二批国家级非物质文化遗产名录。2012 年 7 月，饶越敏被梅州市人民

大埔汉剧团演出的传统汉剧《蓝继子救嫂》剧照（2010 年）

大埔汉剧团演出的传统汉剧《梁四珍与赵玉粦》剧照（2010 年）

政府公布为非物质文化遗产广东汉剧代表性传承人。2014 年 12 月，郑永华被大埔县人民政府公布为非物质文化遗产广东汉剧代表性传承人。

剧目 广东汉剧拥有传统剧目 872 个（有完整藏本的剧目有 328 个），题材广泛，内容与皮黄系统的兄弟剧种大同小异。剧目取材于元明杂剧及各朝代的历史故事、民间传说、演义、传奇、神话等。

剧目按取材时代可分为：

先秦及汉晋时期的《渭水访贤》《钓鲈鱼》《闻太师》《弑齐君》《过昭关》《孙膑收庞涓》《百里奚认妻》《齐王求将》《马前泼水》《宇宙锋》《孟姜女》《追韩信》《昭君出塞》《桃园结义》《刺董卓》《孟德献刀》《凤仪亭》《辕门射戟》《击鼓骂曹》《捉放曹》《盘貂》《三顾茅庐》《孔明借箭》《打黄盖》《三气周瑜》《讨荆州》《过五关斩六将》《白门楼》《赵云救阿斗》《战宛城》《华容道》《过江招亲》《单刀赶会》《张飞审瓜》《取西川》《刘璋让位》《收姜维》《失空斩》《取东川》《哭祖庙》等。

隋唐宋元时期的《瓦岗寨》《淤泥河》《薛平贵别窑》《回窑》《郭子仪拜寿》《打金枝》《下南阳》《状元媒》《高怀德打擂》《打洞结拜》《宋太祖》《开封府》《秦香莲》《穆柯寨》《六郎罪子》《宗保挂帅》《拦马》《快活林》《武松打店》《杀嫂》《宋江杀惜》《燕青打擂》《时迁偷鸡》《石秀探庄》等。

明清时期的《游武庙》《红书宝剑》《审头刺汤》《审诰命》《二进宫》《盘夫》《僧尼会》《打花鼓》《蓝继子》《柴房会》《桂枝写状》《墙头马上》《索夫》《王大儒供状》《青草记》《玉麒麟》《打破锅》《揭阳案》《花灯案》《安溪案》《武平案》《高文举》《蝴蝶梦》《梁四珍与赵玉粦》等。

现代的《一袋麦种》《热嫁冷婚》等。

剧目按传统戏的声腔可分为：

西皮腔调的《临潼关》《三家店》《虹霓关》《汾河湾》《芦花河》《打金枝》《祭梅骂相》《祥眉寺》《沙陀国》《三击掌》《双别窑》《打平贵》《探寒窑》《武家坡》《雷神洞》《打龙棚》《斩黄袍》《杀四门》《服药》《二王图》《雁门摘印》《黑松林》《演火棍》《四郎探母》《辕门斩子》《牧虎关》《劝民》等。

二黄腔调的《南阳关》《十道本》《法场换子》《双槐树》《丛台别》《青风亭》《回龙阁》《游花园》《访赵普》《龙虎斗》《杨家将》《五台出家》《五台会兄》《太君辞朝》《打棍出箱》《双包案》《钓金龟》《打銮驾》等。

汉剧《百里奚认妻》唱段

百里奚：(白)老夫百里奚乃虞国人氏，只因家贫，抛妻别子，求取爵禄，谁知数十年中，仕虞背晋，逃楚归秦，东飘西荡，思想起来，好不伤感人也！

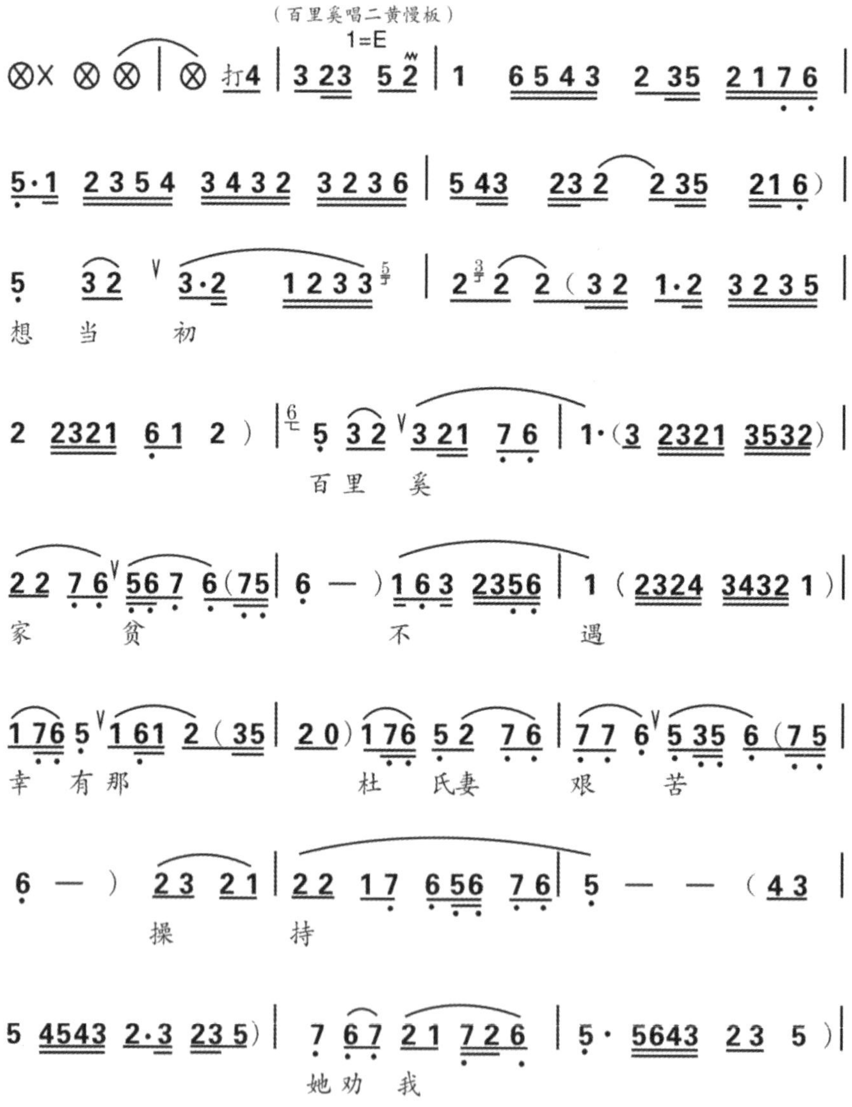

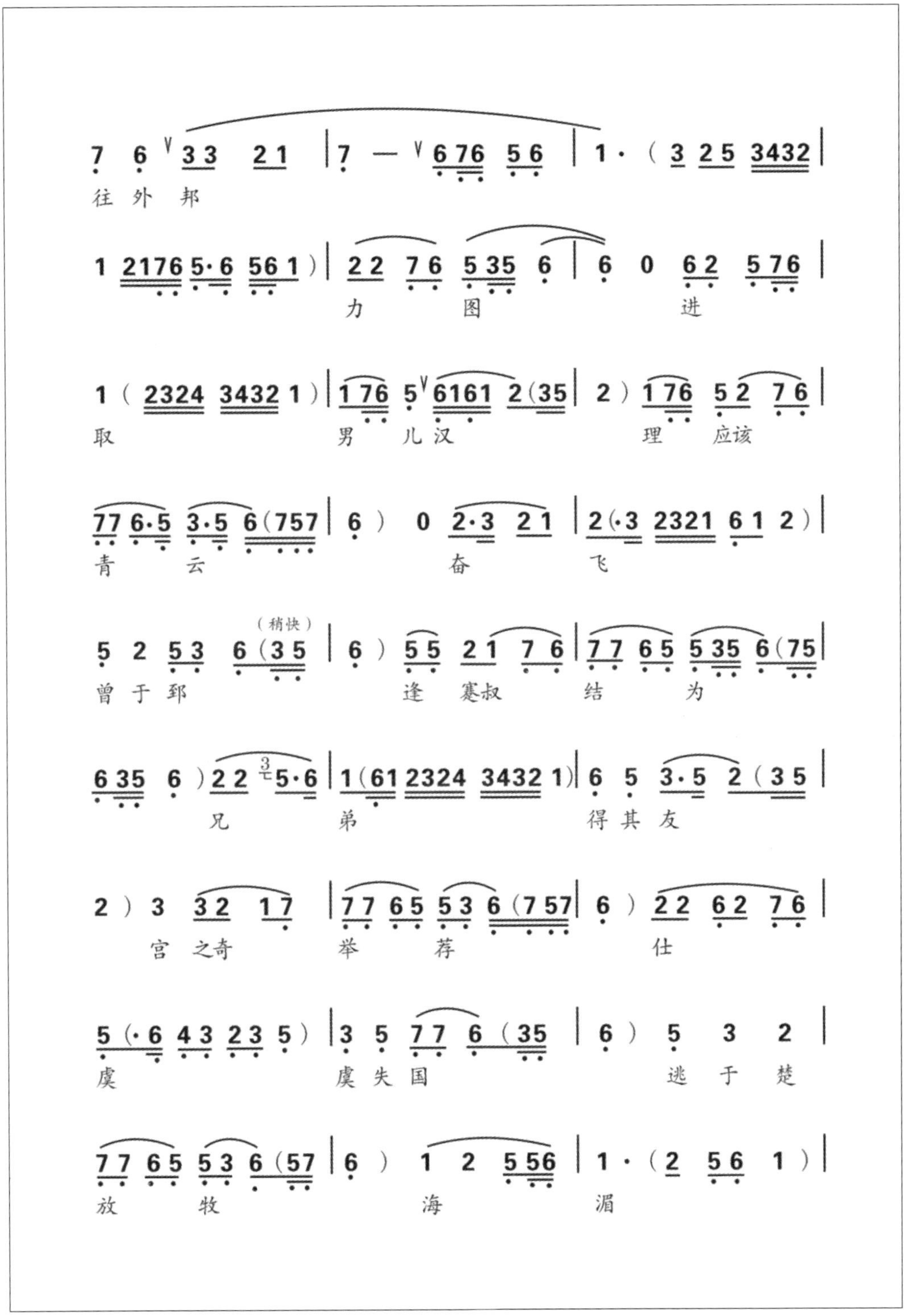
往外邦
力图进
取
男儿汉
理应该
青云
奋
飞
（稍快）
曾于郢
逢蹇叔
结为
兄弟
得其友
宫之奇
举荐
仕
虞
虞失国
逃于楚
放牧
海
湄

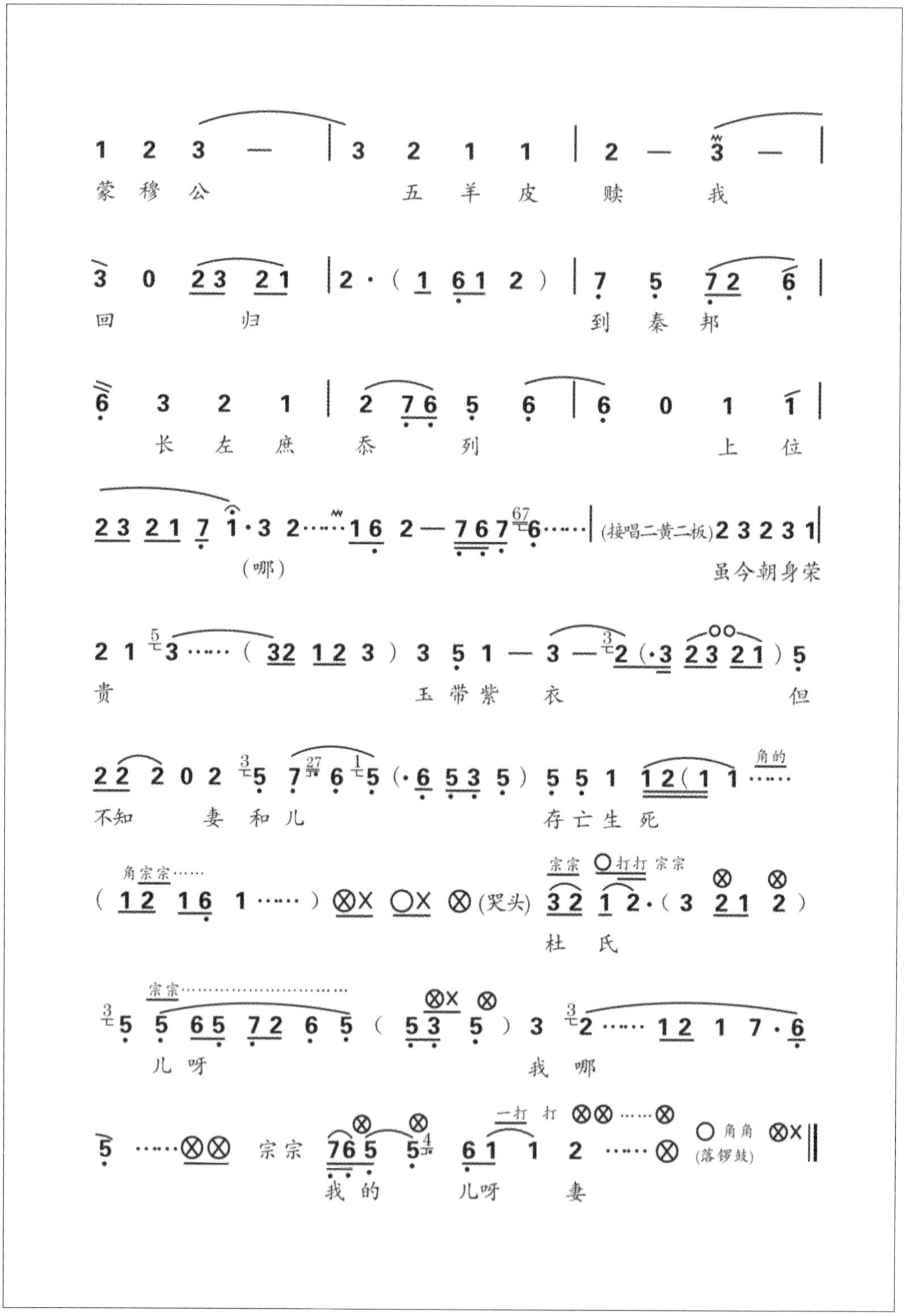
蒙穆公 五羊皮 赎 我
回 归 到秦邦
长左庶忝 列 上位
(哪) (接唱二黄二板) 虽今朝身荣
贵 玉带紫 衣 但
不知 妻和儿 存亡生死
角的
角宗宗……
(哭头)
宗宗 打打 宗宗
杜 氏
宗宗
儿呀 我 哪
宗宗
一打 打
角角
(落锣鼓)
我的 儿呀 妻

皮黄结合的有《表功劳》《罗成写书》《三休梨花》《三请梨花》《二度梅》《下河东》《状元媒》《血手印》等。

反二黄的有《罗成显魂》《李陵碑》《审潘洪》《洪羊洞》等。

流水大板（又称二黄平板）的有《贵妃醉酒》《提寇准》《写状》《杀惜》《活捉》《竹挑帘》等。

二黄与高拨子的有《徐策跑城》等。

七句半的有《打铁记》等。

有特殊唱腔的如《南天门》中老曹福的一段反西皮唱腔、《贵妃醉酒》中一段比较特殊的流水大板、《昭君出塞》中一段特殊唱腔（昆曲）、《打洞结拜》中的一段花腔二六（有的称襄阳调）等。

表演 广东汉剧与闽西汉剧主要声腔同属“西皮二黄”，表演形式与京剧、湖北汉剧等剧种大同小异，武功属南派。脸谱百多种，以黑、红、白三色为主：黑色为刚勇，红色为忠贤，白色青色为阴险奸诈之相。音乐唱腔以皮黄为主，兼收昆曲、高腔、吹腔、小调等，并保存很多的曲牌。朴实淳厚，高昂悲壮，是广东汉剧音乐唱腔固有的风格特点。其角色行当分7个（亦有9个之说、“‘六行’‘八当’”之说）：生、旦、丑、公、婆、净、末。伴奏乐器也颇有特色，头弦、大苏锣及号头是广东汉剧特有的伴奏乐器。表演技法：小生举手投足稳重大方，端庄文雅；武生，讲究暗劲力道；旦角，唱、做要掌握“气沉丹田头顶空，全凭腰转两肩松”之精要，吟唱时音质要有厚度，唱法柔婉，表演轻松庄重；丑行表演动作夸张，胸正屈膝，常走矮步或单腿移动，肩、眼、鼻、口、舌与肩、手指、腰、腿紧密配合，要求“功底过硬一身轻，蹲步动作稳如钉，走步技巧似无边，翻腾飞跃无响声”等。名丑角唐贯贤表演的《时迁偷鸡》中的一组动作，给观众留下了深刻印象：他的双脚勾在房梁上，倒吊着身子，用一只手端碗，一只手用筷子，一下子就把碗里的面条吃完了。斗转星移，数十年虽已过去了，但人们对他精湛的演技仍津津乐道，赞不绝口。

被拍成电影搬上银幕的广东汉剧有《齐王求将》（古装）、《一袋麦种》（现代），被拍制成电视剧展现于荧屏的广东汉剧有《蝴蝶梦》（古装）、《白门柳》（古装）、《花灯案》（古装）等十多部。

1981 年 9 月，大埔汉剧团《广东案》一剧参加广东省调演，获优秀剧本奖和演出二等奖，广东电视台在全省转播。

1982 年，丘丹青创作的《包公与妞妞》荣获广东省鲁迅文学奖、专业剧本一等奖。

1983 年，管石銮创作的《花灯案》获广东省鲁迅文学奖。8 月，中央人民广播电台对外台到埔录制《高文举》《梁四珍与赵玉莽》，全剧于当年对外播放，主唱黄月崇、黄洁玉、陈以灿、邹湘粤。

1984 年 8 月，大埔汉剧团上演《广东案》250 场，地区文化处、文联特在大埔县召开座谈会并颁奖鼓励。

1987 年 11 月，广东音像出版社出版发行广东汉剧唱腔集锦片一部，内有《白虎堂》《北楼会》《怜勉》唱段，主唱黄月崇、黄洁玉、陈以灿、饶越敏、何国美。同时发行《喜迎龙》音乐带一盒，主奏余敦昌、罗琏，司鼓范胜华。丘丹青参与创作的《花灯案》获广东省文化厅“广东省第二届艺术节剧本一等奖”。

1993 年，丘丹青创作的《热嫁冷婚》获广东省文化厅“广东省第五届艺术节剧本三等奖”。

1998 年 10 月，受新加坡茶阳（大埔）会馆邀请，大埔县组成文艺庆贺团赴新加坡演出。演出团一行 27 人，在新加坡连续演出 3 场，其中，嘉龙大剧院演出 2 场，海皇歌剧院演出 1 场。主要节目有《四郎探母》（主演饶越敏、黄吉英）、《打花鼓》（主演余凯昌、黄庆清）、《游园》（主演何国美、黄吉英）以及《八仙庆贺》《茶阳精神代代传》等，参加演出人员有范胜华、杨培柳、罗邦龙、庄长江、廖东雄、严建忠、罗曾优、张高徊等。此次演出，深受当地民众欢迎，新加坡媒体竞相报道演出盛况。

2006 年 10 月，广东汉乐汉曲演出团赴京参加在中央音乐学院音乐厅举行的专场音乐会，饶越敏、何国美、黄吉英、黄超轮演唱汉曲《一杯喜酒庆团圆》，中央电视台综艺频道、中文国际频道共同录制该节目并在中央电视台综艺频道《风华国乐》栏目播出。

2010 年 5 月，中央电视台戏曲频道到大埔拍摄汉剧《梁四珍与赵玉莽》选场《状元买宝》，主演何国美、饶越敏。10 月，由星海音乐学院主办的汉乐·首届（2010）学术论坛暨展演专场音乐会在广州星海音乐厅举行，饶越敏（饰老生）、何国美（饰小生）、黄吉英（饰青衣）分别演唱汉曲《百里奚认妻》《薛平贵出征》《黄花公主》。

龙腾盛世——茶阳花环龙

起源 花环龙在茶阳具有悠久历史，是当地优秀的民间艺术、知名的文化品牌之一。花环龙源于茶阳镇下马湖村的“软腰龙”（又叫舞龙灯）：清康熙年间，茶阳城里饶姓居民到距县城 6 千米的山村下马湖耕山种田，然后定居，经数代人发展，人丁渐旺，渐成村落。到了 18 世裔孙，为了在每年春节、元宵回城祭祖时造成欢乐热烈气氛，秀才饶君滚突发奇思妙想：不如制条龙灯，众人擎着回城岂不是热闹且好看吗？为了得到龙的图案，他想方设法进入县衙，将衙门里绘的龙仿画下来带回村里。然后依样画葫芦，用竹、纸编扎成立体龙状，组织村民，在村内外四处舞动巡游。此后每年春祭和正月十三上灯，村民便把龙灯取出来翻新，带回城里饶姓宗祠，以舞龙灯庆贺新春。年复一年，代代承传，历时二百余年。

新中国成立后，每逢岁时节庆，群众都以舞龙灯游行祝贺，增添热闹气氛，它已成为老县城民俗活动的独特形式。“文化大革命”期间，由于极左思潮影响，舞龙灯被视为封建宗族迷信活动而被禁止，下马湖村舞龙队被迫解散，停止活动。至 20 世纪 70 年代末，改革开放春风又重新吹生了这古老的民间艺术，下马湖村舞龙队得以恢复。1980 年元宵节，下马湖村舞龙队被邀至大埔新县城参加县文化部门组织的庆元宵活动，受到

2005 年 11 月，茶阳花环龙表演队参加广东省国际旅游节暨岭南民间艺术表演，获银奖

社会各界好评。舞龙灯这一传统民间艺术，重新得到党和政府的重视。1980 年冬，县文化馆文艺舞蹈辅导干部张广哲，带队到下马湖村，对民间传统的龙灯舞作了全面调查，随后组织民间制作艺人饶武昌及一批舞龙骨干，会同茶阳镇文化站，对下马湖村“软腰龙”的制作、舞技、舞法以及伴奏音乐进行了一系列的改革和创新，并正式命名为“花环龙”。1982 年 9 月,《中国民间舞蹈集成·广东省卷》编辑部、中国舞蹈家协会广东分会到大埔拍摄《花环龙——双龙戏珠》。1994 年 10 月,“花环龙舞”被收入《中国民间舞蹈集成·广东省卷》。

龙腾山村（2016 年）

1999 年，茶阳镇被省文化厅和文化部社会文化图书馆司命名为“民间艺术之乡”“花环龙之乡”；2000 年 5 月，茶阳镇又被文化部命名为“中国民间艺术之乡——花环龙之乡”；2007 年花环龙被列入省级非物质文化遗产保护名录。2008 年 11 月，饶武昌被广东省人民政府公布为省级非物质文化遗产茶阳花环龙代表性传承人。

舞技 花环龙舞有“独龙戏珠”“双龙抢珠”“群龙并舞”3 种表演形式。改进后的花环龙在继承中原古汉族龙舞基础上，吸取了中国民间舞蹈、古典戏剧舞蹈“刚中带柔、柔中富刚、刚柔相济”特点，以“文舞”“软舞”为基调，使花环龙舞得娇柔婉转、潇洒自如。

舞独龙所需队员：擎掌龙头 1 人，其余 10 节（或以上）每节 1 人；乐队：司大鼓 1 人（指挥）、公锣1人、喜庆中锣8人（或以上）。整个班组约需25人。双龙或多龙合舞，则相应增加队员，但乐队仍是一支。

花环龙舞有“站、蹲、跪、团、骑、坐”的舞技舞法，它具有独特的艺术风格：一是有从左至右，或从右至左，头摆尾和，上下跳动，辗转自如的双重舞姿；二是利用空间优势，长于向纵（空）施展的环舞；三是不拘场地大小、地势高低，具有浓郁的高山舞蹈色彩。花环龙舞表演，节奏感强烈分明，有高低起伏动静之分。高潮时，巨龙追戏红色宝珠，腾飞跳跃，扶摇直上，遨游云端；龙归大海时，乘风破浪，势不可挡，气势夺人；静态时，巨龙婉转飘逸，优美娇柔，轻吟深潭，颇具势伏待时韵味。过去花环龙舞的技法较为简单，改革创新后花环龙舞，吸纳了民间传统“站舞”“骑舞”精华，创新合成了花环龙舞的“站”“跪”“坐”“骑”灵活轻巧的独特舞法，同时，增加了“双龙舞”和“群龙舞”。

传统的舞龙是在空旷地上表演，采取游戏式的舞动方式。经改进后的花环龙舞突出编舞艺术，可进入舞台或广场表演。

在舞台表演时，采取独、双龙结合，突出“独龙戏珠”“双龙抢珠”“双龙抢珠360 度转动”“卧龙走圆场”之舞。套路有“双龙出海”“站舞”“走舞”“跪舞”“跳龙珠”“盘龙”等。在广场表演时，采取多龙合舞的环舞，突出“双龙戏珠”“双龙抢珠”“跳龙珠”之舞。套路有“群龙腾飞”“独、双龙结合”“双龙交叉”“卧龙走圆场”“盘龙”等。

花环龙舞，不但要有高超娴熟的舞技、优美潇洒的舞法，同时，还要队员之间、鼓乐之间默契配合。

双龙舞（2016 年）

表演活动 茶阳镇花环龙表演队多次参加省、市、县大型文艺表演活动。多次获得金奖、银奖等奖项。

1984 年 9 月，在梅州地区首届梅城元宵灯会上表演《鲤龙会》。

1988 年 10 月，赴穗参加广东八八艺术欢乐节，表演《双龙戏珠》，获纪念奖。

1994 年 12 月，在梅州举行的第十二届世界客属联谊恳亲大会闭幕式上表演《龙狮共舞》，获表演一等奖。

1999 年 12 月，花环龙队代表大埔县参加广东省庆祝澳门回归大型文艺演出，获“优秀演出队”和“优秀演出奖”。

2003 年 9 月，花环龙代表队赴梅州市参加市第四届体育节“体彩杯”全民健身展示会，获优胜奖。

2005 年 11 月 19 日，在大埔县第五届世界大埔同乡联谊大会上，茶阳镇花环龙表演队表演《龙腾盛世》，海内外嘉宾好评如潮。

2005年11月25日，花环龙代表大埔县参加广东省国际旅游节岭南民间艺术会演，在天河体育中心南门舞台表演《龙腾盛世》，获银奖。

制作工艺

花环龙由龙头、龙身和花环、龙珠、光源四大构件构成。

龙头　龙头用老杉木作骨架，柄长3尺（1米），以毛竹篾编扎，白绸布包裹，布上彩绘图案。龙头角长、眼饱，重约3千克。

龙身和花环　龙身用杉木作骨架，毛竹篾编扎，蒙白绸布，布上彩绘，勾画龙鳞。花环用竹片圈成圆圈，扎上密密的反光彩色纤维包装带。

龙珠　龙珠为圆形，用毛竹篾扎圆后，包上红色彩布，加上油彩，在圆珠的中间串上一根平衡轴，使其可转动灵活。

光源　传统光源为蜡烛，改良后以干电池或蓄电池点亮灯泡为光源。

余音绕梁——客家山歌

流传　客家山歌是客家歌谣最主要的组成部分，也是随客家先民南迁时带来的娱乐文化，流行于赣南、闽西、粤北、粤东一带。客家山歌历来都是口耳相传，记载于文字是近代以来的事。旧时，因山歌难登大雅之堂，故史志中极少提及。然而，山歌与客家人生息相伴，在历经磨难中顽强地生存与发展，它形象生动且极富乡土特色和生活气息，易记易唱易为人们口耳相传，故千百年来深受客家民众喜爱。2005 年 5 月 20 日，国务院公布的第一批国家级非物质文化遗产名录，“梅州客家山歌”名列其中，客家山歌在大埔的流传甚远甚广。饶建玲，茶阳街道人，大埔县文化馆馆长，2015 年 6 月，被梅州市人民政府公布为市级非物质文化遗产项目客家山歌代表性传承人。饶爱英，茶阳街道人，青年时为部队文工团团员，退役后在大埔县文化馆任客家山歌专业演员，2014 年被大埔县人民政府公布为县级非物质文化遗产项目客家山歌代表性传承人。

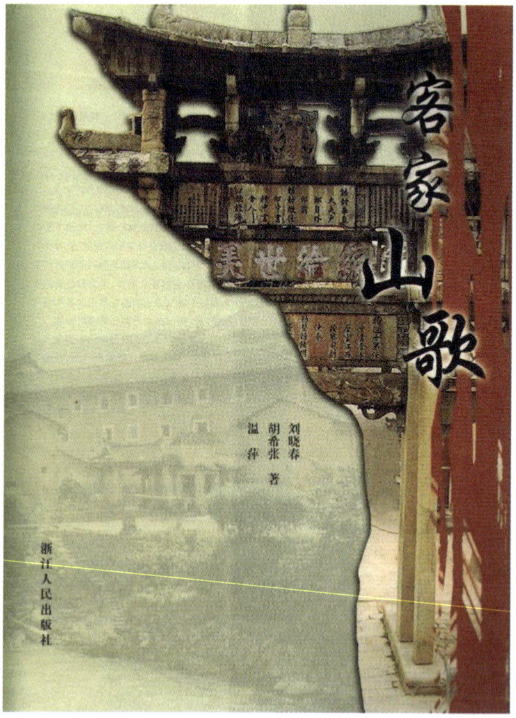

《客家山歌》书影

类型　客家山歌的类型主要有：山歌号子、尾驳尾、逞歌、虚玄歌、锁歌、叠字歌、竹板歌、情歌、过番歌、丢关音、祝赞歌、劝善歌、革命歌谣等。客家山歌以“赋、比、兴”为主要表现手法，常用“重章叠句”，尤以“双关”见长。每首

2009 年，饶建玲在“广东省第六届群众戏剧曲艺花会”上演唱客家山歌——《老情》（获银奖）

饶建玲培养客家山歌新苗（2016 年）

四句，每句七字，第一、二、四句末押韵，多用平声韵，通俗易懂，生动形象，朗朗上口。普通山歌一般不需要乐器伴奏，而劝善山歌则用竹板或铙钹小鼓伴奏。流行于茶阳的主要有山歌号子、尾驳尾、逞歌、情歌、劝善歌这几个类型。

山歌号子　旋律简单，声调高昂，短小粗犷。山歌号子多在山间渡口能听到，起“歌引”作用，其他人可接唱，如：“喔嗨，客家山歌特出名，条条山歌有妹名，条条山歌有妹姓，一条无妹唱唔成。”接唱：“唱歌唔系贪风流，唱歌本为解忧愁，唱得山歌随水去，唱到云开见日头（太阳）。”

尾驳尾　多在对歌或斗歌场合演唱。要求歌手演唱时，以对方（即上一首歌）的尾句作为下一首（自己）的首句，上下衔接，首尾相连，符合“接意接韵”，如男女对唱，男：“爱唱山歌行前来，难逢难遇做一堆，好比鹞婆（老鹰）吊鸡子，大家也爱哼等来（哼，即大声叫喊）。”女：“大家也爱哼等来，听到山歌心花开，金丝猫公唔怕鼠（鼠，谐丑，双关），竹排下滩溜等来。”20 世纪 70 年代以前，乡村每逢有人娶亲，新娘过门那天晚上，一般都有一场山歌斗唱的好戏。对唱的一方是送亲一方，临行前早已选好女山歌能手，另一方当然是男方这边的乡亲了，双方斗起来，气氛热烈紧张，高潮迭起。男女老少，里三层，外三层围在一起观斗听歌，好不热闹。对歌至少要到次日凌晨两三点钟才告结束。

逞歌　客家山歌的独特形式之一，有夸耀、卖弄的意思。对歌双方争强好胜，不甘下风，都试图在气势上逞强压倒对方。如，女：“你话唱歌就唱歌，你话打鱼就下河。郎使竹篙妹使桨，随你桨到哪条河。”男：“讲唱山歌佢靠多，公太留下几十箩，担出两箩同你对，对到明年割早禾。”女：“你歌哪有㑚歌多，个山歌千万箩，谷箩底下有个洞，漏的比你唱个多。”男：“个山歌比你多，堆满汀江到三河，因为个年发大水，五湖四海都是歌。”

情歌 情歌占客家山歌的绝大多数，流传范围广泛，深入人心。这类山歌的艺术价值最高，或者情节生动，委婉动人；或者诙谐幽默，插科打诨，引人入胜。情歌犹如南国艺术宝库中一颗硕大珍贵的钻石，深沉的情思，大胆的披露，热烈的追求，美好的愿望，一切都以劳动者的本色相见，毫无虚饰和矫情。情歌生动地刻画了爱恋情感所带来的内心世界丰富复杂的感受：痴情、酸涩、痛苦、温婉、大胆、泼辣、浓烈、欲生欲死等等，不一而足。如表示生死不渝的爱情：“入山看见藤缠树，出山看见树缠藤，树死藤生缠到死，藤死树生死也缠。”如表示坚贞的爱情：“你爱交情只管交，切莫交到半中腰，洗衫就爱长流水，晒衫就爱长竹篙。”

劝善山歌 主要有乞食歌和佛曲两种。

从前多由盲人或乞丐沿街（村）逐家到大门前，以边打竹板边唱山歌的形式，向主家乞怜施舍，讨钱讨饭，以求生存。乞食歌内容多道苦情，求主家行善。如：“你也人来我也人，系前世冇（无）修人，日里尝遍千家饭，夜里睡尽伯公坛。”再如：“前世冇（无）修就系，嫁个老公脚又跛，求求东家行好心，施舍钱粮救救。”

做道场佛事（客家人叫“做斋”）时，请和尚（或尼姑）为亡人超度时唱的山歌称

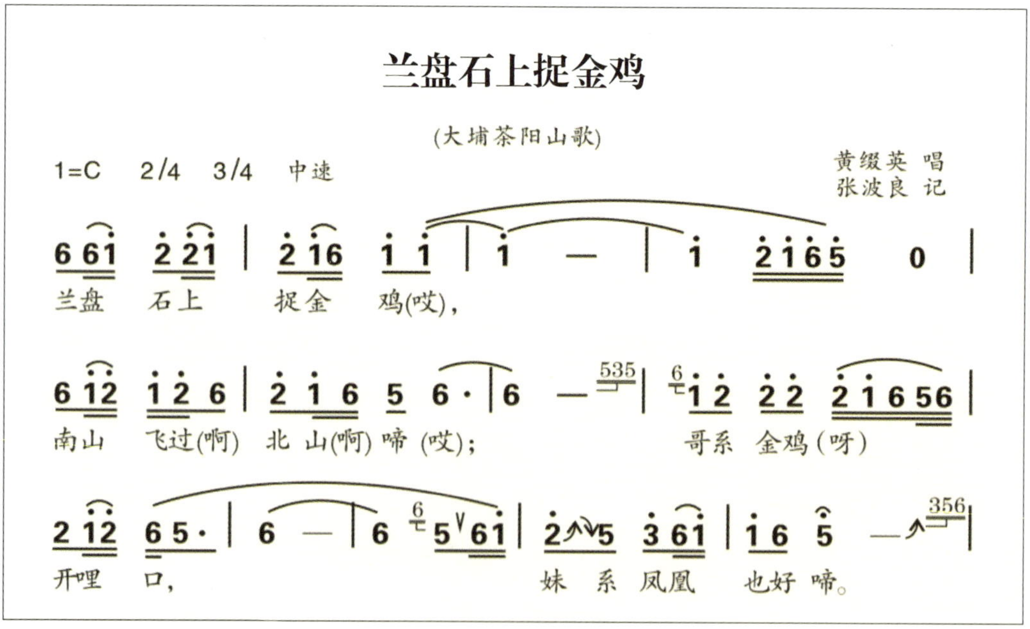

佛曲。道场仪式有打铙钹花、念经、拜血盆（亡女）、拜药师（亡男）、打莲池等十余套花样，有唱、念、舞等表演形式。唱，即唱佛曲，它是客家山歌的一类，其声腔哀切、形式固定、气氛肃穆，内容多劝喻尽孝，以寄托哀思，融入客家民间文艺的表现形式，而形成自己独特的风格。如超度女亡灵的“拜血盆”唱《十叹亡魂》：“一叹亡魂天不良，飘然长逝返仙乡；半夜猿啼心胆碎，五更鸡唱雪加霜。二叹亡魂泪暗潸，可怜爱日竟无缘；只望高堂春不老，谁知驾鹤返西天……”

非物质文化遗产

茶阳有 20 多项非物质文化遗产。民间文学有民间故事（传说）、民间谜语、民间歌谣、民间谚语、客家山歌 5 项。民间舞蹈有花环龙、狮子舞 2 项。民间美术有木雕木刻。民间手编（手工）工艺有竹编工艺、纸扎工艺（花灯、莲花灯）、茶阳企油饼、客家娘酒 4 项。消费习惯有客家新居、客家美食、满月宴、婚宴 4 项。岁时节令有元宵灯节。民俗有端午节、中元节、春节习俗。人生礼俗有婚礼、寿诞礼 2 项。游艺、传统体育与竞技有民间游戏。2006 年 5 月，广东汉乐梅州客家山歌被公布为国家级非物质文化遗产。2007 年 11 月，茶阳花环龙被公布为省级非物质文化遗产。2008 年 6 月，广东汉剧被公布为国家级非物质文化遗产。

茶阳镇非物质文化遗产保护名录一览表

表 9

序号	项目名称	级别	项目类型	批次	公布时间
1	梅州客家山歌	国家级	传统音乐	第一批	2006.5
2	广东汉乐	国家级	传统音乐	第一批	2006.5
3	广东汉剧	国家级	传统戏剧	第二批	2008.6
4	茶阳花环龙	省级	传统舞蹈	第二批	2007.6
5	元宵灯节	市级	民俗	第二批	2009.3

续表 9

序号	项目名称	级别	项目类型	批次	公布时间
6	客家黄酒	县级	传统技艺	第一批	2007.1
7	客家山歌	县级	传统音乐	第一批	2007.1
8	民间故事	县级	民间文学	第一批	2007.1
9	民间歌谣	县级	民间文学	第一批	2007.1
10	民间谚语	县级	民间文学	第一批	2007.1
11	木雕木刻	县级	传统美术	第一批	2007.1
12	竹编工艺	县级	传统工艺	第一批	2007.1
13	纸扎工艺	县级	传统技艺	第一批	2007.1
14	茶阳企油饼	县级	传统技艺	第一批	2007.1
15	洋万岗五显大帝庙会	县级	民俗	第二批	2011.4
16	狮子舞	县级	传统舞蹈	第三批	2014.12
17	端午节习俗	县级	民俗（岁时节令）	第三批	2014.12
18	婚礼	县级	民俗（人生礼俗）	第三批	2014.12
19	寿诞礼	县级	民俗（人生礼俗）	第三批	2014.12
20	婚宴	县级	民俗（消费习俗）	第三批	2014.12
21	满月宴	县级	民俗（消费习俗）	第三批	2014.12

茶阳镇非物质文化项目代表性传承人一览表

表 10

传承人	性别	出生年月	项目名称	级别	项目类型	批次	公布时间
饶武昌	男	1952.8	茶阳花环龙	省级	传统舞蹈	第一批	2008.11
饶宝尤	男	1948.12	广东汉乐	省级	传统音乐	第四批	2014.10
饶越敏	男	1954.1	广东汉剧	市级	传统戏剧	第三批	2012.7
饶建玲	女	1968.8	客家山歌	市级	传统音乐	第二批	2015.6
郑昌生	男	1964.10	竹畲箩编织工艺	县级	传统技艺	第一批	2012.6
庄长江	男	1944.6	广东汉乐	县级	传统音乐	第二批	2014.12
郑永华	男	1970.6	广东汉剧	县级	传统戏剧	第二批	2014.12
饶爱英	女	1948.7	客家山歌	县级	传统音乐	第二批	2014.12

名人与名镇

茶阳钟灵毓秀，人杰地灵，自明清以来，文官武将，贤士名流，人才辈出，饶相、邹鲁、饶彰风等便是其中的杰出代表，他们是茶阳历史星空中的耀眼明星，至今仍光耀后人。

人物传略

饶金（1452—1526） 明滗洲都神泉社（今茶阳）人。明成化十三年（1477）乡试中举，卒业于成均，授职汀州通判。饶金为人刚介自持，曾有上司因事横加训斥，饶金据理力争，挺然不屈。汀州界邻江西会昌，该县有一富豪，倚仗权势，指良为匪，被诬陷受极刑者达19人。众人联合互诉于福建、江西两省巡抚。福建巡抚知道饶金有治狱之才，派他到会昌查审。饶金查清案情，极力为众人昭雪冤屈，并广搜罪证，将仗势害民的富豪依法诛戮，人心大快。昭雪“叶元玉案”尤为后人所称道。

饶金长于治狱，勤于政事，上司赞赏，于正德五年（1510）擢升四川剑州知州，适该州及邻近数州，寇匪横行，四川总督赏识他的才干，委以军务，绥靖地方。饶金州务纷繁，又兼军旅，席不暇暖，积劳成疾。正德九年（1514）辞官归里。他以清远滗洲二都，远隶饶平，管治鞭长莫及，民生无法保障，乃请求朝廷割清远、滗洲二都，创置大埔县。饶金的倡议得到民众拥护，最终获朝廷批准。盖倡置大埔县，饶金为第一人。嘉靖二十三年（1544），入乡贤祠。

饶相（1512—1591） 字子尹，号三溪，茶阳城里人。明嘉靖十三年（1534），乡试中举，次年中进士，授中书舍人。外任于云贵，为官清廉，不受馈赠。嘉靖十七年（1538）返京，升户部员外郎，监山东、河南漕运，曾就整顿漕运向朝廷建议：“申明旧例，以速期限；改拨军船，以省虚费；实报灾伤，以苏民困；请给关防，以防诈伪。”均被采纳。嘉靖十八年（1539）督赋保定、易、遂等州，适当地饥荒，请求朝廷拨款济军费之不足。升郎中，惩罚巨商在向朝廷供省时中饱私囊。嘉靖二十一年（1542）奉命到顺天、永平二府赈灾，不到三月，抚恤三万余人。嘉靖二十二年（1543）因大埔新设县，人口、粮食稀少，向朝廷题奏，请求添拨程乡县溪南三图给大埔县当差；又奏大埔粮米二千余石，先前因地属海阳、饶平，混造在丰政等都册内，征税在大埔，当差在海阳，深为不便，请求拨归大埔县，随地当差，获得批准。旋即因陪祀失期，降职为无为州通判，代知州事，当年歉收，他打开仓储，发动富人捐助赈灾，百姓赖以活命。嘉靖二十四年（1545），调兖州通判，升淮安同知，接着又升任南京户部郎中、南昌太守。南昌多豪门大户，宗室藩王尤为骄纵。饶相到任三年，一郡大治。当时诸王势力相互抗衡、倾轧，无法摆平，巡抚和按察司把这件事交给饶相处理。饶相说："在诸王之间推贤的做法，只是权宜之计，不能作为制度。诸王之间互相统辖，而他们的爵位差不多，也很难实行。不如比照襄垣山阴的例子，郡王同城无亲王的，各自分辖，祭祖、开读等礼节，则轮流领头。"上报朝廷获得批准。于是三王分治，八支相安，不再相争。嘉靖三十二年（1553），升为江西按察副使，驻兵饶州。辖下的邓家埠、黄邱埠等地邻近湖泊，常有盗贼扰民，上司拟设专官管理，饶相认为此举徒增百姓负担，不可行，建议把居民分成八区，挑选有德行者担任约长，让居民相互警戒，在盗贼经常出没的地方，以三百民兵驻守。结果盗贼潜踪，四境安然。萧端蒙御史向朝廷报说："饶相任南昌太守三年，清正廉明，政绩显著，骄纵的藩王畏避其威；守备三郡，防御有方，多年的寇祸渐被平息，这都是有目共睹的事实。"嘉靖三十四年（1555），闻父亲有难，请求辞官回乡，事毕，无意仕途，直到其父亲去世后亦不复出。

从此他家居三十余年，为饶族增祭田，筑祠堂，修族谱，设义田，办义学。又上书请求蠲免全县无名租赋，并建议督府在全县的门户三河建城。万历十九年（1591）三月初二日病逝于家中，时年 80 岁。

饶与龄（1543—1595） 饶相长子，字道廷，号宾印，生于明嘉靖二十二年（1543）。万历十七年（1589）进士，试政都察院，后以双亲年老，请假归省，事亲至孝，先意承欢。赈灾恤贫等义举，均亲力亲为。凡告贷而无力偿还者，便烧掉借券，不再追索。万历十九年（1591），父亲得病去世，在家守制三年，片纸不入公门，有人因私事想托他到官府说情，送给他数百缗钱，他坚辞不受，正色拒之。服满，补为中书舍人。到任两个月，因病逝于住所，享年 52 岁。与龄平生砥砺节操，饱读书史，虽生长在官宦之家，但自奉俭朴，处世淡泊，如一介穷书生。著有《新矶题咏》《松林漫谈》《椿桂集》。

戴荣（生卒年不详） 字用善，号隐尔，茶阳镇城里人。明崇祯十七年（1644）甲申之变，大埔屡遭盗寇扰乱，戴荣特设机关防御，以军功授参将，驻防惠州。清顺治四年（1647）盗寇又起，邑民知其勇武，便推举他练兵御寇护城，得以安宁。顺治六年

（1649）盗寇复围城，因援助断绝，戴荣力护居民突围，奔避闽杭。顺治八年（1651）寇平后，则携难民归乡。知县阮国平闻悉，特造访与谈。诰封“昭勇将军”。

张奕灵（1625—1718） 字睿生，大埔县茶阳广陵人，出身监生。少以孝道称于时，由监生考选授州同。

张奕灵书香传家，世有美誉，为邑人所崇敬。家颇富裕，乐善好施，有贫苦乡民向他借贷，均无分彼此，慷慨给予。如有到期而无力偿还者，则当其面取券焚烧，免除其债。此举常使人感激流涕，被誉为“活佛”。

清初大埔县启圣祠因年久失修，桁梁墙瓦，多所废坏，县库支绌，无法维修，科举颇受影响，士多慨叹。奕灵乃出巨资，将启圣祠修缮一新，并复捐资购置学田十亩，每年收息为邑士子作科举费用，庠生贡举士儒，皆沾其恩利，士林称誉。

《广东通志》、《潮州府志》、民国《大埔县志》均有传。《广东通志》传云：“张奕灵，大埔人，监生，少以孝称。饶于资，不吝施与。修学舍、置义田、筑堡寨、成桥梁，保厥乡土。暨耄手不释卷，邑人至今展祝之。年九十三卒，祀乡贤祠。”

饶庆捷（1739—1813） 号曼唐，人称太史公，茶阳城内人。清乾隆三十年（1765）拔贡生，当时学士翁方纲阅完饶的文章后，视他为天才，以后将“拔冠全省朝考一等以知县用”，是“玉堂金马”之类的非寻常人，乃劝饶改任文教方面官员。饶庆捷后来历任广东从化县和海南感恩县的教谕。乾隆三十五年（1770）饶赴省城乡试考列第五；乾隆四十年（1775）考取进士；钦点翰林院庶吉士，充任国史馆纂修、散馆，授翰林院检讨。在馆供职十年，参与编修《四库全书》。乾隆五十年（1785）京城新建“辟雍”（类似学校的建筑物）落成，乾隆帝亲临现场并阐释读书学习的重要意义，饶庆捷呈《辟雍颂》，大加赞颂。乾隆五十二年（1787），朝廷征讨台湾，命庆捷运送江川米（江苏、江西、四川产的大米）五十万石到福建，由吴淞出海；又调福建、广东大船千艘。总督李侍尧发函饶庆捷负责此项事务。乾隆五十五年（1790），皇帝巡游到山东，瞻仰泰山，拜谒孔府，饶庆捷进献《集文选诗》十首和《东巡雅》十二章。四月二十七日，皇帝召集会试，看完饶献的诗文后，对内阁大臣说：“诗尚不荒，可仍在翰林（供职）”，又问考查等事务。次日，即授饶为内阁中书舍人，与散馆诸臣同授职务。当年适值乾隆帝八十大寿，饶庆捷进献《八旬万寿颂》十九章五征，《耄念颂》五章。饶庆捷 60 岁时以年老为由，退而专掌端溪、越秀两书院。嘉庆九年（1804），大埔知县洪先焘编修县志，特聘饶庆捷主理此事。

饶芝（生卒年不详） 字商山，茶阳镇城内人。幼年即能读父亲藏书，清嘉庆十五年（1810）中举，嘉庆二十四年（1819）成进士，授职浙江海盐县知县。海盐地属嘉兴，河汊交错，窃贼横行，饶芝于桥梁要道处设置栏栅，派兵守卫，盗贼潜踪。沿海渔民经常丢失渔网，从未查获，饶芝让渔民暗中在渔具上做上标识，并报官府备案，使盗贼难以得手。时海盐县百姓多养蚕，而杭湖之蚕种优于本地，每年多有输入。狡者便以本地蚕种冒充杭湖蚕种出售，蚕农每每因此受害。饶芝明令严禁，两年后，蚕农均获得丰收。有农民史致文状告从兄嫂郭氏伤害其婴孩，饶芝验伤，实为竹器所伤，经讯问，知为郭氏之女闻婴孩哭闹，用削芋头的小竹刀，在婴孩的喉部作挠痒状戏之，不料误伤。案情得白，婴孩不久亦伤愈，因此避免了一场讼争。城西夏氏妇人夭亡，厚殓后停柩于一草亭中。数日后，其夫前往祭奠，则棺木被打开，尸体裸露。海盐风俗，尚未安葬者棺木仅推盖而不加钉漆。其夫见妻尸体裸露，甚是伤痛，复把棺木盖上，偕其岳父一起控告于县。饶芝前往勘察，见棺木已闭，便讯问事主。忽见人群中有一人神色仓皇，见诘问事主，脸有喜色，饶芝视之则急回头躲避。饶芝乃呼事主前来，责以诬告，挥之使退。又招捕役耳语数句，即命舆马回府。刚入夜，而人赃俱获。原来饶芝先前故意指斥事主，以安罪犯之心，再派捕役尾随其回家，故得以破案。罪犯徐四曾在夏家为雇佣，因年暮债迫，不得已而为之。饶芝因其饥寒而蹈法网，甚是怜悯伤感，秉烛撰写判词时，不禁涔涔泪下。其他如筑海塘、缉私盐等无不研究其利弊，惜未及全部施行。而于两漕运输更是竭尽其心力。后由于莅任迟，承旱灾受赔之累，加上为催促包户，力廓数十年延抗之弊，招致包户怨恨，谣言四起，官事愈多掣肘，遂调任分水县。早年工诗，有《北征集》，诗笔道峭峻利。在浙任职期间，公余仍以诗文自课，高声朗诵不减书生，人以“宓子鸣琴”比之。道光二年（1822），任乡试同考官。卒因忤逆上司意旨，被罢官。当地百姓遮道攀留，啧啧叹息。

饶褒甲（生卒年不详） 饶芝长子，字翼云。褒甲六岁能文，八岁考试录为佾生，十岁随父任，十余年后始回乡，入庠食饩，科岁试必名列第一。清道光二十三年（1843），褒甲乡试中举，道光二十五年（1845）成进士。分发陕西即用知县，棱棱傲骨过于其父，到省未久，即告病归。其博学多才，时邑中罕有其匹。自经传注疏、诸子百家、乐律、天文、河渠，原原本本，有问即答，有如撞钟。所作诗赋序文，骈散各体，下笔千言，倚马可待，脍炙人口者不可胜举，惜兵燹散失，未能成帙。未满五十卒。

戴欣然（1849—1919） 又名春荣。茶阳安乐村汶上人。幼年丧母，因家贫往南洋谋生，为人掌簿记，其收入微薄，悉数寄家奉养父亲继母。后来自己开业经营，收入渐丰。兴办学堂风起，清光绪二十七年（1901）春，他即捐资15万元资办潮州、大埔、新加坡、槟榔屿等地10多所学校，又捐资3万元在京、潮州、大埔等地设立药局施药济贫，并置产以供每年费用。其他如建坪沙安溪桥、乐土新桥，置潮州西门义山，修路、置渡船等，举凡公益慈善事业，无不倾力捐助。又建本乡崇和学校，高薪聘请良师，学费全免，所有费用，均一力承负。光绪三十二年（1906），县内发生饥荒，他捐输白米数十万石为平粜，惠及本县及邻省饥民，并设站点施粥。清大臣戴鸿慈南洋考察，与忻然交谈时局看法、兴国大计，竟日不倦。赞忻然“学术中人，有治国之道，所言皆人所不能言”。戴鸿慈在京筹建模范监狱，忻然首助3万元。朝廷委其二品道员，忻然谢不赴命。其后朝廷又任命其为槟城领事兼新加坡总领事。1919年忻然仙逝，享年71岁。槟城民众哀之曰：“云山苍苍，宇宙昏黄。先生之死，万类心怆。”英殖民当局特于槟城设“戴春荣路”，以纪念其建设繁荣槟城、新加坡之功绩。是为埔邑第一位以姓名命为路名者。

邹鸾章（生卒年不详） 字和垣，茶阳镇花窗村仁厚人。清道光壬辰年（1832）武举，签分兵部差官，选补湖南浦市营武备，升都司移四川。历官酉阳、重庆，游举会川营参将、绥宁协副将、四川提督。治军于黔蜀之边甚久，功卓著。于川黔诸边曾身经数十百战，而未伤毫发，人咸称“福将”。骆秉章将以鸾章援滇，继以成都省会军务重要，留署提督。

鸾章生性廉公，不妄收受，遇贫困无告者，常以己资散给。致仕后无盘川不能归，寓居秀山。

子国瑜，随鸾章征战四川，以功保知县。孙，鼎棋，历官四川永川、遂溪知县；锡棋，福建邵武知县，旋摄邵武府篆；锡朋，任台湾总兵。

饶托生（1884—1947） 又名赞劲，大埔茶阳城内人。父加越，字礼廷，曾授江西金溪县知县。托生幼聪慧，喜音乐，不爱诗书经史，虽贵为公子，不悦于功名利禄，极嗜管弦，尤喜吹箫（竹笛），日奔逐于梨园戏院。其父常以官规训之，意戏班梨园不列于文教之流，有损家风。托生不听，其父恨之甚，常语人曰：“犬子非我饶家嗣也。”托生赋性浪漫，不管家训如何严格，仍乐其管弦，对于竹笛情有独钟。

清光绪末年饶托生到广州，某日在天字码头闲游，见街旁有老人卖竹笛，前往试吹几曲，老者听其箫声甚异，起与之谈曰：“余卖箫数十年，未尝听此好音。”又见其人才潇洒，风度翩翩。知非凡类，特邀至家，以其自制玉嘴斑竹彩箫赠之，且留生在家数日，倾其所能指示秘艺，自此托生箫技日进，无曲不精。

民国初年，托生到杭州拜谒叔父，三五良辰之夜，月白风清，心欢意畅，邀二友人带上玉箫，泛小舟游荡西湖，赏湖光美景。时至午夜，更深人静，皎月当空，波光潋滟。见此良景，托生弄箫兴至，便取出玉箫吹奏《百家春》一曲。箫声嘹亮，婉丽清新，使人如入仙境，飘荡瑶宫，引得周遭百余花舫聚其舟旁，波宁人静，恭听清音。托生十分欣悦，又再奏几曲，听得诸人心醉神迷，曲终之后，喝彩之声不绝于耳。第二天上午，杭州市戏乐音响公司（旧称留声机厂）的经理慕名登门拜访，要求托生签订合同，录几首曲调传世，愿出酬金一百银圆。托生之意为传名声乐意签约，可是其叔因自己是杭州颇有名气的大商，为提高自己的身价索要三百银圆，方与签订，结果未达成协议。

陈铭枢主粤时，适逢托生在广州大埔同乡会国乐社与好友共研音乐，事闻于陈，特邀其至省府吹奏箫韵。陈听后大为赞赏，称之为“粤东箫王”，并即席亲书一幅中堂“阳春一曲动羊城”，并赠光洋五十块奖赐。从此箫王之名传扬于粤海，汕头大埔同乡会国乐社亦聘请其为音乐指导。

抗日战争后，民生凋敝，托生亦家道衰落，年迈潦倒，1947 年在家病故。

托生是大埔县音乐界的佼佼者，吹箫绝技称盛二十余年，但未有多少生徒能承接其衣钵，只闻有宗属饶可亲得其真传，而可亲不幸早逝，故未有能承接其技者。

邹鲁（1885—1954） 原名澄生，后改为鲁，字海滨，生于大埔县城（今茶阳镇）儒学里（今埔中左侧）。早年加入同盟会。辛亥革命后任广东银线局总办。1913 年留学日本。1917 年起任护法军政府财政部次长，两广盐运使、广东省财政厅厅长、国民党中央青年部长。1925 年与林森、谢持等组成西山会议派。1930 年一度与冯玉祥、阎锡山等联合反蒋。后任中山大学校长。国民党中央执委会常委、国防最高委员会常委。1949 年去台湾，任“总统府”资政。

邹鲁

1954 年 2 月 13 日，卒于台北浦城街寓所，终年 70 岁。

邹鲁在韩山书院求学时，便与同乡张煊以四块鹰洋并得老师张竹士资助，创办乐群中学（埔中前身）。在省城读书时，又得老师丘逢甲（广东教育总会长）赞助，以 120 块光洋倡办潮州师范。1924年，受孙中山命任国立广东高等师范、国立广东大学（中山大学前身）校长。1932年冬，重任中山大学校长，使中山大学成为国内科系、设备最完备的学府，见重于国际。他在校内设广东通志馆，自兼馆长，聘温廷敬为志馆主任兼总纂，编纂成一部《广东通志》。其一生著作有《黄花岗七十二烈士事略》《中国国民党史稿》《汉族客福史》《环游廿九国记》《旧游新感》《教育与和平》等。

饶龙光

饶龙光（1895—1950） 茶阳太宁人。埔中旧制首届（1918年）毕业生，他是大埔早期农运的组织者和领导者。曾任首届大埔县工农革命政府和军事委员会主席。1927年9月南昌起义军南下经大埔时委任饶龙光为县工农政府主席。1928年冬，饶赴南洋参加国际共运活动，后被英国当局抓捕入狱，两年后被驱逐出境。1933年饶龙光在上海参加宋庆龄领导的“反帝大同盟”。1938年他打入国民党内部进行隐蔽斗争，在各地一直以“政府秘书”的公开身份，掩护地下党员。1949年为大埔解放做出了重大贡献。1950年在龙岩因公殉职，后被民政部追认为革命烈士。

王光被（1895—1968） 又名光丕，自号半山居士，茶阳城西儒学人。其父杏善公是吹唢呐（笛子）的高手，乡间远近闻名。耳濡目染，光被自幼跟随父亲学习吹奏唢呐的技艺，深得其父亲真传，他勤学苦练多年，技艺精湛，且有绝活：嘴巴吸着一根香烟，两鼻孔各吹一支唢呐，烟尽曲终；或双手平曲着吹唢呐，双手臂的前臂与上臂各放一个点着火的油碟，油尽灯灭曲终。他吹奏唢呐，常常令人一曲难忘，给人一种高雅享受的感觉。他的技艺与绝活，令人拍案叫绝，叹为观止。

王光被生前曾任职于民声汉剧团、丰顺汉剧团、广东汉剧团、广州音专（星海音乐学院前身），是广东民间艺术家协会和中国音乐家协会会员。1957年，他随广东汉剧院进京赴中南海怀仁堂演出。

邹师贞（1901—1927） 原名肇明，茶阳花窗仁厚村人。大埔中学旧制首届毕业（1918年）。是广东早期的共产党员，广东社会主义青年团的领导者。1919年考入广州省立第一甲种工业学校就读化学专业。其间，马克思列宁主义在中国传播，他与阮啸仙、刘尔崧、张善铭等积极学习、宣传马克思列宁主义，并投身反帝反封建的斗争。1922年春，加入中国社会主义青年团。同年6月，因陈炯明背叛孙中山，广州发生战事，学校被逼停课，师贞回到家乡，在埔中等地开展革命活动，播下了革命的种子。1923年6月，广东区青年团组织新学生社，他是社领导成员，并亲自介绍黄居仁、周文雍等30余人入社。他们一起积极宣传中国共产党的主张，贯彻党的统一战线政策，团结和引导广大学生群众参加工农运动。1923年10月，邹师贞当选为共青团广州地委候补委员。1924年5月，当选为团地委执行委员，负责团广州地委的组织部工作。1924年“甲工”毕业后，他考入广东大学理工学院。组织调任他为广东油业工会秘书。同年参加中国共产党。1925年上海五卅惨案发生后，中共广东区委决定举行省港工人大罢工，他积极配合并领导油业工人进行罢工斗争。1926年3月中山舰事件后，区工委指定他建立秘密机关，以应付事变。1927年4月15日，工委负责人刘尔崧、李森等人均被国民党右派杀害。但他毫不畏惧，与周文雍等继续领导工人进行斗争。同年6月，由于叛徒跟踪，邹师贞与妻子在西关家中先后被捕。在狱中，邹坚贞不屈，领导全体难友坚持斗争。不久，邹夫妇被秘密枪杀于广州南石头监狱。

彭素民（1902—1978） 家名彭欣邦，茶阳镇中山路人。就读大埔中学县立旧制6届，未毕业即赴广州投考广东省立甲种工业学校并被录取。1924年素民在工校经周文雍等介绍，在广州加入中国共产党。1924年至1926年历任校内中共支部宣传、组织委员和书记等职。

1926—1927年，素民调至中共广东区委员会组织部任组织干事。1927年调任广州市郊支部书记，其间曾参加中共中央召开策划广州起义的会议。同年12月参加广州起义，偕同农军指战员赵祖选（湖南人，黄埔一期学生），率领广州市郊农军120余人参加起义，分别占领石围塘、黄沙二车站，坚决完成了党的指定任务。战斗过程中，素民被密集激烈的枪炮巨响声震破耳膜而负伤，造成此后永久性听力障碍。广州起义失败后，他和党组织失去联系，白色恐怖时在广州潜伏了三个多月，等待党的联络。后因生活艰难，无法为继，到上海爱华香皂厂（公司）任制皂助手，历时十年余。

抗战开始，上海沦陷后，素民回到茶阳做过小生意，曾回母校埔中任过化学教师，自制过洗衣皂和蒸过樟树油；曾到天津塘沽精盐厂化工科任职，也曾在永定侨育中学任教员。解放后，和兄弟在龙川（老隆）开设书华洗衣皂厂。1978年因年迈病逝家中。

赖少魂（1905—1971） 又名涵生，1905年出生于茶阳镇石田村。民国中央军事政治学校特别班首期毕业生。创《大埔日报》等报刊，任社长、总编辑。

抗日战争期间，以报业、医疗掩护，从事抗击日本军队侵略中国的活动。后历任国民政府广州市参议员、广东省中医公会理事长、国民大会中医界代表。1949 年去台湾。

文著有《涵生医学论文集》《长啸斋吟草》《涵生画册》等刊行于世。1971 年在台湾去世，终年 66 岁。

邹琳（？—1984） 茶阳党坪人。邹琳历任四川屏山、内江县知事,《民主报》《民国报》主笔。1932 年后，任国民政府财政部次长，并多次代理部长，他先后还担任过中国银行董事长、广东省政府委员（兼秘书长）。1949 年赴香港经商，任大埔县旅港同乡会名誉会长。1984 年在香港病逝。

罗燮华（1909—2003） 茶阳镇石田村人。少年时，因家境贫困，生活艰苦，16 岁时就随人漂洋过海，独闯新加坡。经过数十年苦心经营，经济实力逐渐增强，终于在商业界站稳了脚跟。

罗燮华

罗燮华在其事业有成时，没有忘记生他养他的故乡，没有忘记童年时代因生活困难、无法升学和日后在社会谋生时尝尽了没有学问的痛苦。因此，他热心家乡公益事业，慷慨捐资。从 20 世纪 50 年代起，先后在石田捐建了华侨医院、香科小学、石田小学、宝泰老龄俱乐部、大埔埔北中学罗燮华教学楼及两座宝泰宿舍、罗宝泰科教楼和埔北中学校门。其后，还曾募集资金捐建大埔中学、茶阳镇中心小学校舍，在家乡捐建宝泰桥、宝泰医院等，累计捐资达 300 万元。

邓举（1910—1980） 家名乃举，后又改名为邓举。茶阳镇新村凹背人。

1929 年，新村严背畲成立了乡苏维埃政府。邓举家距严背畲有 15 里路程，邓举到严背畲去拖竹尾，常与苏维埃主席吴枚芳（严背畲人）、文书吴大瑜（新村人）见面交谈，逐渐懂得革命道理。是年 5 月，他毅然投身革命队伍。

邓举入伍后，初在乡苏维埃政府当交通员。一年后，转入武装部队。1931 年因革命形势需要，邓举由伯公坳北上江西瑞金革命根据地参加工农红军。在邓举赴赣后的五六年间，家中父母双亡，其兄乃贡被人指控为共产党，被当局抓入监牢迫害致死，其姐长英嫁石田香窠里。新中国成立后，邓举任安徽省军区参谋长，正军级。

1954 年，邓举回乡省亲，乡亲们在其家乡新村蟹形背头大草坪上搭台，开欢迎大会。邓举在大会上作了他入伍后赴瑞金，参加二万五千里长征，到延安后参加大生产运动，参加保卫延安阻击战、天津战役、淮海战役，沿长江打到上海等革命活动的情况报告。

邓举于1980年在上海与世长辞，享年70岁。

江穆（1910—1984）大埔县茶阳镇党坪村人。1933年在广州中山大学读书时，与杜埃等参加左翼作家联盟、社会科学工作者联盟、戏剧家联盟广州分盟等组织，在连贯等人领导下散发、张贴传单，向民众宣传抗日救亡思想，编辑出版《火花》刊物，揭露国民党当局“假抗日、真内战”的阴谋。《火花》遭查禁后，又与杜埃、饶彰风等进步青年学生编辑出版《天王星》《新路线》等书刊。不久，参加中国民主同盟。解放战争时期，在上海市参加民主建国会，从事统一战线工作。新中国成立后，历任民主建国会广州市委委员兼工商、宣教处处长，民主建国会广东省委委员、常务委员、副主任委员，民主建国会第三、四届中央委员，中国人民政治协商会议广东省第四、五届委员会委员、常务委员、副秘书长等职，曾当选为广东省第二、三、四届人民代表大会代表。1984年4月，中共党组织接受江穆的入党请求，批准吸收他为中国共产党党员。

1984年5月，江穆在广州病逝，享年74岁。

饶彰风（1913—1970）茶阳镇下马湖村人，原名高评，别名蒲特、张枫。1927年，他以入学考试成绩第一名进入大埔中学就读。1930年考入公费的广州陆地测量学校，三个月后，又转入中山大学预科，后转入中山大学农科。在中山大学期间，他常以“追光”的笔名在《民国日报》的副刊《黄花》上发表文章。1932年夏，他利用暑期回乡之机，邀集几名志同道合的青年，出版《小小》刊物，揭露国民党统治的黑幕，被公安局长罗锡兰视为眼中钉，密谋逮捕他，终因大埔中学的同学掩护而脱险。返广州后，又与杜埃等办刊《天王星》，喊出了进步、革命、抗日救亡的呼声，在北京、上海等地均有发行，在全国引起反响。国民党广州公安局把他列为共产党嫌疑犯，他遭追捕，不得已离穗到港。《天王星》事件稍息，他去到上海，通过暨南大学何家槐介绍，参加了“左联”。后因父亲病重，回到家乡。

饶彰风

居乡期间，得一位海外归来的亲戚支持，在茶阳办了一家文化书店。他以文化书店为阵地，大量销售进步书刊。文化书店又是中共的地下交通站，香港、潮汕、兴梅与闽西一带来往的地下工作者，常在此进出。

1935年，到西河溪南埠福良（现在的溪南小学）学校任教，后又到梧岗小学教书，并开办妇女夜校，宣传抗日。这段时间，他仍常以“追光”的笔名在汕头的《星华日报》发表杂文、评论、小说和诗歌，宣传抗日，评论时局。

1936年夏，他回到广州，参加了“突进社”并主编《突进》杂志。中共南方临时工作委员会（以下简称“南临委”）在香港成立，他是“南临委”在中山大学第一批党员发展对象。8月，他参加了中国共产党，并被介绍到香港“南临委”机关工作。1938年春，中共广东省第一次代表大会上，他被选为中共广东省委委员，任宣传部部长。广东文化界抗日救亡协会成立，他又兼任了这一协会的领导工作。1939年2月，任“东江特委”宣传部部长。

1943年12月，东江纵队成立，他被任命为秘书长。抗日战争刚结束，他被广东区党委派往香港。抵港后，他化名张枫，以东江大富商的身份，在各种场合出现。不久，又创办了“为民主运动努力，为建国大业服务”的《正报》。因《正报》以党刊的面目出现，宣传上有一定的局限性，所以东江纵队北撤烟台后就停刊了。接着，党又决定复刊《华商报》，他为《华商报》的复刊工作四处奔波，日夜操劳，还要撰写重要社论，审阅重要文稿。为了把《华商报》办成团结和争取“中间”力量的报纸，还争取陈嘉庚为复刊作了“蜀道如天，忧心如捣，还政于民，仍在健斗”的题词。《华商报》在广东、广西、江西、福建、湖南、重庆等省市都有发行，是一份影响不小的报纸。此外，他还在东江游击区抽调了一批干部在香港建立了电台和新华南通讯社，被中共中央任命为该社社长。香港成立了东江纵队办事处后，他又兼任了办事处主任。

1947年3月，他曾离港赴南洋各地做统战工作，团结华侨上层人物，如陈嘉庚、陈育民等，他们都曾积极捐款，支援解放战争。

1948年2月，党组织又派他在新加坡组织新华社新加坡分社，出版《新华周报》，他任分社社长。5月，马来西亚的形势恶化，英国殖民主义者颁布了“英属海峡殖民地法令”，宣布共产党为非法组织，他因此于6月离开新加坡，绕道泰国返中国香港。

他返港后，仍以《华商报》为阵地，继续开展活动，经常邀请李济深、沈钧儒、马叙伦、章伯钧、蔡廷锴等开座谈会，向他们介绍解放战争进展情况。之后，他又积极组织护送爱国民主人士离港赴京参加政治协商会议。

其时，解放战争节节胜利，国民党军政要员都忙着寻求出路，他适时地做了大量的争取工作。两航（国民党中国航空公司、中央航空公司）起义，两舰（灵甫号、重庆号）起义，曾天节、李洁之、郑荫桐的起义，福建省银行香港分行的起义等都是他直接参与策动的。此外，在运送大批的药品、布匹、胶鞋、纸张等军用物品回内地，支援游击队和南下解放大军方面，他也付出了极大的心力。

广州刚解放，他便于1949年10月17日抵达广州，参加接管工作。随后负责建立华南分局统战部，先后担任中共中央华南分局统战部副部长、部长，中共广东省委统战部长职务。新中国成立初期，有四五百名民主人士、进步人士云集广州，都由统战部分别安排工作。此外，他还争取动员过不少知识分子从外地回来参加新中国的建设，不少人后来都成了工作中的骨干。

1958年，他被指为“犯有严重右倾投降主义、严重的地方主义和严重的反党活动性质的错误”，被撤销了中共广东省委委员、统战部长和广东省政协副主席职务，降两级，下放到连平县山区当书记。直至1960年才又调回广东省科委任省科委副主任，中共广东省委文教办公室副主任、主任，广州外国语学院党委书记兼院长等职务。

“文化大革命”期间，他又被林彪、江青反革命集团诬为“走资派”和“反党反社会主义反毛泽东思想”的“三反分子”，受尽迫害，最终在1970年9月12日惨死于乐昌监狱。

1980年4月3日，中共广东省纪律检查委员会发文，撤销1958年对他的处分决定，恢复其政治名誉。

萧希明（1914—2007） 家名萧宜越，茶阳城西人。萧希明启蒙于汕头正始小学，12岁入震东中学读初中。他从小接近进步人士，受到革命思想熏陶。16岁时他考入中山大学高中部，参与组织“读书会”，联系进步同学。1931年“九一八”事变后，希明和读书会同学发起成立“中大抗日剧社”，共产党员教师陈黄光给予支持并授意成立秘密的核心组织“苏维埃之友会”，剧社在三年里大型演出达12次，受到民众欢迎，但也受到国民党反动派的仇视。1934年5月某夜将演出时突遭搜捕，幸得早有准备，只被抓去1人。希明等人被组织护送到香港九龙智仁小学，校长陈华是共产党员，他介绍希明加入共青团，后转移至上海。

1936年10月，22岁的萧希明由组织派遣，以留学生身份前往日本东京，主要任务是秘密搜集情报，把日军侵华动向发送回国内。抗战爆发后希明回国，被派往山西太原继续做情报工作，设立电台，培训无线电人员。1940年4月，萧希明被批准为正式共产党员；10月，去延安中央党校学习；后被调任陕甘宁边区粮食局秘书。

1946年，希明调到新华社工作，因他会英语、日语，懂得电讯技术，被分配在翻译组工作。1958年任新华社对外宣传部主任。1978年，萧希明调任中共中央宣传部对外宣传局局长。

1982年年底离休。1984年担任英文期刊《新中国季刊》总编辑。

萧希明还十分热爱家乡，热心公益。2001年9月，当他得知茶阳兴建文化广场时，热心捐助1万元。萧希明于2007年在北京逝世，享年93岁。

饶师泉（1915—2004） 茶阳镇洋陶村人。19岁就读广东省中医药专门学校，三年后进读上海新中国医学院，1937年毕业。1938年春赴吉隆坡万生栈药行挂牌开诊。饶师泉高深的中医学理论和临床诊治认真细致的医德，深受马来西亚各族患者崇敬，因而名噪东南亚，1951年组建万隆药行有限公司。

饶师泉

饶师泉一向以服务社会为本，博爱济世为怀，对发扬中医药事业和团结旅马大埔同乡卓有贡献，深受旅马大埔侨胞爱戴，雪隆茶阳会馆、茶阳回春馆和马来西亚大埔社团联合总会均选其为首届会长，历任马华中医公会、马华医药总会理事长，马华中医学院院长。1988年回国参加中医药学术研讨会，被广州中医学院聘为客座教授。饶师泉宅心仁慈，造福桑梓，他捐资种竹、兴建洋陶金婚大桥、洋陶小学和陶小教工楼，并设奖教奖学基金。饶师泉为家乡文化教育及社会福利事业共捐资人民币203万元。

邹健东（1915—2005） 茶阳镇花窗村人。1930年在梅县照相馆当学徒。1935年参加革命活动，1937年加入中国共产党。次年春，经党组织决定，赴福建参加新四军。后到新四军军部摄影室工作。1941年在华中局党校工作，曾拍摄刘少奇在党校讲课的照片等。1946年在山东军区《华东画报》当摄影记者。1947年春在华东野战军新华社前线总分社当战地摄影记者，先后参加鲁南、莱芜、孟良崮、沙土集战役以及解放许昌、洛阳、开封的战役和淮海战役。1949年在第八兵团和新华社军分社任战地摄影记者，参加强渡长江、解放南京的战役。在战争中曾立二等功。从土地革命战争到解放战争，他拍摄了许多珍贵的纪实照片，《敌人就在那里》《百万雄师过大江》《我送亲人过大江》《占领总统府》等历史名作在国家博物馆、

邹健东

军事博物馆和各省博物馆中展出，珍贵的照片底片分别收藏于新华社图片档案馆、解放军报社资料室。

南京解放后，邹健东调新华日报社创建摄影组。1952 年，调新华社摄影部中央组，负责组织第一期摄影培训班的工作，后任中央新闻组组长，重点采访、拍摄中央领导活动的重大新闻，作品有《毛主席在国务会议上作〈关于正确处理人民内部矛盾问题〉的报告》《人民的好总理》《陈云同志在思考》《陈毅在漓江》《名将粟裕的风采》等。1965 年调广州军区新华分社任编委、摄影组组长。1976 年离休。2005 年病逝，享年 90 岁。

其摄影作品收入《邹健东摄影集》《英雄军队的巡礼》《华东抗日解放战争摄影集》《历史的踪影》等影集。2003 年 4 月，“南京解放的历史瞬间——邹健东摄影作品展”在南京展出，展期一年。1988 年，他被评为新华社高级记者，2004 年获文化部颁发的“造型艺术成就奖”。

饶璜湘（1917—2003） 原名俭生，茶阳城内人。1935 年毕业于大埔中学，在学期间学习马克思主义、接受革命思想的熏陶。1935 年 7 月由中共地下党组织介绍赴日本东京留学，参加中共领导下的左翼文化团体，在党的领导下积极从事革命活动。1937 年 8 月，他怀着抗日救国的满腔热忱返回祖国，在广州参加“留东同学抗敌后援会”。同年 10 月赴延安抗日军政大学学习，并参加八路军。1937 年 11 月正式加入中国共产党。

饶璜湘

抗日战争期间，璜湘先后担任陕甘宁边区荥阳青年训练班连长、政治指导员，中共广东东江特委青年部部长、宣传部部长、副特派员，广东人民抗日游击队东江纵队政治部组织部部长、第五支队政委等职务。解放战争时期，历任华东军区华东军政大学五大队政治部副主任、华东军区和渤海军区一分区政治部副主任、中国人民解放军第四野战军独立二十四师政治部主任、第四野战军两广纵队二师政治部主任等职务。

新中国成立后，历任中国人民解放第四野战军两广纵队二师代政委、师党委书记，广东军区珠江分区政治部主任，华南军区西江分区副政委，中南军区转业干部学院党委书记，中南军区广东干部学院副政委。转业地方后，历任广东省教育厅副厅长、党组书记，华南师范学院副院长、党委副书记，广东省高教局副局长兼省招生委员会副主任，广东省政协委员等职务。1985 年 5 月离休。

饶练（1920—2008） 又名奕昌，茶阳镇太宁村人。1935 年 12 月参加革命工作，1937 年 8 月加入中国共产党。

1929 年在闽粤边区、太宁苏区参加儿童团、少先队，为组织站岗、放哨、送情报。1935 年在广州做工人和学生工作。“一二九”运动爆发后，饶练多次参加广州学生示威游行并和大家一起下乡进厂进行革命宣传。1937 年，在广州参加党的武装组织巡护队及抗日自卫团，并参与由宋庆龄等人发起的营救“救国联合会”七位领导人（沈钧儒、邹韬奋、李公朴、沙千里、史良、章乃器、王造时）出狱运动。之后，加入中国共产党领导的国际问题研究会，为进步报刊撰写评论，宣传党的抗日民族统一战线政策。他主编了《少年生活》杂志，参加了“青年抗敌同志会”。在大埔县埔北区工作期间曾任区委常委、宣传部部长兼青年部部长。在闽粤赣边区永和埔中心区委（县委）曾任常委、宣传部部长等职。

1942 年“南委事件”后，到赣西北做党组织的联络员。1946 年至 1947 年间在广州阳江任地下党支部书记，在闽粤赣边埔北工作团任主任，任闽粤赣边永和埔北区工委、武工队任书记、游击队负责人。1948 年 7 月在闽粤赣边区埔永梅县委任县委委员兼区委书记、游击队长、统战部部长、情报部部长。

1949 年 3 月，他在闽粤赣边区埔永梅县委任组织部副部长兼埔北区委书记、区长。1949 年 7 月在闽粤赣边区武平县工委任组织部部长、书记，解放军闽粤赣边区纵队粤东支队第十团政委，武平县军事管制委员会副主任，武平县县长、县委书记、县独立大队政委，福建省军区杭武汀边区剿匪委员会委员，武平县土改干部训练班土改队队长、人民法庭庭长。1951 年 9 月在福建省龙岩地委办公室任副主任，福建省闽西人民报社社长兼总编辑。1953 年任福建省龙岩地委宣传部负责人，1955 年在福建省龙岩地委党史研究室撰写党史。

饶练 1956 年调入中国新闻社任福建分社副社长，主持工作；1958 年任福建省委党组成员兼宣传口负责人；1961 年调任中国新闻社总社记者部副主任，1962 年任图片部第一副主任；1969 年 6 月在江西“五七”干校劳动；1973 年回到北京在新华社对外部中新组工作，1978 年 4 月任新华社中国新闻编辑部值班室负责人；1980 年任中国新闻社对台部副主任、顾问。1982 年 12 月离休。

罗季荣（1921—2004） 茶阳镇城内人。1942 年毕业于大埔中学。1947 年在厦门大学经济系毕业后，曾任广州岭南大学经济系助教。1950 年 7 月返回厦门大学，任教授。曾任厦大经济研究所副所长、《中国经济问题》杂志主编，厦门市经济学会会长，中国宏观经济学会常务理事，全国宏观经济教育研究会副会长。所著《马克思社会再生产理论》（1982 年由人民出版社出版）一书，1985 年获首届孙冶方经济科学奖中的著作奖；所著《宏观经济计划学》一书，1989 年获福建优秀社科成果奖；1998 年主编的《宏观调控分析》，获全国光明杯优秀社科成果奖；1995 年由中国计划出版社出版《社会主义市场经济宏观调控理论》一书。名字被收入《当代中国经济学家录》《中华当代文化名人大辞典》。

江田

江田（1921—2006） 原名仰生，学名发源，茶阳镇党坪村人。1936 年，在马来亚槟城加入中国共产党，任学生联合会常务委员，1939 年任马来亚星洲总工会常委，从事工人、学生抗日救亡运动。参与组织多次千人以上的工人罢工斗争和著名的"五一" 10 万工人大示威游行。先后两次入狱，面对威逼利诱，坚贞不屈。1940 年被英殖民当局驱逐出境，经香港时被国民党政府接收，入"华侨训练班"集中营。时值皖南事变反共高潮，"华侨训练班"内对共产党员、进步青年搜捕甚严。江田于返国两周后寻机逃往广西。次年由中共南方分局批准，恢复组织关系，被派至海南中共琼崖特委抗日独立总队工作。历任政治部宣传科科长、独立纵队第一支队政治部主任、第四支队政治部主任、海南华侨服务团宣传干事等职。参加琼山、文昌地区反蚕食、反扫荡斗争，开辟白沙抗日根据地。

解放战争时期，历任中共琼崖特委儋（州）白（沙）临时委员会宣传部部长、《西路导报》（临委机关报）社长兼主编、中共西区地方委员会宣传部部长、《先锋报》（地委机关报）社长兼主编、中国人民解放军琼崖纵队第一总队政治部主任、《建军报》（琼纵机关报）社长兼主编。先后多次参加保卫根据地和配合解放大军解放海南的战斗以及一二九师的东方战役等。

新中国成立后，1950 年 5 月任中国人民解放军海南军区政治部宣传部部长，1954 年 4 月任军委炮兵第四预校副校长，1958 年 9 月任炮兵第十一师副师长兼参谋长，1961 年 7 月任沈阳军区炮兵学校政委，1962 年 12 月任广东省公安总队副政委。"文化大革命"期间受到迫害。1975 年 12 月复出，先后任广东省军区韶关军分区政治委员、广东省军区政治部顾问、广东省军区副军级顾问。

离休后，曾参加《琼崖纵队史》编写工作，任广东省军区武装斗争史、军事志编纂委员会领导小组成员。2006 年 8 月，病逝于广州，享年 85 岁。

钟卓才（1922—2007） 字少群，大埔县茶阳镇古村人。早年南渡新加坡谋求事业，与夫人贺素珍同心同德，先后创办建兴当私人有限公司、建兴鞋庄进出口商，成为新加坡商界巨擘。

钟卓才

卓才胸怀豁达，热心社会，历任新加坡南洋客属总会荣誉会长、副会长、福利主任、新加坡茶阳（大埔）会馆永远荣誉会长、茶阳（大埔）励志社社长和新加坡当商公会名誉会长等职务。

钟卓才事业有成，常怀爱国爱乡之心，以建设家乡为已任，多年来于桑梓文化教育、医疗卫生、桥梁道路、公益事业捐资已逾 900 多万元。尤其对兴学育才，独具慧眼。1975 年创办古村中学后，历年来又扩建教室、礼堂、师生宿舍、图书馆、运动场、科教楼等设施，捐资 100 多万元。同时为重建古村小学、兴建古村幼儿园做出较大贡献。另外，他对大埔中学、三河中学、华侨中学等亦有贡献。他还为古村中小学、幼儿园颁发奖教奖学金 30 多万元。

卓才敬老尊贤，恤贫济困。多年来，为古村 300 多位 60 岁以上老人惠赠“敬老金”，对家乡有贡献人士则颁发“奖励金”，每年发放 2 万多元。钟卓才爱国爱乡之仁风义举，深受干部群众称赞。1994 年 10 月，被梅州市政府授予“荣誉市民”称号，1997 年 10 月，被大埔县人大常委会授予“荣誉市民”称号。

饶竞新（1924—2014） 茶阳下马湖村人，书香世家出身。1952 年定居香港，曾任香港大埔同乡会会长，大埔县政协第九、十两届委员、常委。他热爱家乡，关心青少年成长，1996 年捐资 13 万元改建下马湖小学；同年，捐资 55 万元改建茶阳镇幼儿园，次年又捐 35 万元扩建后座教学楼；1996 年捐资 13 万元建设茶阳下马湖村的公路。1997 年梅龙铁路通车后，他又带头响应政府号召捐资 110 万元建设汀江大桥，次年独资 23 万元建进城大道牌楼。1996 年“8・8”特大洪灾，西河镇受灾严重，他捐资 70 万元帮助西河人民重建家园。

钟勤（1925—2003） 太宁人，原名乃亿，又名刘铁昆（坤）。1948 年 1 月参加革命，4 月加入中国共产党，历任闽粤赣边区永和埔独立大队短枪班班长，闽西支队七队三大队七中队中队长、连长等职。新中国成立后，先后任龙岩军分区司令部参谋、指导员，福建省军区十三师政治宣传科科长等职。“文化大革命”期间曾调贵州任某工厂革命委员会主任、军代表等职。1976 年 4 月转入地方工作，历任龙岩地区文化局长兼文联主席，其间担任了红军入闽五十周年两个大型纪念活动的组织工作，组织创作出版《毛主席在闽西》《伟大的战友》《汀江赤卫队》《闽西革命史话》等作品。1980 年 7 月至 1983 年 3 月，曾担任龙岩卫校校长。1983 年离休，享受厅级待遇。

邝云妙（1936—2012） 大埔县茶阳镇迪麻村人。1961 年 8 月复旦大学新闻系毕业后，分配到羊城晚报社任记者、编辑。1978 年暨南大学复办新闻系，经中共广东省委宣传部推荐，同年 10 月调入新闻系任教。1986 年被评为副教授，1989 年被学校遴选为硕士研究生导师，1990 年被评为教授。从 1992 年起，担任新闻系新闻采访、写作、编辑业务教研室主任近 10 年。1995 年起，任暨南大学学术委员。1993 年开始享受政府特殊津贴，2001 年荣获广东新闻界最高荣誉奖——“金钟奖”。2004 年被梅州嘉应学院聘为客座教授。

邝云妙在新闻工作和新闻教育工作岗位上奋斗了 40 多个春秋，呕心沥血、辛勤耕耘。他所指导的毕业生中，有的成为中央级新闻媒体编辑、记者，有的成为新闻单位主要负责人或业务骨干，有的成为大专院校新闻学的学科带头人。出版的专著和本科、研究生教材共计 200 多万字，其中《新闻写作教程》被国务院侨务办公室评为高校优秀教材；专著《采访艺术》被中国写作学会评为首届优秀科研成果二等奖;《高级新闻写作》被广东省写作协会评为优秀写作论著一等奖。1990 年被广东省政府聘为《广东省地方志·新闻事业志》主编，被广东省新闻出版局聘为《广东省新闻志》执行主编，并于 1993 年被广东省地方志编纂委员会和广东省人事局评为编纂广东省地方志的先进工作者。他还积极参与学术交流和社会活动，1986 年 9 月其应新华社香港分社宣传部邀请前往香港大公报社和新晚报社考察两个月，并到香港中文大学、浸会学院、树人学院进行学术交流。1997 年被暨南大学研究生处委派到国务院侨务办公室为新闻学研究生班讲授新闻写作研究课程。1992—1993 年经学校批准兼任广州《晨报》总编辑。1994 年应邀赴马来西亚中央艺术学院新闻传播系、韩江新闻学院讲学，并赴吉隆坡《星洲日报》《南洋商报》进行学术交流。1988—2000 年被广州市新闻记者协会选为第二、三、四届记者协会副主席。1993—2000 年，先后被广东省新闻出版局和广州市新闻出版局聘为报刊审读委员。

邝云妙不仅在工作上做出了杰出的贡献，还非常热心家乡公益事业建设。1993 年家乡建校时，独资捐建教室一间、学校篮球场一座；并利用出国考察之机，积极募捐，为家乡学校后座教学楼建成做出了重大贡献，极大地改善了家乡的教学环境，深得家乡父老乡亲的爱戴。

2012 年 4 月 21 日，邝云妙在广州因病逝世，享年 76 岁。《广州日报》《新快报》都用大篇幅对其生平作了专题报道。

张良栋（1950—2005） 茶阳镇长兴罗坑村人。1953 年，随父母迁居广州市。1968 年 11 月，广州市第一中学毕业，赴海南参加广州军区生产建设兵团。1975 年，调入广州市交通部第四航务工程局第一工程处机械队。

1978—1982 年，就读中山大学中文系，选修经济学。大学毕业后，分配到国务院港澳事务办公室工作。1985 年，任副处长、中英联合联络小组中方代表处二等秘书。1988 年，任处长；6 月任中英联合联络小组中方代表处一等秘书兼综合组组长。

1991 年 9 月，到英国伦敦大学亚非研究院进修经济学。其论文《国家控制与自由化——南韩工业化过程研究》，被导师评为范文并被学校图书馆收藏。

1993 年起，历任国务院港澳办公室副司长、司长。

2003 年 8 月，任北京中国信息大学校董会主席，为学校改制重组和快速发展做出了重要贡献。

张良栋长期从事港澳工作，坚持“一国两制”方针，为实现香港、澳门回归和维护港澳的繁荣稳定做了很大贡献。他对港澳经济、港澳与内地经济合作等问题有较深入的研究。

2005 年 7 月 4 日，因病在北京逝世，时年 55 岁。

名人履痕

詹学传在茶阳 詹学传出生于北宋建中靖国元年（1101），原籍江西省广昌县陂头镇，21岁时乡试考中举人，22岁会试中进士，曾任山东省聊城县令，经略安抚使，累官至阁直学士，中书侍郎加太子太保，官居一品，夫人刘氏亦封诰命夫人。靖康元年（1126），金兵南侵，投降派得势，主战派的詹学传被贬出朝廷，詹便携家逃到福建省宁化县石壁村居住，设馆讲学。南宋绍兴十二年（1142），宋高宗和秦桧杀害岳飞，镇压抗金派，詹学传闻讯后又带全家迁移到闽粤交界的深山区广东省海阳县长窖村（今大埔茶阳镇长兴村）定居，得到当地大户蓝冠彜等人的接待和安置。他在长兴继续设馆讲学，以自己的渊博学识，为当地培育人才。

南宋淳熙十六年（1189），詹学传在长兴村病逝，享年89岁。詹学传夫妇墓茔在长兴村，至今保存完好，为县级文物保护单位，其后裔族人分布于海内外达50余万人。2013年，詹氏后裔几千人前往茶阳祭祀。

蔺涛治埔 蔺涛，河南省阳武县人，清雍正二年（1724）二甲进士。乾隆七年（1742）由湖北省宜城调至大埔主政。他在大埔主政三年多，共有四大政绩。一是重视农耕。他令饬全县不许荒芜一分一寸熟田，并且鼓励农民开垦荒地，冬田种麦，多收多积，但不加农赋。农民颂之云："家户丰，谢蔺公。"二是兴学育才。在埔邑孔庙明伦堂之侧，设一厅为讲学堂，延聘名士为师，培养人才。当时文风甚盛，兴学育子为历任之冠。三是撤禁籴粮。大埔山多田少，粮食不能自足，须靠外籴入谷米，以应民众之需。乾隆八年（1743）春，因大埔与邻省贸易发生冲突，彼此货运不通，福建省永定等地禁售粮食出境，埔邑无从买入，民众恐慌，造成骚乱。蔺涛寝食不安，上书省抚两院，言辞恳切，并数次亲见抚司请撤禁令。两院怜其民，爱其忠，遂撤禁令，大埔之困方解。四是编纂县志。乾隆九年（1744），蔺涛发现大埔已有六十多年未修县志后，便决定编修县志。他用自己的薪俸作修志经费，聘请邑中名士杨缵烈、饶商、蓝山等为分编，自己为主编，开展县志的编纂工作。历时八个月，纂成清乾隆九年（1744）《大埔县志》，全志 12 卷，分目 72 项。

左宗棠驻防茶阳 清同治年间，太平军四到大埔。同治四年（1865）四月，太平军汪海洋部的利王朱兴隆、来王陆顺德两军分两路进入大埔县境。因前有粤军方耀堵截，后有左宗棠（闽、粤、赣三省军务总督）军臬司王德榜追赶，天将郭维扬、朱陆明等 24 位太平军将领率 4000 人向清军投降，降将郭维扬等被王德榜杀害。朱兴隆、陆顺德旋即退出大埔，进入福建。九月下旬，左宗棠将其司令部迁到大埔花园墩（今茶阳城西树玉堂）督战；粤军炮船数十艘，扼守在大埔三河坝，以防太平军逃往潮州。左宗棠曾一度驻三河，大埔成为清军对嘉应太平军作战稳固的后方和指挥部。汪海洋攻占嘉应州（梅城）后，左宗棠将司令部迁往松口。后来，左宗棠调兵遣将，包围攻击并杀死汪海洋，太平军余部投降，嘉应遂被清廷收复。

人物表录

茶阳镇革命烈士英名录

表 11

姓名	性别	出生年份	籍贯（村、街）	入伍年份	党（团）员	牺牲年份	牺牲地点	牺牲时所在单位	牺牲时职务	备注
邹师贞	男	1901	花窗	1921	党员	1927	广州市	广州区党委职工运动委员会	秘书	
饶文秀	男	1904	太宁	1926		1928	茶阳		地下工作者	
谢其翠	男	1904	太宁	1926	团员	1928	太宁	太宁	团干部	
郑均贤	男	1890	太宁	1926		1928	大沙坝	太宁赤卫队	队员	
曹松修	男	1903	恋墩	1927		1928	太宁	工农革命军十五团特务连	战士	
郑崇坎	男	1910	茅坪	1928		1928	高陂	长北赤卫队	队员	

续表 11

姓名	性别	出生年份	籍贯（村、街）	入伍年份	党（团）员	牺牲年份	牺牲地点	牺牲时所在单位	牺牲时职务	备注
刘向贤	男	1878	茅坪	1929		1929	茶阳	长北乡苏维埃政府	宣传员	曾用名：刘石寿
江献凡	男	1900	党坪	1929		1929	福建省永定县	石田赤卫队	队员	
谢汝来	男	1904	长兴	1929	党员	1929	长窖	长窖村苏维埃政府	主席	
张益恭	男	1904	太宁	1926		1929	西河		地下工作者	
赖美旬	女	1906	石田	1929		1929	茶阳	石田村苏维埃政府	工作人员	
赖有华	男	1908	恋墩	1926		1929	茶阳	太宁乡赤卫队	交通员	
邹秀昌	男	1908	花窗	1928		1929	花窗	花窗赤卫队	队长	
赖元生	男	1909	石田	1929		1929	茶阳	石田赤卫队	队员	
曹开惠	男	1909	恋墩	1926		1929	福建省永定县	太宁乡赤卫队	队员	
曹加谋	男	1910	恋墩	1929		1929	福建省永定县	太宁乡农民自卫军	战士	
丘乃鸿	男	1911	党坪	1926		1929	花窗大坪里	党坪赤卫队	分队长	
江吉祥	男	1911	花窗	1928		1929	福建省永定县	花窗赤卫队	队员	
严秉沛	男	1911	茅坪	1929		1929	福建省永定县	工农红军四十八团	战士	曾用名：严等煌
曹启元	男	1914	恋墩	1926		1929	茶阳	太宁乡赤卫队	交通员	
郑亚开	女	1887	左弼	1926		1929	长治石田石空里		地下工作者	
严衍党	男	1911	茅坪	1928		1929	茅坪村高乾	长北乡赤卫队	队员	
严衍宏	男	1903	茅坪	1929		1929	茅坪村高乾	长北乡赤卫队	队员	
吴大利	男	1893	新村	1929		1929	长治洋门	新村赤卫队	队员	
刘德承	男	1895	下马湖	1926	党员	1929	茶阳	工农红军十一军四十八团	特务连长	
严衍骞	男	1912	茅坪	1929		1929	永定县后方医院	长北乡赤卫队	分队长	曾用名：严养贤
陈新祥	男	1908	蓝田	1929		1929	茶阳	蓝田赤卫队	宣传员	
刘胞贤	男	1888	茅坪	1929		1930	茶阳	长北乡赤卫队	队员	
邓永保	男	1899	新村	1928		1930	福建省永定县	新村赤卫队	宣传员	
邹余兴	男	1901	党坪	1929		1930	党坪村水口	党坪赤卫队	交通员	曾用名：邹铨兴

续表 11

姓名	性别	出生年份	籍贯（村、街）	入伍年份	党（团）员	牺牲年份	牺牲地点	牺牲时所在单位	牺牲时职务	备注
严衍闹	男	1901	茅坪	1929		1930	福建省永定县	茅坪村高乾赤卫队	少先队长	
邹先后	男	1901	花窗	1928		1930	福建省永定县	花窗赤卫队	分队长	
吴恭恩	男	1902	新村	1928		1930	福建省永定县	长治赤卫队	交通员	
严衍期	男	1904	茅坪	1927		1930	茅坪村高乾	长北赤卫队	队员	
徐洪招	男	1904	茅坪	1928	党员	1930	福建省永定县	中共埔五区	区委委员	
钟兆明	男	1904	左弼	1929		1930	福建省永定县下洋		地下工作者	
邓春洪	男	1905	新村	1928		1930	福建省永定县	新村赤卫队	队员	
赖忽章	男	1906	石田	1929		1930	福建省永定县	石田赤卫队	队员	
赖以雅	男	1906	石田	1929		1930	福建省永定县	石田赤卫队	分队长	
邹贵发	男	1907	花窗	1927		1930	长治洋门	花窗赤卫队	队员	曾用名：邹学成
邹发祥	男	1904	花窗	1928		1930	青溪坪沙		地下工作者	
邹宏太	男	1904	花窗	1928	党员	1930	福建省	红十二军	战士	
曾玉棠	男	1905	党坪	1929		1930	福建省永定县	埔四区苏维埃政府	主席	
邹见祥	男	1907	花窗	1929		1930	长治大坪里	花窗赤卫队	队员	
赖春梅	男	1907	石田	1929		1930	石田村欧家仙	石田赤卫队	队员	
严衍风	男	1908	茅坪	1929		1930	福建省永定县	长北乡	苏维埃文书	
徐洪添	男	1909	茅坪	1929		1930	福建省永定县	长北乡赤卫队	队长	
曹开端	男	1909	恋墩	1929		1930	福建省永定县	太宁乡农民自卫军	战士	
严秉琛	男	1900	茅坪	1929	党员	1930	福建省永定县	中共埔五区	区委书记	
严秉床	男	1910	茅坪	1928		1930	福建省永定县	埔五区赤卫队	联队长	
徐秋章	男	1910	茅坪	1929		1930	福建省永定县	长北乡赤卫队	队员	
严秉灿	男	1912	茅坪	1929	党员	1930	福建省永定县	长北乡苏维埃政府	财政干事	

续表 11

姓名	性别	出生年份	籍贯（村、街）	入伍年份	党（团）员	牺牲年份	牺牲地点	牺牲时所在单位	牺牲时职务	备注
丘慈荆	男	1912	花窗	1929		1930	岩上南丰	花窗赤卫队	交通员	
严达琴	男	1912	茅坪	1929		1930	茅坪村高乾	长北乡赤卫队	分队长	
严达怀	男	1910	茅坪	1929		1930	茶阳	长北乡苏维埃政府	总务	
张兆堪	男	1910	太宁	1927		1930	茶阳	太宁赤卫队	队员	
谢春荣	男	1902	长兴	1926	党员	1930	长治长窖	长窖村赤卫队	队长	
江弼(碧)群	男	1904	太宁	1926	党员	1930		中共埔北区	区委书记	曾用名：江增能
赖汝明	男	1908	长兴	1927		1930	福建省永定县	长窖村赤卫队	队员	
谢其略	男	1905	长兴	1930		1930	长窖伯公凹	埔北区赤卫队	队员	
吴景钱	男	1904	新村	1928		1931	福建省永定县	长治赤卫队	联队长	曾用名：吴景万
邹九华	男	1906	花窗	1930		1931	花窗村赤子岗	花窗赤卫队	通讯员	
吴梅芳	男	1906	新村	1928		1931	福建省永定县	新村严背畲赤卫队	通讯员	
曾东祥	男	1907	党坪	1928		1931	党坪村下凹	党坪赤卫队	分队长	
江春先	男	1912	党坪	1928		1931	长治洋门	党坪赤卫队	队员	
邹禄兴	男	1913	党坪	1929		1931	江西省	党坪赤卫队	队员	
江挺昌	男	1910	党坪	1930		1931	福建省永定县	党坪赤卫队	队员	
邹秉和	男	1914	党坪	1929		1931	党坪村伯公凹	党坪赤卫队	队员	
江典鳌	男	1904	党坪	1929		1931	党坪	党坪赤卫队	通讯员	
钟义祥	男	1902	太宁	1926	党员	1931	太宁北坎头	中共溪西乡	支部书记	
张球贤	男	1903	太宁	1928	团员	1931	太宁北坎头	太宁乡	团支部书记	
谢勉英	女	1903	太宁	1928	党员	1931	太宁北坎头	中共饶和埔县委	委员	
张亚闰	女	1910	花窗	1930		1931	长治洋门	花窗赤卫队	宣传员	
邓凤翱	男	1908	新村	1925	党员	1931	广州市	中共汕头市委	市委书记	曾用名：邓黎芳

续表 11

姓名	性别	出生年份	籍贯（村、街）	入伍年份	党（团）员	牺牲年份	牺牲地点	牺牲时所在单位	牺牲时职务	备注
张景庆	男	1897	丰村	1931		1932	丰村杉树凹	丰村赤卫队	通讯员	
徐其发	男	1908	茅坪	1929		1932	茶阳		地下工作者	
赖桂章	男	1914	石田	1929		1932	石田	石田苏维埃政府	工作人员	
赖海棠	女	1904	茅坪	1929	党员	1932	长治石田	长北乡苏维埃政府	妇女主任	
赖集敦	男	1907	石田	1929		1933	石田村水口	石田赤卫队	队员	
赖敏章	男	1895	石田	1929		1933	福建省永定县金沙	红十二军埔北十二连	战士	
钟乃祝	男	1910	太宁	1930	团员	1933	茶阳		地下工作者	
钟我祥	男	1911	太宁	1930	团员	1933	茶阳		地下工作者	
谢作提	男	1900	石田	1929		1934	福建省永定县	石田赤卫队	分队长	
朱壁双	男	1903	峦墩	1926		1934	福建省长汀县	太宁乡	赤卫队员	
杨永曾	男	1920	古村	1932		1934	茶阳	闽粤边区游击队	交通员	
严衍肖	男	1907	茅坪	1929		1934	茶阳茅坪	红军独立团	战士	
邹坎祥	男	1912	洋门	1933		1934	茶阳茅坪	洋门赤卫队	通讯员	
曹托生	男	1911	峦墩	1928	党员	1934	江西省	红军	连长	
连维结	男	1900	茶阳镇金山顶	1926	党员	1934	茶阳	中共饶和埔县委	县委书记	曾用名：连铁汉
陈岁华	男	1909	蓝田	1929	党员	1935	茶阳	蓝田赤卫队	通讯员	
陈新杏	男	1915	蓝田	1929		1935	茶阳	蓝田赤卫队	宣传员	
陈先大	男	1907	蓝田	1927		1935	茶阳	蓝田赤卫队	宣传员	
曹坎元	男	1896	峦墩	1929	党员	1935	福建省惠安县		中共地下党员	
丁筹英	女	1906	石田	1929		1935	茶阳	石田赤卫队	队员	
吴景扬	男	1908	新村	1928		1935	茶阳		地下工作者	
傅竹斩	男	1909	党坪	1929		1935	茶阳	党坪赤卫队	情报员	
陈建宜	男	1910	蓝田	1929		1935	茶阳	蓝田赤卫队	通讯员	
赖匈贤	男	1911	石田	1931	党员	1935	福建省长汀县	中央保卫局	委员	
陈占洪	男	1911	党坪	1932		1935	茶阳	党坪赤卫队	队员	
赖荣生	男	1912	石田	1935		1935	青溪	石田赤卫队	队员	

续表 11

姓名	性别	出生年份	籍贯（村、街）	入伍年份	党（团）员	牺牲年份	牺牲地点	牺牲时所在单位	牺牲时职务	备注
朱宜昌	男	1901	恋墩	1926	党员	1935	茶阳	中共太宁乡	支部委员	曾用名：朱质双
沈春华	男	1904	太宁	1926	党员	1935	茶阳	中共太宁乡	支部书记	
曹壬元	男	1908	太宁	1928	党员	1938	茶阳	太宁乡	党总支书记	曾用名：国光
沈初传	男	1886	茅坪	1933		1939	茅坪山羊礤		地下工作者	曾用名：沈亚利
邹概华	男	1908	花窗	1928		1939	长治党坪		地下工作者	
赖文华	男	1911	恋墩	1930	党员	1941	福建省永定县		中共地下党员	
张福昌	男	1917	太宁	1937	党员	1941	安徽省皖南	新四军	连指导员	
饶乃跃	男	1913	茶阳镇	1936	党员	1941	狱中	闽西特委党校	哲学教员	
沈启三	男	1910	茅坪	1929		1946	福建省永定县	韩纵一支队	战士	
陈抗基	男	1924	蓝田	1944		1946	广州市		地下工作者	
沈树山	男	1915	茅坪	1946		1947	茶阳太宁	永和埔独立大队	通讯员	
李隆吉	男	1919	太宁	1938	党员	1948	银江马头山	独立大队	连指导员	曾用名：谢海生
曹石史	男	1918	恋墩	1947		1948	岩上水竹	永和埔独立大队	战士	
赖铁民	男	1907	长兴	1928	党员	1948	长治长窖		中共地下党员	
赖讲贤	男	1913	古村	1948		1948	长治长窖		武工队员	
赖云娣	女	1929	太宁	1948		1948	梅县西阳	粤东支队	战士	
邹佩然	男	1919	党坪	1948		1948	青溪石下坝	永和埔独立大队	战士	
饶文松	男	1913	太宁	1945		1949	福建省永定县	闽西支队税收连	负责人	曾用名：饶风
江得昌	男	1912	花窗	1948		1949	梅县白渡	闽西支队	战士	曾用名：江澄昌
张世活	男	1918	洋门	1949		1949	福建省连城	闽西支队	战士	曾用名：张诗华
邓生沐	男	1926	新村	1949		1949	福建省连城	闽西支队	战士	
谢恭咸	男	1917	长兴	1948		1949	茶阳土头岗	闽西支队	战士	

续表 11

姓名	性别	出生年份	籍贯（村、街）	入伍年份	党（团）员	牺牲年份	牺牲地点	牺牲时所在单位	牺牲时职务	备注
谢治华	男	1910	长兴	1949		1950	广西省剿匪战斗中失踪	解放军三十九军一一五师三四二团	战士	
赖龙华	男	1911	恋墩	1949		1950	福建省连城县	连城县	税收员	
江其耀	男	1929	花窗	1948		1950	福建省连城县	连城县	公安员	曾用名：江荣
黄联业	男	1932	茅坪	1949		1950	广州石马桥	解放军	战士	
邹定钰	男	1927	党坪	1949		1950	封川县文西	封川县文西区	仓库主任	
饶龙光	男	1896	太宁	1926	党员	1950	福建省龙岩市	原大埔县委书记	龙岩县委主任秘书	民政部认定
卢镜仁	男	不详	安乐	1948		1951	福建省厦门市	厦门日报社	记者	
谢林华	男	1925	长兴	1949		1951	朝鲜	志愿军	战士	
巫进墙	男	1931	安乐	1950		1951	福建省漳州	解放军	战士	
谢美仁	男	1931	长兴	1949		1951	朝鲜	志愿军	战士	曾用名：谢美生
赖先盛	男	1924	长兴	1949		1951	朝鲜	志愿军	班长	
曾祥呈	男	1924	古村	1950		1952	朝鲜	志愿军炮兵二师三十团二营	战士	
江春生	男	1928	党坪	1950		1953	朝鲜	志愿军	战士	
陈雅安	男	1923	蓝田	1949		1953	福建省东山岛	解放军	战士	
唐满光	男	1936	茶阳镇	1955	党员	1960	连平县忠信	解放军 0143 部队	文化教员	
谢宜署	男	1937	石田	1958	团员	1960	饶平望海岭	驻饶平解放军	战士	
谢诗威	男	1945	太宁	1968	团员	1969	汕头牛田洋	华南农学院	学生	
张志华	男	1958	广陵	1977	团员	1979	中越边境	解放军 33700 部队	副班长	
饶肖光	男	1958	下马湖	1978	团员	1979	湛江市	湛江市直属武装民警中队	战士	

续表 11

姓名	性别	出生年份	籍贯（村、街）	入伍年份	党（团）员	牺牲年份	牺牲地点	牺牲时所在单位	牺牲时职务	备注
张石生	男	1936	西湖			1986	茶阳镇西湖村	茶阳镇西湖村	治保主任	扑灭山火时牺牲
饶让生	男	1954	角庵	1980		1995	潮州龟湖	茶阳供销社	门市负责人	与歹徒搏斗时牺牲

茶阳镇明、清进士一览表

表 12

姓名	籍贯	登科年份	备考
饶　相	城内	明嘉靖十四年（1535）连捷登乙未科三甲进士	
饶与龄	城内	明万历十七年（1589）己丑科三甲进士	饶相之子
饶鸣镐	城内	清雍正十一年（1733）连捷中癸丑科三甲进士	
陈可奇	梅林	清乾隆十年（1745）乙丑科三甲进士	
陈应联	梅林	清乾隆十七（1752）壬申恩科二甲进士	
饶崇魁	城内	乾隆三十六年（1771）四月，辛卯恩科二甲进士	
饶庆捷	城内	乾隆四十年（1775）乙未科三甲进士	
饶　芝	城内	嘉庆二十四年（1819）己卯恩科三甲进士	
饶褒甲	城内	道光二十五年（1845）乙巳恩科三甲进士	饶芝之子

茶阳镇明、清举人一览表

表 13

姓名	籍贯	登科年份	备注
戴　儒	安乐	明成化十三年（1477）丁酉科	
罗梦鹤	城内	明嘉靖二十五年（1546）丙午科	
饶　埁	城内	明万历三十一年（1603）癸卯科	
饶　堪	城内	明万历三十四年（1606）丙午科	
饶必棣	城内	明崇祯三年（1630）庚午科	
饶宠伟	城内	清康熙五年（1666）丙午科	
张可栋	广陵	清康熙三十五年（1696）丙子科	武举
饶华元	城内	清康熙四十七年（1708）戊子科	
饶　溶	城内	清康熙五十二年（1713）癸巳科	
饶赞采	城内	清雍正四年（1726）丙午科	
饶　商	城内	清乾隆元年（1736）丙辰科	
饶鹤和	城内	清乾隆九年（1744）甲子科	

续表 13

姓名	籍贯	登科年份	备注
饶时英	城内	清乾隆九年（1744）甲子科	
饶雄雨	城内	清乾隆三十年（1765）乙酉科	
饶鸣阳	城内	清乾隆四十五年（1780）庚子科	钦赐举人
饶魁章	城内	清乾隆五十七年（1792）壬子科	武举
邹铁券	长治	清乾隆五十九年（1794）甲寅科	钦赐举人
郭鸿图	城内	清乾隆六十年（1795）乙卯科	
罗宏光	城内	清乾隆六十年（1795）乙卯科	武举
罗跻瀛	城内	清嘉庆三年（1798）戊午年	
张国栋	广陵	清嘉庆十年（1805）乙丑科	钦赐举人
饶觐光	城内	清嘉庆十五年（1810）庚午科	
饶于磐	城内	清道光二年（1822）壬午科	
饶　豫	城内	清道光五年（1825）乙酉科	
饶步元	城内	清光绪元年（1875）乙亥科	
饶耀廷	城内	清光绪二年（1876）丙子科	
饶宗羲	城内	清光绪十七年（1891）辛卯科	
巫永年	沿坑	清光绪二十三年（1897）丁酉科	钦赐举人
邓弁英	新村	清光绪二十九年（1903）癸卯科	钦赐举人

龙溪自然村村貌（2017 年）

艺文杂记

自明清以来，茶阳文人骚客创作了大量的诗词歌赋、楹联等文学作品，作品大多记录家乡风物，吟咏民生，抒发情怀，各具特色。所选楹联，极富含地方特色，无论长联短句，都有各自的精妙之处，引人入胜。

文学创作与著述

大埔素有“文化之乡”美誉。茶阳为大埔县治时间长达四百余载，自明清以来，儒学盛行，社学不衰，科第蝉联，文人甚多，著作颇丰。

明代，茶阳著名文人名流有饶金、饶相、饶与龄，另外，还有时任知县的吴思立（福建南平人）等，他们均有诗文传世。饶相有《三溪文集》、《椿桂集》（上卷）等，饶与龄有《新矶题咏》、《松林漫谈》、《宾印诗草》、《椿桂集》（下卷）等。清代，茶阳较著名的文人名士有饶庆捷、邝皵廷、饶鸣镐、饶鸣阳、饶崇魁、饶芝、饶褒甲、饶咨畴、戴希曾、戴澍霖、饶重庆等人。饶庆捷，一生著作颇多，其诗名堪与当时的岭南才子宋湘齐名。1936 年，中山大学校长邹鲁评价饶、宋两人的诗词“至于为诗则各有千秋，不相伯仲”。饶庆捷有《桐阴诗集》等著作传世，还参加了《四库全书》的编纂。饶褒甲，道光二十五年（1845）连捷进士，博学多才，于经传注疏、诸子百家、乐律、天文、河渠，原原本本，有问即答，有如撞钟，所作诗赋序文，骈散各体，下笔千言，倚马可待，脍炙人口者不可胜举，惜兵燹散失，未能成帙。邝皵廷，光绪年间岁贡，幼聪慧，博闻强记，能诗画，健笑辩，善考据推算甲子，远近颇有文名，光绪二十六年（1900）秋，广东学政徐琪花视学粤东，闻其名试其才，邝献《落花诗》百首，“百蝶图”一幅，徐学政阅后大为赞赏，荐其入广州广雅书院，并赠诗一首：“邝子清才绝世无，时从句里出明珠。不惊沧海螭龙睡，能赋春风蛱蝶图。”民国时期，茶阳有邹鲁、萧聘廷、赖少魂、戴毅、邝国祥等文化名流。邹鲁一生著作颇丰，其《黄花岗七十二烈士事略》的序言为时任非常大总统孙中山所作。邝国祥《槟城散记》中的《极乐寺》一文，被马来亚采用为马华高中史地教材。

新中国成立后，茶阳的文学创作活动更趋活跃，群众性的业余文学创作活动盛行不衰。主要作者有饶彰风、邝云妙、范以锦、曹业昌、谢友祥、谢崇德等人。广东省曲艺家协会会员曹业昌，是土生土长的农民作家，出版有小说集《蜜柚恋》，他创作的《鸡能人与三鸟张》（故事）、《名家斋传奇》（故事）作品，在1983年和1994年分别获得省文化厅授予“广东省群众文艺创作二等奖”“广东省群众文艺创作一等奖”。20世纪90年代后，茶阳有创刊于1990年的《古村之声》和大埔中学创刊于1994年的《埔中通讯》两种连续性内部资料性出版物，《古村之声》每年至少出版1～2期，《埔中通讯》每年出版2期。至2015年，《古村之声》共出版94期，《埔中通讯》共出版45期。

另外，还有不少茶阳籍的著名专家、学者，如：饶芳权、罗锐仁、饶师泉、罗季荣、钟勤、罗逵、谢咏枫、张喜轩、饶育芳、谢世杉、赖畴、徐秀珍、饶开燕、温治雄、郑先干、张东山、饶琴进、曾垂枫、邝云弘等人，均有其学术专著。至21世纪初，茶阳有中国书画家协会会员1名，省作家协会会员1名，省曲艺家协会会员1名，省音乐家协会会员1名，中华诗词学会会员1名，省楹联协会会员1名，省书法家协会会员2名，深圳市作家协会会员1名，嘉应诗社社员5名，大埔诗社社员5名。

茶阳籍历代文人著述一览表

表14

时期	作者	作品名称	类别	出版社	出版时间	备注
明	饶　金	读书歌	诗词	—	—	
明	饶　相	三溪文集	杂文	—	—	
明	饶　相	椿桂集（上卷）	杂文	—	—	
明	饶与龄	新矶题咏	诗词	—	—	
明	饶与龄	松林漫谈	杂文	—	—	
明	饶与龄	宾印诗草	诗词	—	—	
明	饶与龄	椿桂集（下卷）	杂文	—	—	
清	饶鸣镐	咏茶阳八景	诗词	—	—	
清	饶庆捷	桐阴诗集	诗词	—	—	参与编纂《四库全书》
清	饶庆捷	馆课拟存	杂文	—	—	
清	饶庆捷	大水行	诗词	—	—	
清	饶鸣阳	竹轩文集	杂文	—	—	
清	饶崇魁	探云轩文稿	杂文	—	—	
清	饶崇魁	水部诗集	诗集	—	—	
清	饶　芝	商山文稿	杂文	—	—	
清	饶　芝	北征诸诗集	诗集	—	—	
清	陈应联	印山晚眺	诗词	—	—	
清	陈应联	狮江偶憩	诗词	—	—	

续表 14

时期	作者	作品名称	类别	出版社	出版时间	备注
清	饶咨畴	朴里诗文集	杂文	—	—	
清	戴希曾	崇让粹篇	杂文	—	—	
清	戴希曾	尚友录	杂文	—	—	
清	戴澍霖	闲吟集	诗集	—	—	
清	邝巇廷	张巧生世讲考取高陂区长喜赋五古一章寄贺	诗词	—	—	
清	邝巇廷	落花诗	诗词		—	
清	饶重庆	茶阳竹枝词	诗词	—	—	
民国	邹　鲁	黄花岗七十二烈士事略	杂文	—	1921	此书序言作者是孙中山
民国	邹　鲁	邹鲁文存	杂文	北华书局	1930	
民国	邹　鲁	澄庐文集	杂文	国立中山大学出版部	1934	
民国	邹　鲁	澄庐文集（续编一）	杂文	国立中山大学出版部	1935	
民国	邹　鲁	澄庐文集（续编二）	杂文	国立中山大学出版部	1936	邹鲁一生著作颇丰，他还有《汉族客福史》《环游廿九国记》《教育与和平》《旧游新感》等著作传世
民国	邹　鲁	澄庐文选	杂文	正中书局	1948	
民国	邹　鲁	中国国民党史稿	史志	中华书局	1960	
民国	邹　鲁	邹鲁回忆录	散文	东方出版社	2010	
民国	钟梅先	菜根堂诗存（上、下册）	诗集	广州祥兴印务局	1933	
民国	萧聘廷	延庐诗钞	诗集	—	—	
民国	赖少魂	长啸斋吟草	杂文	—	—	
民国	戴　毅	天庐诗文集	杂文	—	—	
民国	钟淼材	美西游	杂文	—	—	
民国	钟淼材	微笑	杂文	—	—	
民国	邝国祥	槟城散记	杂文	—	—	
民国	邝国祥	桃李春风	散文	—	—	
现代	饶彰风	忆故乡大埔	诗词	—	2013	见于广东经济出版社《仁者彰风》一书
现代	曹业昌	鸡能人与三乌张	故事	—	1983	发表于《天南》
现代	曹业昌	鸳鸯配对飞	故事	—	1992	发表于《天南》
现代	曹业昌	名家斋传奇	故事	—	1994	发表于《天南》
现代	曹业昌	蜜柚恋	小说集	华文作家出版社	2010	

续表 14

时期	作者	作品名称	类别	出版社	出版时间	备注
现代	曹业昌	笔耕楼文集	杂文	华文作家出版社	2010	
现代	邝云妙	新闻写作教程	学术专著	广东高教出版社	1987	
现代	邝云妙	采访艺术	学术专著	广州文化出版社	1989	
现代	邝云妙	高级新闻写作	学术专著	广州高等教育出版社	1996	
现代	邝云妙	当代新闻采访学	学术专著	暨南大学出版社	1998	
现代	邝云妙	当代新闻编辑学	学术专著	暨南大学出版社	2000	邝云妙共有十多部著作传世
现代	范以锦	大雁求凰	散文	长江文艺出版社	1995	
现代	丘金城	华园集	杂文	—	2002	
现代	丘金城	二思集	杂文	—	2002	
现代	丘金城	八千里路云和月	杂文	—	2002	
现代	丘金城	往事非烟	散文	—	2016	
现代	谢崇德	客家祠堂楹联辑注	楹联集	—	2006	《梅州文史》第 18 辑
现代	谢崇德	梅州传奇	故事	—	2000	
现代	谢崇德	历代咏梅州诗词	诗集	—	2009	
现代	赖　萍	回忆录	杂文	—	2009	
现代	谢友祥	血日苍茫	长篇小说	广东人民出版社	2016	
现代	罗松生	笔下山川	散文	文汇出版社	2019	

诗词

读书歌（四首选二）

〔明〕饶金

（一）

世人哪知读书好，开卷便觉心无扰。
志学未肯卑微收，发愤不计年华老。
傍花随柳意如如，摆古证今心了了。
读书之好宁有过，洒然胸次春风和。

（二）

世人哪知读书趣，开卷尘缘胥摆去。
唉谈庸俗非所亲，游息圣贤相兴聚。
纵怀发为浩浩歌，得意拈出纤纤句。
读书之趣清且深，杏坛一操万古音。

闻报出守南昌述怀

〔明〕饶相

南北为郎余十载，忽闻驰檄守洪州。
分应犬马谁青眼，犹喜春秋未白头。
麦秀两岐嘉往绩，棠阴满郡企前修。
心存止水唯澄定，名等浮云任去留。

癸卯岁江南北大旱黎民饥馑秋行即事

〔明〕饶相

田野萧条处处同，断蓬枯草逐秋风。
愁闻富屋仓庾罄，忍见贫家杼轴空。
啜泣黄乾嗟莫及，熟筹拯救计安从。
逢人便说闾阎苦，惆怅长吟大小东。

神泉四景

〔明〕陈献章[①]

茶山分香

江门白藕花，我榻庐山顶。
君若去茶山，茶香复谁领！

神泉漱玉

焦明亦是凤，萤焰却疑灯。
安得石上泉，为洗世中盲。

浮螺得月

道眼大小同，乾坤一螺寄。
东山月出时，我在观溟处。

太极涵虚

混沌固其初，浮沦本无物。
万化自流行，何处寻吾一。

① 陈献章：翰林院检讨。

午日过大埔偕吴邑侯游天印山

〔明〕章熙[①]

天印幽奇落海滨，偶来登眺爽心神。
乌纱白发还嗤我，绿水青山不负人。
鼓吹笑处龙舟发，花木阴中石刻新。
把酒羡君能后乐，弦歌百里净无尘。

天印胜览

〔明〕吴思立[②]

天作高山古，吴郎今始荒。
鸟鸣新树碧，麝过宿莱香。
舟楫通穷岛，烟村接上方。
蓬莱见尘世，忘却利名缰。

鸣琴清暇吟

〔明〕吴思立

春景吟

瑶琴一曲杏风柔，山郭空蒙宿雨收。
绿野有人芟或柞，皆将佩剑买耕牛。

夏景吟

瑶琴一曲熏风微，百里松阴润夕霏。
比屋尽皆忘酷暑，任教羲侣卧南扉。

---

① 章熙：曾任户部员外。
② 吴思立：时任大埔知县。

秋景吟

瑶琴一曲桂风清，玉宇无尘彻夜明。
错落烟村桑影净，不闻邻犬吠深更。

冬景吟

瑶琴一曲朔风凉，数点梅花带雪香。
百室盈兮民食足，漫携朋酒庆辰芳。

埔庠四景

〔明〕陈尧道[1]

茶山毓秀

埔阳山脉发来长，结就茶峰离正方。
芹泮久钟灵秀气，贤豪科第自悠扬。

印案呈祥

唯此黉宫向北开，印山朝揖实奇哉。
栽培桃李从今盛，剩有魁元次第来。

龙井通灵

梦叶蛟腾始凿泉，黄生适遇亦天缘。
秋闱已际风云会，春榜尤传锦夺先。

虬松兆瑞

堂前松植已多年，翠盖亭亭性本坚。
瑞霭秋清发奇兆，二贤联捷姓名传。

---

① 陈尧道：时任大埔县教谕。

中秋玩月神泉候馆（二首）

〔明〕邹一麟[①]

（一）

悬乐开新宴，停骖廓旧台。
未遑迎使节，先试赏秋杯。
地显神泉胜，山依灵鹫开。
郊垌邀皓月，异日是重来。

（二）

别馆足清幽，山环翠欲流。
旧传散花处，今作聚仙游。
月影临阶渡，松阴映户浮。
高谈不觉醉，乘兴欲登舟。

茶阳八景诗

〔清〕饶鸣镐[②]

南华古寺

茶阳首景南华寺，城外溪西绿坞中。
漱石流泉溅碧玉，栏柯幽网复苍松。
禅房草木迎春秀，槛外云山接翠空。
清妙磬音浮岭鹤，悠然潭影落疏钟。

月照星桥

月照星桥傍古城，一湾流水载歌声。
黄梅春涨晚潮夜，渔火连江上下行。

① 邹一麟：时任大埔县训导。

② 饶鸣镐：字苞九，茶阳城内人。清雍正七年（1729）选拔贡，雍正十年（1732）中顺天乡试举人，雍正十一年（1733）成进士。曾任广西南宁知府。

笔架峰高

笔架峰高对紫薇，擎天拱北世间稀。
茶阳代有人才出，毓秀钟灵造化机。

东礤悬流

东礤悬流景最奇，千层翠幕似琉璃。
晨昏雨霁天虹出，五色缤纷照彩旗。

印山流翠

印山为尔峙江浮，风物依依拂素秋。
斗转星移吹铁笛，边城夜火似星流。

清泉鹤唳

惭愧清泉出自唐，菩提千载尚馨香。
林风鹤唳惊声雁，听得愁人欲断肠。

茶岭松涛

茶岭高岗困马蹄，松涛卷海压天低。
劳人几许互相答，不觉行行到县西。

北阁佛灯

北阁佛灯狮子传，黄龙现爪拱中天。
夜凉如水西河望，闪灿星光宝塔悬。

印山晚眺

〔清〕陈应联①

一阜浮青傍水滨，芒鞋最称倦游人。
溪光隐映芳祠址，山色遥连比屋邻。

---

① 陈应联：清乾隆十八年（1753）进士，曾任南陵知县。

鹳坐古榕时叫雨，鱼屯新藻皆留春。
通桥前浦咸归市，撒手闲吟隔紫闉。

狮江偶憩

〔清〕陈应联

龃龉石齿锁溪流，野艇滩头任泳浮。
两岸山根苍见骨，一篙春涨绿如油。
砍云樵子每呼渡，钓水渔人漫下钩。
坐久矶边忘日晚，不知城里暮云稠。

登南山[①]

〔清〕饶咨畴[②]

南山绝顶俯弹丸，比户烟稠未觉宽。
郭外天留孤印[③]在，坊前岁积古榕盘。
行逢绿字碑摩碣，爱佩幽芳撷蕙兰。
兴尽更余风物感，翻疑土瘠笑怀安。

大水行

〔清〕饶庆捷

竟一日夜雨如倾，星韬日晦阴云崩。
狮潭怒立数十丈，西与漳水浮沧溟。
城中平地作泽国，失却千家万家室。
直从树杪走鱼龙，下看危巢没栖鹘。
满耳嘈杂人语嚣，枳篱鸡犬纷腾逃。
群灵潜结万蜃气，一拳未没南山椒。
中夜势尽涨亦止，惊魂未定俯贴耳。

① 南山：指金山顶。
② 饶咨畴：茶阳城内人，清乾隆二十四年（1759）入贡，授茂名训导。
③ 孤印：指印山。

讵知侵晓翻潮来，危楼一桁都着水。
穿棂拆瓦出楼颠，人影如猱相挽牵。
东家墙塌西垣倒，哭声隐隐愁青天。
逃生幸有城南阙，大成宫前县堂侧。
十千买得一苇航，穷儿附缆互攀掣。
相逢乍信汝尚人，麇集兽散急何择。
呜呼四十三年灾，前与二癸同漂没。
米珠薪桂频苦饥，况堪更遇冯夷厄。
瘠田十倾半成洲，欲期西成安可得。
吁嗟民艰曷终纪，年年风雨愁无已。
安得高台千尺荫，万人五百峰头结。
村市坐听天鸡日，出扶桑紫□□□。

归舟回文诗

〔清〕饶庆捷

芳园湿雨细霏霏，驿馆通桥对掩扉。
长路水云春入句，小船江月水侵衣。
杨垂荫岸晴春暮，日落迟程远客归。
塘翠映花红绕郭，苍苍晚雾逐帆飞。

南楼晓望

〔清〕饶崇魁[①]

茶阳雉堞晓光涵，百尺楼高拥翠岚。
郭小有山围渚北，春深无雪压城南。
鸦翻屋角烟初袅，日射松梢露尚含。
佳气郁葱都入眼，好凭骚客事幽探。

---

① 饶崇魁：字和恒，别字秀峰，茶阳城内人，清乾隆三十三年（1768）举于乡，三十六年（1771）中进士。分工部营缮司主事，同校顺天乡闱。年四十卒于都。

茶阳竹枝词（四首选一）

〔清〕范彪[①]

入门曾不叹家贫，何事川生逐利频。
梦里无缘觅马首，黄昏疏雨最愁人。

书饶曼唐吴淞草诗卷后

〔清〕张丹崖[②]

游迹东停海上骖，吟情佳处是江南。
行时收拾吴淞草，好与梅花共一担。

茶阳竹枝词（四首选二）

〔清〕饶重庆[③]

一点江心涌海螺，玉屏影上白云多。
山城学得山歌唱，指数蓬窗影翠娥。

天印山头草参参，邹公祠下水拖蓝。
未看龙舟五月五，先约踏青三月三。

重游赤蕨岭灵觉寺

〔清〕罗跻瀛[④]

古寺云霄里，重来兴未赊。
入山依旧路，计候有新茶。

---

① 范彪：三河梓里人，乾隆三十三年（1768）举人，曾任嘉应学正。其祖元凯，康熙举人；其子菊町，嘉庆举人。

② 张丹崖：三河汇东人。乾隆五十三年（1788）举于乡，考授博罗官学教习。与嘉应宋湘及邑中饶庆捷等名流交情甚笃，多有酬唱。

③ 饶重庆：字绍芳，茶阳城内人。清乾隆四十二年（1777）拔贡生。授贵州龙泉县知县。署正安州知州。历任贵州桐梓、施秉、玉屏知县，有政声。

④ 罗跻瀛：号莲州，茶阳城内人。清嘉庆三年（1798）举人，受聘修县志，知县洪先焘酬以万金，悉捐为桥渡费。历署乳源、顺德等县学博士。

径曲梯千级，村遥树万家。
老僧前识面，促膝讯烟霞。

莲花洞抒怀

〔清〕饶峻[①]

昔我闻此洞，中有种莲者。
莲花今不见，池水自清泻。
此地逼人境，而不喧车马。
狮崖临大江，鹤顶出平野。
烟霞互吞吐，木石并潇洒。
我来一以眺，正值春色姹。
松花落岩东，竹阴覆檐瓦。
莺啼山堞前，舟集阜廛下。
眼对印山平，意将笔峰写。
我有蜗角庐，近邻城南社。
莲径通幽蹊，枫林似广厦。
积书随检读，槁桐偶一把。
良辰赏心遂，尘网触情寡。
翛然乐在中，何用诵般若。

读袁中郎《锦帆集》

〔清〕饶芝

中郎之笔大于椽，中郎之趣飘若仙。
中郎一日不作令，吴中风景亦寂然。
及读中郎锦帆集，始知公声薄一邑。
描画俗状与尘容，令我对之汗如汁。

---

① 饶峻：号秉斋，茶阳城内人。以优贡考取正黄旗教习，期满，授花县训导，继补化州训导。归田后，知县洪先焘聘修《大埔县志》。

我辈读书恒倔强，奴颜婢膝苦难尝。
此中衣钵肇汉晋，陶之彭泽庞耒阳。
读罢公诗费沉思，作吏从前苦若斯。
只是苏髯红梅句，使君风味好攒眉。

山中梅花盛开

〔清〕钟梅先[①]

无风尘处品弥尊，醞酿春光雪亦温。
玉笛不吹官阁梦，缟衣疑叩酒家门。
孤山偕隐原仙骨，古木槎枒是铁根。
莫惜花魁偏晚发，一枝已胜杏花繁。

神泉漱玉

〔清〕萧启元[②]

灵岩屈曲溜精莹，遥接汀江百里程。
涤尽春冰融有迹，印来秋月泻无声。
潆洄北郭牵珠珞，汇合西湖涌水晶。
一勺直同甘醴味，人间信比玉壶清。

朝汉台怀古（四首选一）

〔清〕萧望枢[③]

花开人说小南强，极目层台万感伤。
箫鼓怀吟唐学士，衣冠趋拜汉君王。
十年霸粤前情系，五岭高山豁眼望。
光照只怜珠海月，往来阅尽世沧桑。

---

① 钟梅先：别号雨农，茶阳古村人。清末秀才、诗人。
② 萧启元：字晓芙，茶阳城内人。清邑庠生，著有《柳阴斋诗存》。
③ 萧望枢：字星使，茶阳城内人。清邑庠生，与其父晓芙著《柳阴斋乔梓集》。

赵宇文邑侯回任

〔清〕张薇[①]

骑竹儿童笑口开，山城还我使君来。
依然还马临官道，仍以烹鲜仗治才。
棠芾两都犹树爱，桃浓三月又花栽。
传闻虎渡新征异，尽道茶阳福曜回。

挽俊民弟妇（四首选一）

钟词臣[②]

年年春宴斗盘觞，惟羡君家味胜常。
忽道调羹人已杳，恨无一缕返魂香。

印山纪游次师白原韵

张君亮[③]

酒余重上印山巅，买醉休论斗十千。
高会偏逢新辟地，临场只合小谈天。
江流滚滚环三面，石齿磷磷拥一拳。
螺月茶香谁管领，好将鸿爪认前贤。

且喜随开翰墨筵，兴酣却忘主宾喧。
猖狂有意教诗放，戏谑无端借酒颠。
云返故山饶意态，风来丛竹自琴弦。
多情沙鸟如相狎，只在清溪浅水边。

---

① 张薇：西河漳北人，清同治二年（1863）中进士，历任福建河南二省八县县官，因治水、赈民等方面政绩，朝廷授予四品衔，官升直隶州知州。

② 钟词臣：原名玩贤，古村人。少习中医，医术精湛。医务之暇，钻研古典文学，写下不少诗词、对联。医道、文学均为乡人所称道。

③ 张君亮：西河人，别号缬云、忤僧。曾任教于大埔官学小学、安上公学、大埔中学等。遗著有《亮庐诗稿》。

狮崖

罗卓英[①]

茶岭多奇景，狮崖春著花。
雄姿缀妍态，精气焕英华。

鹤沚

罗卓英

鹤爱双溪碧，飘然止水乡。
沙汀宁久伫，云汉任高翔。

埔城

罗卓英

明季建埔城，枕山独北向。
堂前天印开，郭外鹤峰飏。
士喜濯磨姿，民惟勤俭尚。
于今百度新，为国扬休畅。

清明风雨感别

涂演凡[②]

寄君亮、龙泉、忠言、静珊诸君子

藕断丝连一寸心，梦魂犹自忆知音。
清明风雨伤春尽，乡国蜩螗叹陆沉。
玉树庭花歌未歇，铜驼荆棘泪难禁。
别来新旧无穷恨，且趁双鱼诉故人。

---

① 罗卓英：原名高哲，字尤青，号慈威，湖寮人。国民党陆军上将。

② 涂演凡：青溪蕉坑村人，清末秀才，早期同盟会会员。历任大埔县府秘书长兼劝学所所长、教育局局长多年。在任期间，创办中小学数十间，被誉为“大埔教育元勋”。

印山杂咏（四首选二）

罗为雄[①]

群峰簇拥此山孤，形胜中流想小姑。
北枕汀关南控海，满江楼橹识雄图。

登临俯瞰北城低，天遣游人印爪泥。
八景独传冬有雾，胸中丘壑路宁迷。

沁园春·忆故乡大埔

饶彰风

笔架峰高，印山渺小，狮扼咽喉。忆茶阳风物，缅怀故旧。清泉鹤唳，夕照星桥。大坝枪声，城隍鼓应，多少英雄硬骨头。换天志，命韩江怒吼，遍地燃烧！残阳暮霭深秋，三河坝三千忠骨收。立红色政权，太宁屹起，高陂百侯，旗树高丘。北出坪沙，直通闽赣，赤色江天撼五洲。歌红日，照青峰小道，史迹长留。

楹联

大埔老县衙门楹联

涂浩然

大江合汀水　南来河吞海若
埔邑处茶山　北向神泉天然

① 罗为雄：字鸣白，湖寮人，保定军校毕业，曾任第十九集团军总司令部中将参谋长，著有《湖山杂咏》行世。

老县衙大堂楹联

此间与我有缘　隔七年捧檄重来　昔是真除　今为假守

何以使民无讼　方百里专城自主　须防众口　忍负初心

古村三角塘太平亭楹联

太劳且息肩　四面清风堪解愠

平坐同为客　一杯薄茗且联欢

茶阳中山亭楹联

中衢息肩　喝茗毋忘仁者惠

山川一览　披襟来共快哉风

中土多艰　应向前途奋进

山城在望　暂于此地低回

茶阳印山亭楹联

张六士

万家忧乐生眉宇

四面溪山入画图

茶阳景行亭楹联

临斯亭也　睹江水苍茫　少驻芳踪　只觉爽然称快

前途远矣　值烈日炎炎　暂留茶话　讵其乐以忘归

景色无边　莫道偷闲贪好景

行程不远　何妨小息再前行

茶阳关岳庙楹联

精忠冲日月

义气贯乾坤

茶阳清泉寺楹联

清爱旃檀荫

泉留卓锡名

饶氏翥凤山房楹联

庄有恭[①]

厅联

菊通夜听朱原静　脉望朝霞绿宇香

厅前联

陶菊周莲紫苏竹　唐诗晋字汉文章

茶阳饶氏宗祠楹联

十三良宵　此夜此天天不夜

万千佳景　是灯是月月随灯

茶阳张氏家庙楹联

受姓自少昊　历唐虞四千一年　甲科济美　列祖列宗衍派茶山印水

建祠朝北极　萃滮清三十六户　孝友传徽　群昭群穆焉馨春杏秋苹

茶阳罗氏垂裕堂楹联

祖籍中原　随宋祚南迁　历元明清　民族重光　百代冠裳昭祖德

宗派豫章　溯湘源东移　经赣闽粤　茶岭肇基　千秋俎豆耀宗功

---

① 庄有恭：清乾隆四年（1739）状元。

茶阳王氏魁士第楹联

系出闽疆 分锦峰正势 从兹攸跻攸宁 共识植槐源远
基开茶岭 倚金顶奇形 异日善继善述 应知玉树流长

茶阳连氏德馨堂楹联

德绍箕裘 延迁百世
馨彰祖嘱 如意万年

茶阳谢氏芝兰第楹联

芝草奇花 枝分宝树
兰芬桂馥 衍庆东山

华祝丘氏宗祠楹联

忠良光世泽
实业振家邦
择华祝以开基 派衍虎头承世德
拱犁峰而立庙 歌声鸟革慰先灵

大埔中学百年校庆百字楹联

涂祥生

埔城高学府 黉舍峙峦麓 看西河击水 东砦飞流 北耸印峰 南依鹤顶
汇山川灵秀 育华夏英才 德智体美兼修 骏业百年光史册
湖口肇初基 星桥忆昔贤 溯清季乐群 民初县校 继增师范 续改省中
经风雨征程 迎神州解放 真实弘毅共勉 鹏程万里看腾飞

大埔中学一百一十周年校庆楹联

涂祥生

百十年 峥嵘岁月 筚路艰难 小湖口 奠基乐群 弦歌百里 金山坪
宏开黉舍 誉满八方 应运增师范 名高列省中 培育栋梁材 桃李芬芳荣赤县

万千士　沐浴春风　翕然尚化　孔圣堂　道扬儒学　重教尊师　汀江畔

人杰地灵　文韬武略　勋铭远征军　绩著科学院　喜登龙虎榜　群星璀璨耀寰球

三层岭粤闽交界处牌楼楹联

向闽联

闽粤此分疆　人去人来　大道康衢通两省

山川成乐土　爰居爰处　家肥屋润祝千春

向埔联

大地蕴清和　四面桑麻歌击壤

埔民循圣训　万家雍睦尚敦庞

散文

报恩碑[①]

叶元玉[②]

礼称太上贵德，其次务施报。施报者本太上所讳言，特世愈降风愈下，圣贤不得不务是以化民成俗者，诚所以养万世不薄之人心，亦隐以寓贵德之意也。昔子路不受谢，夫子非之，子贡受谢，夫子是之。盖所以权报所施者之心，而后世之感恩图报者乃得以充其类而尽义。况在元玉之肉白骨、翼破巢、嘘枯吹生如恩师者哉！

恩师讳金，籍隶饶平之淴洲都，世居神泉，为饶氏望族，举成化丁酉孝廉，随授汀州通判，累摄郡章，刚介自持，不畏强御。剪土豪、勤抚字、伸积枉、儆贪顽，以卓异

① 此碑立于茶阳松山前。

② 叶元玉：明嘉靖年间潮州知府。

擢剑州知州，吏治蒸蒸一如治汀时，会寇氛，且善任军事。旋乞休家居，创议建立县治，邑人尸祝之，且将祠之乡贤而祀焉。此师之功德及于汀、剑两州与籍邑，赫赫照人耳目，无事玉卒赘者也。元玉籍本清流，当公之莅汀也，玉以事累，蒙公治冤，囹圄待命，分无皭污泥期，不得已，日读书，思以补功于来世。适公查肺石，闻玉读书声，惊询察案，始廉得枉罹状，脱罪圄而资助之、切劘之，使玉以有成。鲍叔、子皮之恩，师于玉可谓至矣，尽矣，蔑以加矣！则今日之倖捷南宫。忝职潮守，缕指生平，何一非公恩所卵翼者？

嗟乎！三十年以前，生我者父母也；三十年以后，生我者夫子也。清夜思之，师于玉也，何恩夫！岂寻常报施所可概论哉！要又不敢不云报，且寿之珉以记之者，我欲使世之过师墓，知师于玉所谓生死而肉骨者，恩深且远，而玉所以报师者洵不足以偿其万一也。所憾者玉濒死而师能致之生，玉方来而师已不可复见。使玉所以报者，师反不获亲见之。斯则玉之耿耿咎心者。耳闻之，事师曰“服勤至死，心丧三年”，如玉者岂仅三年已哉！莅治后随檄县吏修公墓，爰素衣素冠，登公堂而奠之，复行至公墓，招公魂而哀号之。呜呼！死生亦大矣，玉能不痛哉！兹当墓道已成，祭田告蠲，尤将抚公之裔而恤之。凡此非以云报也，亦以明此区区欲报之心耳。因揭公之德之恩，为之记于碑，以为世之身受恩义者劝，且为元玉毕生勖。

时在大明嘉靖十三年岁次甲午冬月吉旦，沐恩门生清流叶元玉百拜谨撰。

知海阳县事徐弼、知饶平县事倪禄奉立石

小靖社学记

吴箴①

谨按洪武二年，圣祖谕中书省臣曰：“治国之要，教化为先；教化之道，学校为本。”乃令郡、县皆立学校，延师儒教生徒，以讲明圣道。至于卧碑，尤拳拳以养德性、厉行俭为谕。是其建学敷教，盖本于三物之义，不徒专以文艺也。乃今黉舍之中，师弟子所以程课黾勉者，类皆记诵词章之习，其能剽窃、装缀以成文章，即父兄夸羡，师友赞美，以为是足取科第，致荣显，学无余事，教有成绩矣。其于穷理修身之方，经世宰物之具，漠然不相干涉，使出为世用，安有俊伟、光明之事业？而开设学校，教育宾兴之

① 吴箴：明洪武年间大埔县教谕。

意，岂本如是哉！今夫安定苏湖之规，明道熙宁之议，与夫近世名儒，二业合一之训，其为法简明，其为说详尽，皆有裨于圣明作人之道。为师、弟子者，诚能参之以授受。志不易趋，务不迁业，而学为文章，必求诸心，不徒骋乎浮华之辞。至于选举考校，尤敦崇本实，以为风励作兴之机，则庶有真才实学者出，而不负朝廷教养之意矣。否则，师教不端，士习日坏，其何以育贤才、厚风俗、隆治化而成学校哉？

天印山集序

饶相

天印山者，埔邑之宾山也。邑山自南来，结为县治而面北，靖溪环其东，漳溪绕其西，汀杭之水经其北。是山当三水交会之处，而屹然独立，端如浮印，秀如拱璧，俨然与邑治相对。盖虽宾山，而实镇山云。山之南麓，环以居民，斧斤入焉，牛羊牧焉，故尔濯濯。邑之建逮今逾三十年矣，而荒陋如昔，岂山灵将有待矣乎？嘉靖乙卯春，困翁吴侯来宰是邑，将及期而政通人和，百废俱举，簿书余暇，登眺兹山，周览四顾，乃慨然曰：兹山为一邑之镇，民社攸关，而荒陋如是，非所以重民社而增形胜也。爰出令，以禁畜栽培，复徇父老之请，建亭于山北，匾曰“毓春”，别树一小亭于山之西南，标曰“六甲行庖”，费俭而成速，民咸乐趋事而赞襄也。亭既毕工，侯邀余与郡博吴少竹、学谕陈曲江、司训邹春山三先生，以落成之因，相与憩其谷而陟其巅。轮奂既新，卉木且蕃，诸山拱峙，三水弯环。南盼而烟庐相接，弦歌声沸；北顾而桅樯如簇，渔唱遥闻，令人游目意足，真是邑之奇观也。遂各赋诗歌，以纪其事。既而士人赓唱和答，积而成帙。夫人以地灵，地因人胜。昔苏东坡筑室雪堂，黄岗遂增胜概；朱晦庵卜居五曲，武夷益擅奇踪。后之视今，犹今之视昔。然则兹山得贤侯为之创建品题，将来遂等于雪堂、五曲之胜，亦未可知矣！是不可以弗识也。予不佞庸述其事，以弁诸简端。

波光山影溯汀江

罗松生[①]

如果你从福州坐火车到深圳，列车经过一处被称为东南捷径的龙梅段时，你的视线会被一座座大山截断，刚现出的蓝天白云、河流阔野，一忽儿就不见了，又被窗外橘黄

① 罗松生：茶阳恋墩人，深圳市罗湖区作家协会会员。

色灯光所代替，此时列车已进入到一道一道隧道中，在崇山叠嶂间逶迤蛇行，我知道，这趟车很快要到一个中途站，这站刚好设在一个三条河交汇的地方，这就是山城大埔的三河坝。

如果你是钟情大自然的人，是一个喜欢徜徉在田园村舍的人，一个到处寻觅山溪幽涧，希望能借清新气息冲刷久积在胸中郁闷的人，那就在这里下车，因为这是人们梦想中的世外桃源，是传说中的香格里拉。这位于粤东北素以山中之山著称的地方，尽管经济发展很快，火车已经通到山里家门口，难能可贵的是，这里自然环境并未遭受人为破坏，文物古迹随处可见，古老民俗风情依然保存了下来。我不想在这里做过多的介绍，但我却愿意陪你去领略汀江沿岸舟横古渡、野趣盎然、清幽静美的自然景观，然后去游览一座有着千年历史的茶阳古城。

“江作青罗带，山如碧玉篸。”这是唐代诗人刘禹锡描写山水时留下的名句，如今借来形容这里的景致却是非常贴切。远看，一河清波顺山势缓缓流动，如微风吹拂下一匹绿色绸缎，两岸青山苍翠欲滴，大自然柔美的造型，真好像是古代女子头上的发篸。现在就从这宽阔的江口乘船溯流而上，即使寻找不到每一个人心目中的桃花源，也会将我们带到另一空间，从而唤起那逝去的遥远记忆。

小船已到一处荒僻的江滩，两岸无人烟，也无村舍，时值初夏，真想不到还能领略到满山遍野亮丽耀眼的色彩。这里河床宽广，水流平稳，虽然是逆水行舟，但船速还是快得很，转个弯，一座江村便映入眼帘，村子好像不大，到底有多少屋舍我却看不出来，因为这里都是竹林人家，河边密密的一排挡水竹林，虽然也有龙眼和杨桃，但处处都被那绿竹泥竹遮盖，一条林中小径，曲折地通向时隐时现的村落，不时传出几声鸡鸣狗吠，却难以见到人，透过叶隙，只看到瓜棚豆架和散放的牛羊。一个多么幽静的小村呵，可惜的是船不在此处停留，要不然，到这世外桃源般的地方走走，该有多么的惬意、美妙呵！

坐过船的人都知道，无论是大江大河，还是中小水道，最常看到的便是沿岸长城般的河堤，那是农田与村镇的保护墙，在这里却看不到，在此担当防洪任务的是沿河茂密异常长满刺的高大竹丛，它遮天蔽日的身姿，将江面映衬得格外清幽。这时，突然“欸乃”一声，有小船从竹丛中荡出，船上几个村民头戴竹笠，正徐徐地渡过。不断移动的竹林间，不时有楼房闪过，看到这江村和屋舍，想着这里的人日出而作，日落而归的生活情景，不由得让我产生一种向往之情。

我一边凝视着江面，一边俯下身，用双手撩拨着清澈的江水，还真的捧起一把喝了，是啊，这江水纤毫未染，清亮透明；汀江，在南方这块偌大的土地上，可能就是最后一条没被污染过的江河了。船顺着山势拐了个弯，现出一块平阳，山也向后退了许多。这里有码头，用条石砌起有一级级台阶，无论水涨水落，并不妨碍船来靠岸，石墩是用来系住船只用的，岸上楼舍错落，陌路阡阡，都是近水人家，主要交通工具都是船，码头便成了这里与外界沟通的门户，也是妇女们洗菜的地方和孩子们玩耍嬉水的乐园。船虽然没有停，却也观赏到了一幅柳岸的乡村风情画。

四十多里水路，一条悠长的画廊，一里一景观，里里景不同。这就是汀江下游留给我的美好印象，这里虽然没有云南丽江的古朴，也没有湘西凤凰的传奇，但这里的清纯与秀美，却如同羞涩的处子一般让人久久着迷。

江水静静地流，船不急不慢地行驶着，然而我的心却急促地跳荡起来，因为在烟波迷漫的远处，有一处斑驳的老墙和黑瓦渐渐从我的眼底浮现，呵，一座有着千年历史的古镇——茶阳，马上就要到了。这是真正意义上的古镇，过去，这里是方圆百里的政治文化中心，衙门、县府都设在此地，是闽粤两地水陆交通要冲，也是四方物资特产的集散地。由于历史的原因，这里的繁华也随之淡落了，昔日的不幸，到了今日便值得庆幸了，不然的话，这里的一切都有可能被骄横的现代建筑所取代，客家世界的香格里拉，也宣告在地球上消失，想再见识，恐怕只有到梦中去寻找了。现在，就要踏上古镇的码头登岸了，我不想去寻找传说中的不夜商埠和青楼管弦，但一定会去寻访那里的每一条古街旧巷，去观赏那精美绝伦的“父子进士”石牌坊，然后再到那尚未被湮没的旧城墙上走走，只要我们一路屏住呼吸，慢慢寻觅，静静倾听，那里的一木一石一砖一瓦，便会告诉我们许许多多关于古镇的故事。

（原载于《中国散文大系》，中国文联出版社，2012 年）

“别处”的茶阳

钟秀丽[①]

“生活在别处。”最初听到这句话，好像是电影里面的一句台词，后来才知道这是法国诗人兰波的诗句，是他拿一生的时间去为之努力争取的梦想。再后来，读了秦旭的

---

① 钟秀丽：女，中学教师。

《生活在别处》，知道游离的亲历便是别处的生活。而现在，这句话是异居在大埔茶阳的我最深的体会。

来茶阳已有十多个年头了，记得刚来的时候，饱受背井离乡的困扰，总觉得我一个外乡人，既不是驻足停留的游客，也不是匆匆借宿的过客，而是以一个异地从教者的身份，要在这里安身落脚，是无论如何也不会接纳这个千年古镇的。

不知道具体是在什么时候爱上茶阳的。也许是在一个静静的午后，踽踽独行在寂寥空旷的骑楼老街的时候；也许是在埔中校园门口的两棵高大英伟的木棉树开得如火如荼的时候；又或者是驻足在雄风依旧的父子进士牌坊前的时候；抑或是在尾随莘莘学子攀岩金山，遥望群山碧野、小村院落的时候；还是在过着令都市人羡慕不已的慢生活怡然自乐的时候……总之，一切都是那么自然，随性。

茶阳的老街，骑楼林立，六七条街道，一千米多长，粗略计算，足有六七百间骑楼。品味茶阳老街，需要挑一个午后，心无所思地漫步在其中，你会深刻地感受到时光是如何随性雕刻着这里的生活。从中山街到上下桥关，再到大华路、太平路、高坝街，一间依着一间错落有致的商业店铺，褪色的墙上还依稀可见斑驳的大字：农贸百货、兴丰茶庄、为民布店等。残缺的雕花和斑驳的油漆，是时光在古镇雕刻下的影子。在这些镶嵌着记忆的房子里，装满了遥远的故事，在岁月的烟云里浸泡着，穿行着，寂然无声。绵绵不断的骑楼，古色古香的老街，不时有一两位拄着拐杖的老人走过。不论你走在石板路上，还是在骑楼下，都能感受到一种古镇的原生态。手工理发的剃头店；还销售着煤油灯、风炉、锄头、竹椅、陶罐的杂货店；翻腾着扑鼻而来的香气的肉圆店；前面坐着笑容可掬的老人的配锁店；卖各种蔬菜种子的小摊；偶尔还有撑着阳伞的卖麻豆花的小车，沿着石板路推过来，沿途用客家话叫卖的小贩，是那么热情……一切酷似沈从文笔下的湘西小城。寒风中，漫步于茶阳古街，小城故事仿佛一幕幕在眼前掠过，昔日的繁华如今已成为片片的凄美记忆……而茶阳老街就像是一个洗尽铅华的美妇，风韵犹存。驻足此处，也许你会想到阳朔的西街、江南的乌镇，但又会瞬间摇摇头，这里没有如织的游人，没有喧闹，没有纷扰。是啊，不被人打扰的景致是最动人、最真实的。在茶阳古街上，一切都是那么宁静、安详、随性，毫无矫揉造作之态。

随性不仅雕刻着茶阳的老街，也雕刻着茶阳人。在古镇的每一个角落随处可见慢悠悠的痕迹。慢慢地行走，慢慢地散步，慢慢地让自己的面孔、心情和真实的日子都呈现出幸福的样子。茶阳人随意地演绎着幸福的极致——没有压力的慢生活。作为从教者，工作中我们可以心无芥蒂地面对学生们纯真的面孔和同事们会心的微笑，课后，只要你愿意，如茵的球场、翠绿的金山、高大的木棉、雄伟的牌坊，不经意间，你都可以融入其中，成为里面动人的景致。作为一个久居茶阳的异乡人，只要挑一个披满夕阳余晖的黄昏，悄悄地溜进茶阳的大街小巷、小村院落，你会发现，这里没有匆匆的步履、冷漠的面容，有的是小孩的嬉戏追逐、老人的家长里短；有的是村落里金灿灿的油菜花和老屋前舒心憩睡的大黄狗。就连空气，也弥漫着一股清新、悠闲的味道。是啊，有什么一定要让自己变得奔波忙碌呢？在茶阳人眼里，自然随性就好。

有人说，倘若这个世界还有原先，还有旧时月色，还有过去的时光，这个地方便是江南。我要说，倘若要在梅州寻找一处停留着记忆的地方，寻找一种不曾被外面世界打扰的生活，这个地方便是大埔茶阳。“别处”的茶阳，梦想的天堂。

（原载于《梅州日报》2011 年 12 月 10 日）

茶阳赋

温嘉祥[①] 刘兆佳[②]

古镇茶阳，昔曰神泉。旧隶滤洲[③]，后名埔阳[④]。先民播迁，辗转赣汀。披荆斩棘，垦辟蛮荒。生息藩衍，艰苦备尝。明季开邑，设治茶阳。衙府独特，南坐北向。毗邻八闽，水陆繁忙。瞰汀江靖河，绕城池而毓秀。仰笔架鹤峰，倚西南而峻峭。钟灵毓秀，凤翥龙骧。“茶阳八景”“长治十秀”[⑤]。风采各异，锦绣芬芳。清泉古刹，梵音悠扬。宁迹宫中，暮鼓晨钟。月照双桥，齐汇三江。雾锁印山，狮子风光。客系民居，楼圆屋方。九厅十八井，鳞次栉比；骑楼群街道，貌似长廊。石上盘龙，神采飞扬。延秦续汉，亘古城墙。衙内古榕，郁郁苍苍。历史见证，千年沧桑。

---

① 温嘉祥：大埔中学退休教师。

② 刘兆佳：茶阳镇原副镇长。

③ 滤洲：明朝时，茶阳属滤洲都辖区。

④ 埔阳：清康熙二十五年，邑令宋嗣京主纂县志《埔阳志》，取“大埔”“茶阳”为“埔阳”，是大埔县之别称。

⑤ 茶阳八景，是指“茶岭松涛”“古寺晨钟”“东磜悬流”“神泉秋望”“印江冬雾”“狮崖春花”“湖山月舫”“南华石洞”。长治十秀，是指长治的“马山雄姿”“狮象把水口”“石笋丛生”“枯竹生笋”“雄牛斗坎”“鹿鸣高山”“片月投塘”“鹞石调和”“石显松涛”“飞天蜈蚣”十处自然景观。

古镇民风，素尚淳朴，耕读传家，崇文重教。社学义学盛行，官学私塾蔚起。人文鼎盛，代出贤良。昔有詹氏学传，设教坛于长治[1]；后有饶金饶相，开府衙于赣川[2]。科举招贤，海纳俊杰。举人进士，枚不胜数。饶氏两代文魁，传为佳话。淑娟才女诗人，名噪城厢。颂曰：桅杆前五花齐秀荣封第[3]，匾额下父子进士石牌坊。提倡新学，时代风尚。一代俊彦，奋发图强。海滨邹鲁[4]，民国元老，首任中大校长，蜚声寰宇。玉林敏初[5]，洁廉从政，国家财税主掌，运筹有方。彰风璜湘[6]，雄才伟略，东江戎马征战，气宇轩昂；继膺统战高教，大展鸿猷。开陛礼志[7]，小阳建朝[8]，投身航天事业，为国争光；飞船遨游太空，青史流芳。埔中百年老校，济济家国栋梁；学子弦歌不辍，堪称文教之乡。广东汉乐，四海名扬；承前启后，源远流长。花环龙舞，出自吾乡；文化遗产，传承弘扬。

地灵人杰，英烈昭彰。南昌起义，周朱叶贺，率部转战，进驻茶阳。鼎丞永生[9]，创根据地，星火燎原，驰骋山乡。大埔工农政权，埔北首创。太宁红色农会，赤帜高扬。高乾甜祝老苏区，彪炳革命史册；“同天”地下交通站[10]，犹显当年荣光。青峰红日，史迹留长。烈士陵园，后人敬仰。叹亘古千秋，浪沙淘尽；数风流人物，今谱华章。

改革开放，百业兴旺。鹤鼎神泉，名传遐迩；三河酒业，远销异乡。水电明珠，争耀浩瀚星空。网络通讯，链接五洲市场。铁龙穿越山洞，天险通途；道路车水马龙，

① 詹学传是宋朝阁臣学士，中书侍郎，与抗金名将李纲等积极抗金，被宋钦宗贬出朝廷。宋高宗向金割地求和，詹被迫南逃到福建宁化设馆讲学，迫于形势，最后迁移至闽粤边山区的长窖村（即今茶阳的长兴村）继续设馆讲学，直至89岁逝世。

② 饶金任四川剑州知州；饶相官居江西按察副使。

③ 五花荣封：指饶相、饶与龄、饶崇魁、饶芝、饶褒甲五代人，先后中进士，被授以“五花荣封”匾额。

④ 邹鲁，字海滨，茶阳人。

⑤ 邹琳，号玉林，党坪人，国民政府财政部次长。邹敏初，党坪人，民国时期广东省财政厅厅长。

⑥ 彰风，即饶彰风，茶阳下马湖人，抗战时，先后在东江纵队及广东省委任宣传部部长。新中国成立后，历任中共广东省委统战部部长等职。璜湘，即饶璜湘，茶阳街道人，历任中共东江纵队政治部主任。新中国成立后，任华南师范学院副院长、广东省高教局副局长等职。

⑦ 开陛即郑开陛，茶阳大觉人；礼志即戴礼志，茶阳安乐人。

⑧ 小阳即饶小阳，茶阳太宁人；建朝即肖建朝，茶阳街道人。

⑨ 鼎丞永生，是张鼎丞和刘永生。

⑩ “同天”，是解放前茶阳镇太平路的同天饭店，原为青溪交通站埔城联络点。

沟通城乡。“三资”引进，商贸区兴。“三胞”捐资，泽惠乡邦。漳溪靖河，仙基宾阳襄阳[1]；游人如鲫，往来熙熙攘攘。特产充盈商埠，年丰物阜；乡村市民赶集，习俗犹常。汀灯长明，光照八方。文化广场，晨昏蹁跹燕舞；长廊曲径，老幼休闲舒畅。抚今追昔，天翻地覆，人人称誉，“古镇好茶阳”。

赞曰：欣逢盛世，喜迎开放。改革东风，春满茶阳。城乡巨变，谱写精彩华章。工业崛起，更加繁荣盛昌。老街改观，旧城披上新装。古镇姿容，一派欣欣景象。伟哉，颂古镇之雅风，喜今日之茶阳。政通人和，富庶安康。美哉，茶山莽莽，汀水泱泱。宜居宜业，秀美城乡。绿色崛起，和谐安康。古镇茶阳，再创辉煌。

歌曰：古镇沧桑史悠长，钟灵毓秀多俊良。
水碧山青生态美，物阜民丰奔小康。

（原载于《古镇茶阳》，广东人民出版社，2010 年）

歌谣

茶阳历史悠久，民间歌谣源远流长。歌谣不仅地方个性鲜明、蕴藏量丰富，而且对各个历史时期和各个生活领域均有所反映，有着广泛的群众基础。以下选录部分，以见一斑。

儿歌

禾毕子[2]

禾毕子，喙（zhòi）呀呀[3]，上桃树，啄桃花，桃花李花任你啄，莫啄龙眼荔枝花，

① 仙基宾阳襄阳：即仙基桥，宾阳桥（俗称“上桥关”）和襄阳桥（俗称“下桥关”）。
② 禾毕子：麻雀。
③ 喙呀呀：张着嘴。

龙眼拿来待上客，荔枝拿来待亲家。

韩江歌

茶阳狮子到西江，弓沙三河合口塘，蚊蜍南坑九龙出，宋公高陂代富塘。黄竹赤米该转水，朱坑产溪到隍。葛布乌石淙水出，曲湾归湖到头塘。

新社会　幸福多

排排坐，唱山歌，新社会，幸福多，阿妈莳田船上坐，阿爸运肥车来拖，阿爹看倒笑呵呵。

祖国首都多繁华

山茶树，开红花，爸爸给我买小车。小车开到北京去，天安门前按喇叭，嗒嘀嘀，嘀嘀嗒，祖国首都多繁华。

生活、生产歌谣

牧歌

掌[①]牛郎子掌牛郎，手拿鞭子七尺长；喝尽几多山泉水，睡尽几多地坟塘[②]。

采茶歌

初去采茶茶发芽，姐妹提篮到山崖；大姐采多妹采少，无论多少早回家。再去采茶忙又忙，丢撇[③]茶篮赶插秧，插得秧来茶又老，采得茶来秧又黄。

船工号子

唉抵呔……竹篙落水背就低，撑船唔系好功夫，一下爬来一下哺[④]。三餐食饭巫饭桌，暗了睡目才摊铺。

① 掌：放。

② 地坟塘：祭祀时坟地前烧纸钱的地方。

③ 丢撇：丢开。

④ 哺：代用字，蹲之意。

唉抵呔……爷娘见到思量。撑船真是苦啾啾，风吹日晒何时休，下滩遇到船打烂，巫条纱线见亲友。

唉抵呔……巫个妹子思量。唉抵啾……日头落山又一天。唉抵呔……过了一滩又一滩。

革命歌谣

只爱农会再重来

一劝阿哥心莫慌，莫离家乡过南洋，要想解脱穷苦日，爱同白鬼斗一场。

二劝阿哥心莫收，男人爱报阶级仇，土豪不是铁打稳，宽宽斗倒也会秋[1]。

三劝阿哥莫怕难，天下也是一般般，打倒土豪分田地，有食有着会清闲。

四劝阿哥心莫灰，吾爱听讲下来[2]，革命事业巫难事，只爱农会再重来。

赤卫队员之歌

来！来！来！打倒它，反动派，怕什么警卫队、反动军。

建！建！建！建立工农新政府——苏维埃。

劳动群众，大家来，排队报数，排队报数，“一二三，一二三……”

世界还系工农个

土豪劣绅想做王，领丁派户起团防，自家荷包赚得饱，团丁打死都照常。

土豪劣绅想做王，今话佢命唔长，世界还是工农个，莫话侄兜[3]讲排场。

---

① 秋：完蛋。

② 讲下来：讲一讲。

③ 侄兜：我们。

轶事

“报恩碑”的故事

饶国鹏

饶金，字廷锡，号茶山，潮州神泉村（今茶阳镇）人氏，九岁入郡学，聪颖超凡，十三补郡庠生。明朝成化年间举人，因其曾官任四川剑州府正堂，故族人尊称其为剑州公。其人品质正直不阿，嫉恶如仇，性格刚介自持，挺然不屈。且博览群书，喜阅名人奇冤要案，还精通相理，是乡里有名望的乡贤。

饶金四旬时被任命为福建汀州府通判，赴任前一天其父饶松峰勉励曰：“为官应廉洁秉公不枉法徇私，审案察情不能冤枉无辜，勿违父嘱。”饶金任职数年屡雪冤案，多次受到江西、福建两省巡抚嘉奖。一次至清流县查案，时值炎夏，每晚都听到监牢中琅琅书声，询问仆人，答曰：是死囚叶元玉在背诵诗书。饶金颇感奇怪，一个死囚为什么还如此勤学？于是调阅了叶的案卷，次日引提叶于监外进行讯问，饶金正襟危坐曰：“本官查阅了你的案件，你案情重大，瞬间秋决，但不明白你为何还如此勤学？”叶元玉泪如泉涌并申述冤情。饶金听后顿生恻隐之心，仔细观其容貌，头骨峥嵘，眼如朗星，声嗓清亮，虽是瘦骨嶙峋却是脸带和气，全无凶杀恶色之相。缘何负此重罪，莫非还有其他情曲？饶金询问了有关案情并答应为他复查。原来叶元玉求学于名师，勤奋攻读，每天破晓，都去毗邻的豆腐店取火燃灯，习以为常。一天凌晨，他跨进豆腐店门槛，足绊巨物跌于地下，双手按一女尸而血染双掌，万分恐惧跑回家，推门时便在门上留下手印。县官据此施酷刑屈打成招，判秋后处斩，不得申诉。

饶金再讯：“既是儒生，那么本官欲出一对能对乎？”叶对曰：“愿献拙。”饶金遂作一上联：“本司昨夜查案，三更五点，五点三更，更更落泪，点点生愁，洞房花烛乐，黑狱牢中悲，乐极生悲，乐极生悲。”叶略加思索对道：“生员今晨卜课，六爻八卦，八卦六爻，爻爻有准，卦卦皆灵，白虎主事凶，青龙侍世吉，逢凶化吉，逢凶化吉。”饶金听罢大惊，在如此短时间内能工整对仗联句，知其学识已高于己，其日后仕途更是不可估量，更怜惜其才。翌日微服私访叶元玉以往为人，街坊、师长、同学均赞其专心书史，知书达理，且守身如玉，对女色平素毫无染指，众人皆深表叹惜曰：一介手无缚鸡之力的文弱书生，焉能奸淫杀人伤天害理？众情愤愤不平，痛斥县令昏庸无能，严刑拷打，数次晕倒，欲置其于死地。行刑日期将至，饶金正义之心难平，废寝忘食彻夜查阅案卷，人命关天，枉杀无辜，于心何忍？奈何案发时间太久，现场又已破坏，且无有力的人证物证，为其翻案真是回天乏术。饶金心急如焚，遂决意舍乌纱救元玉。饶金故意亲自押解叶赴汀州府行刑，途中乘夜间隶卒酣睡，将其释放，并赠助银两，勉励刻苦攻读以图仕途。自己留书巡抚力申元玉之冤，此举震动朝野。刑部下令追缉二人，画影图形，报知者赏，擒捕者重赏，使得饶金东伏西藏，颠沛流离居无定所。

三年后清流县换新令，有青年某甲，企图强奸少妇，妇反抗，持棍自卫，甲淫心不死，拔灶刀挟逼女：“若不从，连你再成刀下鬼。”此时，正好少妇丈夫归来，甲逃窜，夫妇报官捕甲归案。适逢境内数月来强奸案迭起，人心惶惶，若不斩草除根后患无穷。根据案发的时间与犯案手法与前案极为相似，疑为同一案犯，新县令便以此案为突破口，顺藤摸瓜，步步进逼，使甲的心理防线彻底崩溃，供出数宗强奸案俱其所犯。县令趁热打铁追讯往年豆腐店凶杀案，甲亦供认不讳：先是垂涎豆腐店女貌美，屡挑被拒，适其父外出，企图逼奸，女不从大声叫唤，甲拔灶刀威逼，女更狂骂，甲怕事情败露凶性大发，遂斩女数刀从后门逃窜。及至叶元玉去取火燃灯，进入内门时，绊到女尸血染于掌，而被误为证据确凿判予死罪，实是张冠李戴天大奇冤。正所谓多行不义必自毙，天网恢恢疏而不漏。新县令除报将甲某处斩外，也将叶元玉冤案昭雪。朝廷认为饶金爱民如子，愿弃乌纱救无辜，精神可昭日月，有功于社稷，擢升其为四川剑州正堂。

再说叶元玉被饶金释放后，隐名换姓直至冤案昭雪，在私塾任教，昼夜勤读，经十年寒窗高中进士，点翰林，委任为惠州知府，为报恩呈请调任潮州知府（当时大埔属潮州管辖）。后闻恩公已逝，如丧考妣，悲痛欲绝。饬令饶平、海阳二县扩修其墓，建报恩亭，立报恩碑，用青麻石筑路约五里长。墓成，叶备厚仪披麻戴孝，从石排岗下三步一拜，抵饶金坟拜祭号啕痛哭，哀伤之情感动得陪行官员亦为之流涕。元玉庐墓四十九天。在任期内春秋二祭恩公墓。其报恩碑云：“三十年前生我者父母也，三十年后再生我者夫子也……”以后元玉又购祭田 10 亩，为日后祭祀之费用。并领饶金后裔到任所抚育。据说潮州庵埠的“饶家园”，就是元玉置地所建。

经过近五百年霜风雪雨，此墓至今保存完好，只是报恩亭、报恩碑均被毁坏，石排岗路也只剩一里多，实为可惜。

大埔饶氏族人提起该墓均称“三步一拜”墓。剑州公之德行至今仍为后人传颂。

据说叶元玉后裔不忘恩公，在其大门悬挂的灯笼，一面写叶字，一面写饶字。祭祀元玉公必先遥祭饶金恩公，世铭再生之德。1935 年叶元玉裔孙叶维浩驻军大埔任团长。他问明饶姓传统正月十三晚迎灯，特在较场坝搭台，演戏两夜，当饶姓迎灯队伍抵达，即鸣鞭炮一小时，继放烟花，盛况空前，叶还偕其夫人到饶姓大宗祠叩拜。

陈可奇的故事

李德礼

打破锅

清乾隆年间，茶阳梅林人陈可奇任四川省三台县令时，有一次，他升堂办案见一少扭着一老争着诉说。陈可奇素来廉洁奉公，但有时过于自信和偏于尊老，因而便不管谁是原告被告，先叫老的说。当老头说到他如何如何把儿子抚养长大，如今又这般不肖之时，他即勃然大怒，喝令衙役把少者重打十大板屁股。等后来听完两方诉说，又才知道是老头追赶不肖儿时，掷丢石子，石子打破了过路的补锅匠头顶上的锅子，年轻的补锅匠扭着老头来告状，他竟把补锅匠误作老头的不肖儿痛打起来，这十大板打得十分冤枉，他也错得十分狼狈。当补锅匠哀叹锅子被打破，屁股又被打痛时，他一面令衙役至后堂取出银子作赔锅用，一面十分抱歉地翘起屁股对补锅匠说：“请你打回屁股去！”补锅匠连称小人不敢、不敢。

摔杯教子

清乾隆十年（1745），进士陈可奇少年得志，十多岁时就被派任四川三台知县。上任第一天，他就把守衙门的门房痛打二十大板，打得皮开肉绽，叫苦连天，大家都莫名其妙。一日，其父问及此事，陈狠狠地说：“门房敲诈勒索，所以要打！”父问其有何证据？陈答道：“我在茶阳考试时，因没小费给门房，被拒之门外，眼看开考时间将到，只好跑去向亲友借钱给他，才得进考场，至今我怀恨在心，不打他难消这口气。”其父听后，知道儿子冤枉了人，正想设法教育他，恰好，这时一只老鼠从梁上溜过，他挥手将手中玉杯摔过去，撞得粉碎。陈可奇大惊说：“阿爸，这是皇上赐的玉杯，怎好拿来打鼠？”其父答道：“老鼠真可恶，把我们家乡的谷仓、衣服咬烂了。”陈可奇解释说：“这里的老鼠又没咬我们家乡的东西。”其父道：“三台县门房又不是大埔县门房，你为什么要打他？”陈可奇才恍然大悟，承认错误。

女诗人饶淑娟轶事

谢立言

饶慎，字淑娟，大埔茶阳城内女诗人，是明朝进士、江西按察副使饶相的后代。父亲名重庆，是乾隆四十二年（1777）拔贡。饶淑娟年幼就很聪慧，父亲疼爱，请名师在家里教她读书。饶淑娟进步很快，更擅长写诗，写的七律、七绝有唐人的韵味，诗意洁朴，不事浮华，每写一首，人们都争相传诵。城内豪门大族，争相议婚，饶淑娟总不答应。她认为宦家公子，富户儿郎，习染骄逸，性多傲慢，不易相处，不如乡村士子，淳朴善良、文雅有礼。她曾写过一首小诗表示自己的志愿云：“人家选婿重官场，我选乡村质朴郎。雅洁风流心愫好，互尊互爱喜欢长。”语言浅淡，而有至理。父亲爱她的贤淑，也就不随便给她议婚了。

后来饶淑娟嫁给西河黄塘乡拔贡生、增城县训导张彦谦为妻。张彦谦也很喜欢读书，很有才华，婚后夫妻相处得很好。

饶淑娟父亲后来当了贵州省正安州州判，奉皇命运铅至京师，五载未返，情况不明。饶淑娟甚为忧念，写了一首七绝，诗云：“五载风波苦泛艘，可怜王事独贤劳。深惭身作裙钗女，未得滩头助一篙。”诗意清悦，深具孝思。

后来她父亲运铅至京师后差事完了，得族人资助返黔，因为有功，补授黔省龙泉县知县，饶淑娟大喜，又赋七律一首云：“五载浮槎道路忙，全叨梓谊助归装。花封补授恩稠迭，萱草纷披福荫长。骑竹携筇非一地，牵衣捧酒正千觞。兰陔已壮飞凫色，指日公车下此方。”

饶淑娟一生写诗甚多，可惜无人收集，大都已散失，今偶于残卷中得其一首《月夜怀四叔婶》云：“衙斋夜半月如霜，半照他乡半故乡。骨肉分离同对月，应知玉露湿沾裳。”

她的丈夫张彦谦也很会写诗，今录其一首在增城时《寄内戏笔》云：“异乡游客最凄清，不忍庭前对月明。忆昔洞房春色暖，何时雅丽到增城。”感情诚笃，令人不胜怀思。

三平民和左宗棠的“顶戴”

饶乐先

清末同治年间，太平天国的一股部队从闽西经茶阳往镇平（蕉岭）开去。当时大埔县衙一位叫吴宇的师爷受某乡绅贿赂，捏造仇家谢某等三人曾为太平军带路而加上通匪罪行，把三人收狱迫害，引起茶阳社会上一片哗然，甚为愤慨。

其时，左宗棠领兵追剿太平军刚进驻大埔县衙（今茶阳镇政府），不料第二天清早，竟发现其官帽不翼而飞。左暴跳如雷，限令大埔县正堂三日内破案，找回官帽，否则按通匪论处。

左帅命令一下，县令胆战心惊，立即倾尽全力，务求破案保命，然事无蛛丝马迹可寻，尽管衙役们如同无头苍蝇一样到处乱闯，但如大海捞针，穷白忙。眼看三天限期将至，县令如炭火炙身，似待宰羔羊。正彷徨无策之时，一贴身侍卫进言，何不找飞盗——城西饶乃翠问问路……县令如同抓到一条救命绳索，立即屈尊前往，交谈中饶乃翠仅淡淡道了一句：“太爷清高，想不到也有可能蒙受通匪之冤，可悲！”县令一听，门路开了，便立即答应事后释放谢某三人，饶乃翠始答应帮忙试试。

第三天清晨，饶乃翠托人转告县令云：左大人顶戴将由进士公恭送到孔庙前。县令立即带人前往孔庙（今大埔中学）前等候。等了半个多时辰，仍不见有人前来，正疑被人作弄，突然一衙役惊叫“在那里，在那里！”见其手指向“父子进士”石牌坊最顶层。原来，左大人的官帽端端正正扣在牌坊顶上的石葫芦上。县令以手加额，“天啊！狗命要回来了！”

然而，官帽虽见，取下来却不那么容易，县令当场出赏，取下官帽者，赏银三两！在场围观者正面面相觑，苦觅良策时，一位双目失明的中年开口应征：“恳请太爷再赏俺两碗面。”众人见瞎子自荐，均大笑，县令亦疑其吹牛，正欲发火，一旁人劝曰：“让其试试，抑或能成。”

原来瞎子是近年病瞎的，其青年时曾多次徒手攀爬过牌坊。只见其吃完两碗面后，脱去上衣，腰缠一条麻绳，在牌坊正面正中的石柱边用双手双脚攀爬，不一会儿便爬上牌坊第一层，然后又用麻绳吊一支竹竿搭在第二层石板上顺利地爬上到二层、三层，在地面上的人指挥下顺利取到官帽，戴在头上，很快地回到地面。

左中堂收回了顶戴，本想再严惩县令的，一是因县令送了不少赔礼金，二是考虑到官帽曾置于圣旨“恩荣”之上，虽是明朝牌坊，但恐此事传至朝中被人由此做文章，于己有害而无益，便顺势下台，不了了之。县令随后也将三个无辜百姓释放了。

左离茶阳时训告县令：大埔（茶阳）尽出谋深艺高之士，贵县为政应极力持重，慎之！

（载于《梅州日报》2010年6月23日，原标题为"'父子进士'牌坊的小故事"）

"一腹三翰院"之饶氏传奇

郭国兰

"特殊人物非偶然，全凭天资与苦练；发掘奇迹须溯本，杨家一腹三翰院。"

清康熙年间，茶阳员外饶宠俭的二女，长得一副满天星斗、扁鼻、鸭嘴的脸孔，肥矮不美的身材，且夜夜准确地要遗三次尿。她说话时虽是慢条斯理，但精明能干。看外表虽不扬，论内美确是一位典型贤惠的闺女，难怪她甚得父母宠爱。有一天饶员外在后院散步，抬头张望，在那阳光照射之下，仿佛看见女儿房里有三条小龙活跃飞舞。他心里暗忖这种奇异景象，心想女儿将来必有大富大贵。因此对女儿更加宠爱。饶氏年届标梅，待字闺中。饶员外多方为她物色婆家，冀能钓得"金龟婿"完成内心愿望，但是日久仍乏问津之人。年复一年，也许时来运来，千里良缘一线牵了。事缘百侯杨之徐，是康熙二十七年（1688）进士，曾任河南省光山县知县，为人正义刚强，办事清廉。辖内有一班土豪横行鱼肉乡民，他严惩了土豪，因此被他们暗中告了一状，遭罢官回家。他对国学甚有研究，造诣高深，道德文章为人所钦仰，尤其学得一手文王易卦，算是邑中数一数二有名气的学者。受聘埔邑饶家祠为塾师谆谆善诱，桃李满门。早些年娶吴氏成了家，也许住在埔城日久，为饶员外青睐。后由肖姓人做媒撮合，娶饶员外千金为妾。杨之徐心想：人不以外貌美丑论，内美才是真正美，尤其相信丑貌之相多洪福的命理。他俩订婚不久，有一天张县令午睡，梦见细雨霏霏，雷声隆隆，天上显出五光十色彩霞，有如汪洋大海里旭日初升之美景，接着狂风暴雨母龙带着三条龙子由城墙西门飞去。一觉醒来甚感稀奇。杨饶联姻良辰吉日行将到来，两三天前骤然雷声隆隆，狂风暴雨交作，三溪水涨，水淹城墙以上，致使县城成为泽国。当时，男家八音、花轿迎亲队伍，只好止步城外大坪头。未几雨过天晴，东方现出一道红光，新嫁娘只得乘木船，从西门城墙上划过去。于是锣鼓喧天吹吹打打，水陆兼程，迎进了百侯杨家。

饶氏过门后，为人贤淑，和蔼可亲，常为乡人所称赞，她还使出其理家本领，夫唱妇随，其乐融融，因此家庭一团和气，生活渐入佳境。翌年三月间产下一麟儿，取名杨缵绪。婚后六个月就生孩子，自然成为乡人冷讥热讽的对象，更为丈夫所追问。但是饶氏磊落大方，为洗刷自己清白，她手里拿着三支清香，在大门口跪下，当天发誓许愿："我是清白人家，愿上苍保佑，胎胎孩子要六个月出世。"果然老天有眼，分毫不差，次子留绪（黼时）又是足六个月出世了。三男骏绪（演时）及二女也是如此。这班小宝贝伶俐活泼，天资聪敏过人，三五岁就能读三字经，八岁吟诗作对。童年刻苦求学，弱冠更加奋发自励。杨之徐夫妇教子有方，不出数年，步步青云，兄弟三人皆中进士并入选翰林院。一腹三杰，杨家可谓显赫一时。

一腹三翰院的佳话名闻全国，妇孺皆知。乾隆皇下圣旨宣召饶氏晋京朝见。饶氏锦衣荣旋故里时，为取捷径途经江西庐陵吉水，但见在分水岭路上竖一挡驾牌，牌上大书："天下第一家，文官下轿，武官下马。"饶氏轿中传话问道："拦路人等可是同族？"答道："非也。""可是同姓？""亦非也。""何以挡道？"此时一个绅士模样的头人站出来，神气十足地说："此乃贵地，隔河两宰相，五里三状元，十里九进士，请问何官太夫人敢不下轿乎！"饶氏成竹在胸，指着罗裙，顺口吟了一首诗："隔河两岸各一天，十里阔地无关联。各乡各姓不同祖，怎比妾身一腹三翰院！"振振有词，说得拦路者心服口服，只得眼巴巴地看她坐着轿迤迤而去。

杂记

奏拨大埔县都图疏

饶相

明嘉靖二十年（1541），户部云南清吏司员外郎臣饶相谨奏，为恳乞天恩垂怜，新设县治丁粮稀少，赋役繁重，添拨粮里以苏民困，以解倒悬事。臣缘本县所辖滤洲、清远二都人民，先因隔离旧属饶平县窎远，法度不行，教化不及，以致盗贼纵横，民遭荼毒，两烦大兵征剿，祸犹未息。当时二图遗民如在水火之中。思就衽席，惟冀建设县治，以纾目前之患，不虞后日之累。于嘉靖五年内奏蒙新设县治，止拨滤洲、清远二都。滤洲都原额里长二名，清远都里长一名，粮共三千七百余石，人户未及二千余户。因嘉靖初年遇例通融，粮白相兼，滤洲都编作十一里，清远都编作九里，每一里长粮米未及二十石，人丁共凑五十余丁，中间见存者少，逃亡者多，丁粮稀少，莫过于此。比因地方稍宁，道路开辟，本县北接汀赣，南通潮惠，水陆并冲，官员使客经过不绝，应付下程夫马船只之类，岁无虚日。兼且官吏胥徒，供亿浩繁，科派侵渔，尤难计算，丁粮减于饶平者四之三，赋役倍于饶平者十之五。即今设县以来方十余年，小民应当差役，富者倾家荡产，贫者鬻妻卖子，仅能竭力支持。稍殷实者已变而为困穷，得安生者已逼而之逃窜。若复不为之所，则必至于极弊大坏，又将驱困穷逃窜者而之盗贼沟壑，莫知所终矣！

臣窃见本府所属潮阳县粮米五万二千八百余石，揭阳县粮米三万五百余石，海阳县粮米二万六千八百余石，饶平县粮米二万七千四百余石，程乡县粮米一万四千三百余石，惠来县粮米一万一千四百余石，人户各有数十余万，惟大埔新设县治，粮米只有三千七百余石，人丁未及二千余户，比诸各县丁粮不及十分之一二，况兼路通冲要之所，徭役供应之繁，比诸各县且加数倍。查得潮阳、海阳、惠来三县丁粮虽多，地非接壤，海阳系附郭县分，饶平地方复有九墩大山隔界，俱难拨补，惟程乡县溪南都一图二图，二图地方与本县滤洲都土地相连，人民居住混杂相关，且以近就便，人情亦甚相宜，堪以拨补本县当差。又有本县粮米二千余石，先年因地方旧属海阳，混造于丰政等都册内，寄籍于海阳县当差，一向因袭未蒙拨还。即今征税于大埔，当差于别县，深为未便，相应清查拨回本县随地当差。伏望皇上天恩宏布，轸念民艰，垂怜新设丁粮稀少，小民不能支持，死亡无日。乞敕户部咨行两广巡抚都御史及咨都察院，转行巡按广东监察御史，行守巡地方官会勘。如果县小役重，干系民瘼，事非得已，将程乡所辖溪南都人户丁粮拨补本县应役，及将本县粮米寄籍于海阳者尽数拨回，本县随地当差仍复旧额，每粮米五十石，人丁一百丁，编为一里，则赋役丁粮稍为适均，少解倒悬之苦而获永逸之休，下邑小民不胜激切战栗感戴之至！

大埔县图说

蓝鼎元[①]

县小赋薄，而以大为名，埔邑是也。其地广二百二十里，袤一百七十里，洵不小矣。山多田寡，硗确崎岖，名为大，而实未大尔。介闽粤两省之交，东邻永定，西瞰海阳，南接平和，北控程乡，西南与饶平错壤，东北为上杭连界，六县唇齿辅车相依，虽

① 蓝鼎元：福建漳浦人，清代曾署理广州知府。

曰僻处山陬，实汀潮间一枢轴，可不谓雄且壮乎？

天下治所多面南，独埔邑朝宗，北向茶山，形势如众星之拱辰极，盖有教宗之意焉。东西之山，若风波嶂，阳石峰，皆邑重镇，文峰屹其南，赦文峙其北，天梯华表，壮三河之势，阎罗石为闽粤之限，阴那山在邑之西北，半属程乡郡治，诸山之祖也。其川之大者有三，曰大河、曰小河、曰小溪，大河在县西，上接神泉河，合大靖诸溪之流，凡水自平和、南靖、永定、上杭来者皆入焉，潮人赴闽汀江浙必由之道也。小溪在县西南，自平和赤石岩而下，合清远黄砂诸流曲折北注，与大河交会，潮人由平和入漳州必由之道也，至赤石岩而陆矣。小河在县西北，源出惠州之龙川，合长乐、兴宁、程乡、镇平诸溪之流下三河，潮人赴江西、广西必由水道也。凡邑之水皆汇三河，三河在县西四十里，为四郡往来要冲，明季设三河司巡检，筑城守之，至今不废。乌槎巡检司，距县百里，在高陂有山径可达饶平。大产司在县南百里，密迩平和界，皆盗贼出没要害也。深险峒岩，不一其地，若枫朗、坪砂、虎头砂、阴那口、鸦鹊坪，天门岭诸要隘，萑苻作孽，咸在此间，九峻山羊肠九折，为饶平捷径，山寇张琏之所巢也。长窖在县东北十里许，土贼钟七钟八跳梁处也，铜鼓嶂在县西八十里，程乡、海、揭与埔邑各分一面，古为盗窠，明末钟凌秀弄兵于此，皆留心防御者所不可略哉。

时际隆平，山无莽伏，请孝弟力田，垦辟蒿莱之政，修陂池水泽以利涧谷，冈阜皆种竹木，槎蘖伐夭，并为厉禁，财用足而礼义兴，虽弹丸小邑，泱泱乎大国风矣。

朝廷文告

明成祖诰命

奉天承运，皇帝制曰：光禄寺掌俎豆膳羞，以供朝廷之用，其属有四，皆得人乃济，尔光禄寺大官署署丞温友良[①]，发身胄监，擢任斯职历年已久，克慎且勤，是用进尔阶征仕郎，锡之敕命，以为尔荣，其益尽心。毋怠厥职。钦哉。

敕命之宝

永乐十五年十月

明英宗诰命

奉天承运，皇帝诏曰：国家兵卫之设，所以分理军政，长贰皆以勋臣处之。至于幕职，亦必须才乃克有济。尔彭城经历司经历温辉[②]发身郡庠，擢任斯职历年已久，课绩有功是用，授尔阶征仕郎，锡之敕命，以示褒崇，益懋厥图。钦哉。

敕命之宝

正统九年九月

明世宗诰命

一

制曰：朕闻积善徵於馀庆，盛德以及，验於达人。固天人相感之徵，父子相济之美也。凡我臣工，身被显荣，以际时熙，岂亦无所自哉。尔封徵仕郎、中书舍人饶经济，乃户部云南清吏司员外郎饶相之父。淳朴无华，刚立不挠，固其性也。且能博闻强识，以志於道。虽未尝力仕进以竞显闻，而惓惓报国之心，既於嗣人发之，义方家授不可巫也。兹惟大典覃恩，优以宠章，秩如其子。特加封为奉直大夫、户部云南清吏司员外郎。服兹殊渥，茂介寿祺。

制曰：古之名母，淑德懿行载在史册，匪得哲嗣以显扬之，曷克表见于世。尔封孺人范氏，为户部云南清吏司员外郎饶相之母。徽柔贞惠、勤俭慈良。归事君子，祇若彝道，虔於宗祀，姻於姻娅，遂至克昌贤子，以绥尔禄，殆可谓贤母矣。酬劳报本，是惟恒典。兹特进封为太宜人，恫式以迓无疆之休。

嘉靖十九年正月十五日

---

① 茶阳城内温姓第六世祖友良公于明永乐十五年（1417）十月，授光禄寺大官署署丞诰命征仕郎。

② 茶阳城内温姓第七世祖温辉公于明正统九年（1444）九月，授彭城经西司经历诰命征仕郎。

二

制曰：朕惟懋礼崇本，以匡大祀；敬迓神明，格於休飨，朕既虔登，厘祝以承吉，禧恩以布衍，惠泽以广玄至德。尔户部云南清吏司员外郎饶相，学本夙成，理由性悟，早发贤科，登之名甲；往既直秘书，列之待从，雅重修饬，多所裨益。迩擢司徒郎署，益竞尔猷，以崇乃庸，旦夕孜孜，图惟康济，国计是经，民会是综，以殷痍劳，可嘉也。兹以显相之勤虔，有歆于神鉴，以绥宠渥，特进尔阶奉直大夫，锡之诰命，於乎！调度日繁，徵求不给。尔其何以足国裕民，爰念锡恩，以图报称。

制曰：贤才国家之桢干，夫妇人伦之大纲。故任事之职，虽不紊乎尊卑；而褒崇之礼，则无间于存殁。尔户部云南清吏司员外郎饶相妻、赠孺人黄氏，幼承姆训，淑慎柔嘉；长配时髦，睦姻孝友；且克相其夫以明经砺行，修业俟时，而内助之功为多。胡天无啬其年，靳尔荣禄。兹以大祀覃恩，加赠尔为宜人。特播纶音，载光泉壤。

制曰：风化本于闺门，常道始于夫妇。故朝廷覃恩之典，推及伉俪，以荣其家，其亦知所重哉。尔户部云南清吏司员外郎饶相妻、封孺人黄氏，坤德柔良，女仪贞淑，早以名阅，克配贤英。俾其夫缘海逾岭，以作宾王家而无内顾之忧，氏亦其贤矣哉。既崇显礼，宜均宠以华其能。兹特进封为宜人，往服命书，益崇令德。

嘉靖十九年正月十五日

明毅宗诰命

一

制曰：朕惟人子孰不欲显扬其亲；而奉职之臣，必溯其式穀之自正，所以沛酬庸之典也。尔中书舍人饶与龄，乃山东宁海州知州饶墱之父。占籍甲科，备员中秘。从敦德履义，庆钟令子，为国能臣，作牧奏最，于海疆报德；心违於禄养，宜覃褒纶，以彰锡类。是用赠亦阶为奉直大夫，尚期神爽之昭，服休光于无斁。

制曰：孝子爱其亲，靡有存殁之间；而朝廷推恩必及之，所以遂其私以示劝也。尔曹氏乃山东宁海州知州饶墱之母，端静慈明，教成贤子，旧有命服，未逮显褒。兹特赠尔为太宜人，庸新命之宠光，表柔徽于泉室。

崇祯十年二月初八日

二

制曰：国家以休养之责寄守牧之官者，所以善绥猷而弼成五服之治，厥任非轻，尔山东宁海州知州饶增，发身贤科，擢居斯职，牧岩疆而报最，著有成劳。兹晋尔阶奉直大夫，锡之诰命，以示褒嘉。夫抚绥海甸而使盗息民安，非具才猷，曷克有济。其益励乃心、修乃职，懋于厥官，尚有登崇，以需尔后。钦哉！

制曰：朝廷褒荣之典，必及於臣之妻室者，所以重风化、厚恩意也。尔山东宁海州知州饶增之妻沈氏，出自华族，嫔於儒门；谨妇道以相其夫，良多内助。克赞素丝之节，宜荷重翟之加。兹特封尔为宜人，祇服荣恩，永光闺阃。

崇祯十年二月初八日

清圣祖诰命

奉天承运，皇帝制曰：锡类推恩，朝廷之大典，奉公效力，臣子之常。经尔候选州同张奕灵[①]，赋质纯良，持身恪谨，伫服官之奏绩，先报国以抒诚忱恂，克昭新纶宜贲。兹以遵例，急公授尔为儒林郎，锡之敕命。于戏。弘敷章服之荣，用励靖共之谊，钦兹宠命，懋乃嘉猷。

制曰：恪共报国良臣，既殚厥心，贞顺宜家，淑女爰从其贵。尔候选州同张奕灵妻彭氏，含章协德，令仪夙著於闺闱，黾勉同心内治，相成於夙夜。兹以尔夫遵例，急公赠尔为安人。于戏。龙章载焕，用褒敬戒之勤，翟茀钦承，永作泉源之贲。

康熙四十三年甲申七月二十一日

① 茶阳广陵张姓奕灵公于清康熙四十三年（1704）七月，授奉赐为儒林郎，其妻彭氏赐赠为安人之敕制。

大事纪略

古镇茶阳自明嘉靖五年（1526）置县治于茶阳以来共产生了10件重大事件，每一事件都刻录下茶阳历史的重要节点，每一事件都对茶阳的社会与民生产生了深刻的影响。

大埔县治设茶阳始末

明正德九年（1514），四川剑州正堂饶金因病致仕归里，曾遭劫匪绑架。脱险后，考虑到清远、滤洲两都远隶饶平，管治不易，民生无法保障，遂上书奏请朝廷析清远、滤洲二都设置大埔县。明嘉靖五年（1526），巡按熊兰复疏请析饶平县滤洲、清远两都置县获朝廷批准，县名大埔。县治设在滤洲都神泉社的茶山之麓，位南面北。置县后，西设三河巡检司，东南设大产巡检司，后迁今枫朗黄沙，西南设乌槎巡检司，后迁高陂。

1961年春，县治由茶阳迁至湖寮，茶阳作大埔县治长达四百余载。

太平军四到茶阳

清咸丰八年（1858）五月，太平军石达开部占据汀州，咸丰九年（1859）一月，分两路向广东进发，二月二十九日占据大埔县城（茶阳）。城东人饶平右营兵马（官名）彭简华、大埔县尉饶访经招募乡勇，准备收复县城，与太平军战于南湖坪。饶、彭战败，部下70多人皆战死。三月二十六日，县令缪中孚再度募集乡勇，向县城云集，石达开部始由坪砂向嘉应州转移。

同治三年（1864）十月十日，太平军侍王李世贤、康王汪海洋率部从永定攻克大埔，焚毁衙署。大埔民众在王三元、温奎龙带领下，有二三百人投太平军，太平军军威重振。清廷饬左宗棠督办三省（闽、粤、赣）军务，潮州总镇戴朝佐率部驻枫朗狙击太平军，太平军遂于十月十四日挺进福建之汀州、漳州。

同治四年（1865）四月，太平军汪海洋部率十万众由永定、平和入大埔岩上、保安、同仁、百侯，绅耆率乡勇与太平军战，均被太平军打败。四月二十一日，清总兵郑绍忠与太平军战于大埔县城之东较场，郑兵败。次日，汪海洋遣700人冲锋，被郑军大炮所阻，遂转移到镇平（今蕉岭）。

同治四年九月，太平军汪海洋部在江西受挫折返福建平和，饶平县令在柏树关、老虎关、分水关设团练扼守，鉴此，汪率部又第四次到大埔。因为三河坝有左宗棠的炮船扼守，遂又移师嘉应。嘉应城一战，汪海洋中炮身亡，其部终在丰顺一带为清军所灭。

1914年大埔中学创办

大埔中学创办于1914年秋，其前身是乐群中学，创设于1904年，时值清代末叶，纲常法纪废弃松弛，文化教育不振。本县人士张龙云富有革命潮流的思想，以兴办学校挽救国家为自己的责任，跟张煊、饶熙、彭荫芗、邹鲁等人，齐心合力创办乐群中学。其间艰苦办学，结果因经费困难，1907年宣布停办。1911年，由蓝雪桥出钱复办。武昌起义时期，革命新军兴起，埔中师生相继投身革命运动，乐群中学无形中解散。1914年9月1日，大埔县饶光、李景崧、唐伟甫、彭荫芗等人又极尽心力兴办恢复，并定名为大埔县立中学校。1915年1月6日呈报核准立案，1916年5月1日呈报核准颁发印鉴，之后县立二中、三中相继成立，大埔中学遂又改名为大埔县立第一中学。1945年10月，国府委员邹鲁、将军吴奇伟、省府秘书长丘誉、县长罗博平和县临时参议会，先后致电呈请广东省政府教育厅，将本校改为省立；同年12月中旬，校长饶涤生与校友郑作励一起到省城积极进行这项工作，分别拜见省主席罗卓英、厅长姚宝猷。后经 1946 年 1 月15日省府第十届委员会第二十九次会议正式通过。同年2月26日，教育厅发会一（卅五）字第三九四号训令通知，并奉命颁发印鉴一枚，印文为“广东省立大埔中学钤记”。5 月 10 日启用印签，学校定名“广东省立大埔中学”。

乐群中学创办初期，暂时租用县城张姓孝友堂作校舍。之后张龙云到南洋募捐 3000 多元银圆，购买城郊小湖口农民田地作校址。经过一年多时间建成教室 8 间，宿舍多座。

1914 年，大埔中学创办旧制四年的中学。1923 年秋，改办新制初级中学。1933 年秋，增设高中师范科。1938 年春，设立高中普通科，至此，大埔中学遂成县内第一所完全中学。

1926 年大埔县第一个农民协会在太宁成立

1922 年，太宁饶龙光、张高友、饶炳寰等青年在共产主义思潮影响下，设立太宁公学及图书报社，组织群众学习《向导》《共产主义 ABC》等进步书刊，宣传共产主义思想。继而在太宁设立自治促进会，反抗地主压迫、剥削农民，受到群众的拥护。1926 年春，省农民协会派农运特派员赖释然到太宁，协助饶龙光、张高友、饶炳寰等人组织农民协会。太宁农民纷纷入会，会员很快就发展到 1500 多人，公推饶龙光为农会主席，在福兴寺创建大埔第一个农民协会。太宁农会成立后，开展轰轰烈烈的“二五”减租运动，还编印《太宁农会月刊》送到大埔各地进行宣传。太宁农会对当时大埔县农民运动的开展起到率先示范作用。

1926 年太宁农军支援北伐

1926 年 7 月，在共产党人的推动和影响下，广州国民政府领导的国民革命军于 7 月 9 日举行誓师北伐大会，东路军军长何应钦率部于 8 月进驻大埔三河，第十四师冯秩裴部驻高陂，筹划北伐入闽。

中共大埔县部委积极动员各乡农会、工会、教师联合会支援北伐战争。罗欣然、贺域道在高陂组织工人、学生，把北伐军宣传队带来的大批标语、宣传小册，分送到各乡张贴和散发。师生们组成宣传队为北伐军作客家话翻译，配合做好宣传工作。高陂、大麻、三河、茶阳、太宁、长窖等沿途的乡、村农会、工会等团体，备足茶水、米粥，招待过境北伐军官兵。9 月 17 日，北伐军进入太宁、长窖后，饶龙光、饶寿田、张高友等发动 1000 多名的农会会员、农民自卫军干部，组成军需运输队，为北伐军运送粮食、枪弹等。10 月 10 日，北伐军攻打永定县城时，太宁农军参加出击湖雷、坎市等战斗，太宁农军在永定战斗后，北伐军送锦旗一面，上书“十五年秋，我军入闽，道经太宁，深得乡人赞助，特赠此旗，以作纪念”。原件收藏于大埔县档案馆。

1927 年“八一”南昌起义军进驻茶阳

1927 年 8 月 1 日，南昌武装起义打响。9 月 16 日，起义军由福建省永定沿汀江进入大埔，前锋第二十军第二师第四团于大埔石下坝，击溃陈铭枢驻石下坝虎市的一个营。国民党大埔县县长刘职超等反动分子闻风而逃。中共大埔县部委书记饶龙光等获悉起义军入埔，即率农民自卫军独立第一团第一连进入大埔县城，同时派江弼（碧）群率农军一部北上石下坝，与起义军联系。18日，第二师师长秦光远指挥第一团、第二团、第四团沿汀江轻装直下三河坝。同日，第二十军第一师、第三师水陆两路进驻大埔县城，查封国民党中央常务委员邹鲁在茶阳的家产，派郑来签率小队接管县监狱，释放在押人员；次日，中国共产党前敌委员会成员李立三、彭湃在县城接见太宁、西河漳溪农军。中共大埔县部委在养育堂举行欢迎起义军进驻大埔的干部会议，研究部署筹粮筹款，做好后勤供给，支援起义军战斗。会后，郭栋材与李明光率农军第二连随起义军第二十军进驻三河坝，第十一军第二十四师次日下三河坝，两军在三河坝会师。

1949年大埔县城（茶阳）解放

1949年5月上旬，中共闽粤赣边区党委经过反复研究，认为解放大埔县城（茶阳）的条件已经成熟，决定解放大埔县城。5月14日（农历四月十七日），中国人民解放军闽粤赣边纵近千人，在攻城总指挥黄维礼（中共韩东地委书记、边纵四支队政委）指挥下，进攻大埔县城（茶阳）。在解放军强大的军事和政治攻势下，大埔县国民政府县长饶邦泰及保警大队黎世良、刘多能部被迫缴械投降，大埔宣告解放。

大埔县城解放后，随即成立大埔县军事管制委员会和大埔县人民民主政府。县军事管制委员会主任为黄维礼，副主任为范元辉、罗芬，秘书长为黄光正，副秘书长为卓禹轮。军管会下设秘书、公安、财粮、税务、文教、群运6个组，展开接管工作。县人民民主政府县长为黄维礼，副县长为黄光正、卓禹轮，秘书长为罗芬。

下井自然村村貌（2016）

附录

茶阳镇印发《关于加强茶阳镇古民居保护工作的意见》的通知

各村（居）委会、镇属有关单位：

现将《关于加强茶阳镇古民居保护工作的意见》印发给你们，请认真贯彻执行。

二〇一〇年十月二十七日

关于加强茶阳镇古民居保护工作的意见

茶阳镇是千年客家古镇，特色民居众多，为进一步加强我镇古民居的保护，促进城乡建设协调发展，推动社会主义新农村建设，加快旅游事业发展，根据《中华人民共和国文物保护法》及县委、县政府有关古民居保护工作文件精神，就加强我镇古民居保护工作提出如下意见：

一、充分认识特色民居保护工作的重要意义

特色民居是历代祖先留给我们的珍贵遗产，是先祖们的智慧和血汗的结晶，积淀着深厚的客家文化精髓。每一座特色民居建筑都承载着历史发展信息和传统文化内涵，延续着人们生活的传统习俗，体现着城乡建设的风貌特色。因此，特色民居是进行爱国主义教育、革命传统教育、历史唯物主义教育的实物教材，是发展旅游事业、丰富人民群众文化生活和对外开放的重要物质基础，是客家文化魅力和地域经济竞争力所在。保护特色民居是建设社会主义精神文明的客观需要，是城乡现代化建设的重要内容，是提高人民群众精神文化生活质量的必然要求。

二、特色民居保护的基本原则

一是尽量维护历史原貌的原则。对具有文物价值或已定为文物保护单位的重点特色民居，尽量保存历史真实性，保持风貌完整性，做到原汁原味，修旧如旧。

二是保护和利用相结合的原则。充分发挥特色民居独特的资源优势，利用特色民居开发新的旅游项目，创造社会效益，激励特色民居保护的积极性，以保护促进利用，以利用促进保护。

三是可持续发展的原则。坚持科学发展观，以保护历史原貌为前提，把特色民居保护作为城乡规划、建设、管理和城乡文化建设、发展旅游业的重点，形成政府主导、社会参加、群众参与特色民居保护的工作格局。

三、特色民居保护的具体措施

（一）加强宣传，提高认识

各村（居）委会、相关单位及镇、村相关责任人要采取各种方法，宣传我镇客家古民居的风貌特色，宣传古民居保护对继承历史，建设客家特色城乡的重要作用，宣传古民居保护对发展旅游、促进经济社会发展的重要意义，提高全社会保护古民居的意识，加强古民居的保护管理，形成爱护古民居，保护古民居的社会共识，增强古民居保护的紧迫感和使命感，采取有力措施，加强古民居保护工作。

（二）加强领导，成立机构

成立古民居保护协调领导小组，由镇长担任组长，分管文化的领导任副组长，派出所、文化站、村镇站、国土所、水管所、公路站、财政所等相关部门负责人为成员，并下设办公室。

（三）落实责任，加强监管

按照建筑历史、艺术、研究价值三个方面进行分析比较，我镇已筛选出28座重点民居，分别确定保护级别和措施。为保护好这些古民居，我镇专门落实了镇、村、村民小组保护责任人。各村、相关单位和古民居保护责任人要按责任要求落实好保护工作：

1. 镇领导小组及办公室的责任。镇古民居保护领导小组要协调好全镇重点特色古民居的保护工作，积极向上级争取古民居的保护和维修资金，并制订各成员单位的工作职责、要求及检查监督制度。办公室负责古民居保护的日常工作，包括对全镇特色民居的造册登记和镇、村、村民小组三级档案体系的完善等工作。

2. 镇、村干部和村民小组长的责任。一是要与当地住户建立联络制度，发现问题及时上报。二是要加强宣传，提高广大群众对古民居保护的重要意义，提高全社会保护特色民居的意识，争取当地群众的大力支持。三是要加强对古民居的巡查监管，引导特色民居住户维修时按“修旧如旧”“不改变原状”的原则进行，禁止在保护的特色民居周围和古村落中乱建乱搭，杜绝出现违章建设项目，对违章建设及时制止或报相关部门依法处理。

3. 村（居）委会的责任。各村（居）委会要成立相应的管理协调小组，切实加强对古民居保护的领导。同时，建立民间古民居保护组织，古民居较多的村要依法订立保护古民居的村规民约。配合县镇有关部门做好特色民居资源开发利用工作，发展村级文化旅游事业。

4. 派出所的责任。一要建立防、治结合的有效保护工作机制，加强警民联防；二是要组织警力加强治安巡查，加大打击偷盗古民居构件和建筑雕刻等违法行为的力度；三是要加强群众治安防范意识宣传，不断提高当地住户安全意识，防止古民居具有文物价值的木雕、石雕、门、窗等被盗。

5. 国土所的责任。镇国土部门要严格按照特色民居保护规划的要求实施建设活动，加大执法力，禁止在其保护范围内乱建乱搭，杜绝在保护范围内出现违章建筑。在规划城镇建设中，批准居民宅基地及其他基本建设项目时，要充分兼顾特色民居保护。

6. 村镇站的责任。镇村镇站要建立健全建设工程规划许可制度，严格按要求进行规划，不得在特色民居的保护范围内规划建设新的建筑。

7. 文化旅游部门的责任。积极鼓励全社会投资特色民居保护开发利用工作，对我镇具有开发价值的特色民居、古村落进行旅游开发，把具有良好开发基础的重点特色民居、古村落纳入精品旅游线路，以旅游业促进我镇“宜业”发展，促进农民增收和农村经济发展。

四、实施步骤

1. 摸底调查阶段（2010 年 12 月底前）。主要任务：宣传发动，明确保护目标，完成筛选出的 30 座重点特色民居的造册登记、建档、汇总工作。

2. 形成确认阶段（2011 年 2 月底前）。主要任务：制订保护工作具体实施方案，落实保护措施，健全完善保护工作机制，落实保护责任人，配合县文广局做好特色民居保护情况检查。

3. 保护利用阶段（2011 年 4 月以后）。主要任务：不断传承、完善、创新特色，把特色民居以及古村落的保护与乡村旅游开发结合起来，与农村先进文化建设结合起来，与社会主义新农村建设结合起来，促进农村人文环境提升，改善农村面貌和村民的居住环境，努力发展人文经济，全面推进社会主义新农村建设。

附件：1.《茶阳镇特色民居保护安全档案管理制度》

2.《茶阳镇特色民居保护事故隐患检查、整改管理制度》

3.《茶阳镇特色民居保护事故统计报告制度》

主要参考文献

吴思立修、陈尧道等纂：嘉靖《大埔县志》，明嘉靖三十六年（1557）。

张鸿恩、岑傅霖、饶于磐纂修：同治《大埔县志》，清同治十二年（1873）。

张霖和修，邹进之、温廷敬纂：民国《大埔县志》，1943 年。

大埔县地方志编纂委员会编:《大埔县志》，广东人民出版社，1992 年。

大埔县地方志编纂委员会编:《大埔县志（1979—2000）》，广东人民出版社，2011 年。

南昌八一纪念馆编:《南昌起义》，中共党史出版社，1987 年。

中共中央文献研究室编:《周恩来传》，中央文献资料出版社，1998 年。

中共大埔县委党史研究室编:《中国共产党大埔县地方史（第一卷）》，中共党史出版社，2007 年。

黄志环主编:《大埔县姓氏录》，中国文史出版社有限公司，2001 年。

黄志环主编:《大埔进士录》，中国文史出版社有限公司，2015 年。

中共茶阳镇委员会、茶阳镇人民政府编:《古镇茶阳》，广东人民出版社，2010 年。

杨维、杨英鹏策划:《罗卓英将军纪闻（上、下）》，羊城晚报出版社，2013 年。

林干主编:《仁者彰风》，广东经济出版社，2013 年。

邹鲁:《邹鲁回忆录》，东方出版社，2010 年。

编后记

根据中国地方志指导小组办公室《关于启动〈中国名镇志丛书〉编纂工程的通知》，以及广东省人民政府地方志办公室规划安排，《中国名镇志丛书·茶阳镇志》（以下简称《茶阳镇志》）被列入中国名镇志文化工程。大埔县地方志办公室主动向县政府分管领导汇报，并积极与茶阳镇党委、政府沟通，筹划编修《茶阳镇志》事宜。《茶阳镇志》的编修，始于2015年10月，经过筹备启动、征集资料，分工编纂、审查验收4个阶段。历时近5年。

一、筹备启动。茶阳镇党委、政府高度重视，党委书记郭文彬亲自部署编修工作，并提出具体要求。镇政府专门成立了大埔县茶阳镇志编纂委员会和编辑部，编委主任由郭文彬担任，副主任由镇长丘武秋、曾令根等镇领导担任。党委委员、副镇长沈镜章负责落实镇志编修工作。编委会聘请县方志办原主任黄建辉为主编，杨煌标、王绍沪为副主编，镇志的纂修，有条不紊地顺利展开。

二、征集资料。为取得翔实的素材，编委会要求各部门和村委（街道社区）在规定时间内客观、准确填报有关图表、数据材料，强调所报材料必须真实准确、忠于历史。截至2016年3月底，编辑部共收到单位、村（街）及个人提供的资料120多份，约45万字。

三、分工编纂。材料收集后，编辑部进行编修工作的分工，要求责编在2016年6月初前完成初稿的编纂工作，后由主编把关审改。在编纂过程中，编辑人员对各种资料进行认真筛选研究，对有疑义的史料进行多方考证，反复核实，确保史实纵不断主线，记述内容真实准确。为了减少错漏与失误，编辑部还多次对志稿进行交叉审阅、核实、修改，最后由主编定稿。

四、审查验收。2016年10月下旬，《茶阳镇志》征求意见稿脱稿后，镇政府和县方志办组织有关人员对志稿进行了认真的审查。编辑部针对审查意见，对志稿进行了修改，后送梅州市地方志办公室审查。

2016 年 11 月底，按广东省人民政府地方志办公室的要求，将志稿报送省审查。针对省里专家指出的问题，编辑部人员对志稿进行了认真修正。2017 年 5 月，分别将志稿报送省地方志办、中国地方志指导小组终审。5 月中旬至 7 月，根据专家的建议，编辑部人员对志稿进行修正。10 月，再次修改。

后因多种原因，编修工作一度被搁置。2020 年 4 月初，在县政府副县长饶凌云的重视下，茶阳镇党委、政府续启编修工作，调整了编委会成员，主任由书记吴萍萍担任，副主任由镇长郭华昌等镇领导担任。编辑部人员对志稿进行修改，8 月终于定稿。

在镇志编修期间，茶阳镇党委政府对编修工作给予高度重视和极大的关心与支持，为编辑部及修志人员解决了许多实际困难和问题，使镇志的编修工作得以顺利进行。大埔县地方志办公室张国华、曾令根先后两任主任，对促成《茶阳镇志》的编修起到了重要的作用，并对编纂工作提出了宝贵的意见；副主任黄万海、肖继海也对编修工作提出了具体意见。中国地方志指导小组和广东省地方志办公室的专家对志稿提出了宝贵的意见。在此，谨代表茶阳镇志编纂委员会向他们表示崇高的敬意和衷心的感谢！同时，也衷心感谢对镇志的编修工作提供帮助的单位和所有的同志们。

此次《茶阳镇志》的编修工作，由于人员少、任务重、时间跨度大、史料不足，加上编辑人员能力水平有限，编辑人员虽作了最大努力，但遗漏和错误仍在所难免，尚祈方志界专家、学者、同仁和社会各界人士批评指正。

广东省大埔县茶阳镇志编纂委员会

2020 年 11 月

修缮后的椿森第（2021 年）　　大埔县委办新闻股　提供

中国名镇志丛书

《周庄镇志》
《第一关镇志》
《钱清镇志》
《冶源镇志》
《甪直镇志》
《同里镇志》
《三阳镇志》
《枫泾镇志》
《李庄镇志》
《天穆镇志》
《虎门镇志》
《小榄镇志》
《北庭镇志》
《青木川镇志》
《永宁镇志》
《沙家浜镇志》
《虞山镇志》
《泽国镇志》
《南翔镇志》
《千灯镇志》
《东山镇志》
《巴城镇志》
《阳澄湖镇志》
《松口镇志》
《震泽镇志》

《黎里镇志》
《浏河镇志》
《锦丰镇志》
《寨市苗族侗族乡志》
《汤池镇志》
《湾头镇志》
《中心店镇志》
《乌镇志》
《保安镇志》
《德凤镇志》
《瑷珲镇志》
《王家坪镇志》
《穆云畲族乡志》
《北京街道志》
《王村镇志》
《八一镇志》
《双林镇志》
《棘洪滩街道志》
《凤凰镇志》
《烟店镇志》
《光福镇志》
《梅李镇志》
《高家堡镇志》
《杨岭镇志》
《金港镇志》

《云梯畲族乡志》
《马口镇志》
《杨舍镇志》
《杨店镇志》
《河图镇志》
《浔中镇志》
《孤山镇志》
《汤池镇志》
《伍洛镇志》
《汤家汇镇志》
《陇城镇志》
《塘桥镇志》
《兴隆华侨旅游经济区志》
《胜坨镇志》
《来凤街道志》
《木渎镇志》
《锦溪镇志》
《黄龙溪镇志》
《店塔镇志》
《镇湖街道志》
《北七家镇志》
《瓜洲镇志》
《安仁镇志》
《浦口镇志》
《唐崖镇志》
《和顺镇志》
《老城镇志》
《里耶镇志》
《芙蓉镇志》
《博鳌镇志》
《唯亭街道志》
《重安镇志》
《垌炀镇志》
《张谷英镇志》
《鸦滩镇志》
《玉皇庙镇志》
《木洞镇志》
《采育镇志》
《下司镇志》
《德平镇志》
《龙池镇志》
《浦市镇志》
《黄楼街道志》
《冉庄镇志》
《金庭镇志》
《石牌镇志》
《元和街道志》
《古现街道志》
《光塔街道志》
《邵伯镇志》
《石杨镇志》
《杨柳青镇志》
《天桥街道志》
《柘皋镇志》
《西沱镇志》
《咸水沽镇志》
《茶阳镇志》
《崖城镇志》